■ 新装版

知の論理

■

小林康夫/船曳建夫─[編]

■

東京大学出版会

Intellectual Paradigms of the Twentieth Century, Revised Edition
Yasuo KOBAYASHI and Takeo FUNABIKI, Editors
University of Tokyo Press, 2023
ISBN978-4-13-003356-5

21世紀の読者へ

新装版刊行にあたって

　長らく品切れになっていた『知の論理』が，今回，新装版として再刊されることになりました．

　1990年代の大学における〈知〉のあり方に一石を投じたと言うことができる，われわれの編集による『知の技法』（1994年）から30年という節目に向けて，版元の東京大学出版会が『知の技法』以降の〈知の三部作〉（いや，『新・知の技法』を入れれば四部作なのですが）を手に取れるよう『知の論理』と『知のモラル』の新装版を刊行することになりました（『新・知の技法』は電子版が発行される予定です）．

　四半世紀以上前に編者であった小林康夫・船曳建夫の二人は，すでに東京大学を停年退職していますが，幸いなことに，それぞれ元気に活動を続けています．

　今回の新装版のお話しは，われわれにとっても嬉しい，ありがたいことですが，──二人で話しあって──われわれとしては，それをただ，過去への追憶的〈祭り〉にしてはならないということで一致しました．

　やはり〈知〉という以上，そしてとりわけ三部作全体を通じて〈行為としての知〉を強調したのであった以上，われわれもまた，〈今〉という時において，この本の意味をどう考えるのか，みずから問わないわけにはいかないだろう．それこそが，「知の論理」の責任ではないか！

　というわけで，1995年初版のテクストの冒頭に，「遅れてきたAnnexe」として，あるいは「2023年版の序文」として，遠い過去から，突然，回帰してきたこの本に向かい合う，われわれの思い，

それぞれの〈知〉の現在の反応を記しておくことにします．

■

あらためて「知の論理」を問う

『知の技法』三部作の第二の書として 1995 年に刊行された『知の論理』の執筆者は 22 名，全員，東京大学教養学部の教員でした．なかで藤井貞和さんは 1942 年生まれですから少し年上ですが，あとは全員 1947〜57 年生まれ，およそ 10 歳の年齢差におさまっています．刊行当時，だいたい 40 代の教員，そして現時点ではみなさんすでに東大を退職しています．

ここにこそ，本書のひとつの〈意味〉があると，いま振り返りながら，わたしは言いたい．

どういうことか？

きわめて大雑把な言い方になりますが，この世代こそ，みずからを研究者としてつくりあげていく 20 代から 30 代にかけて，否応なく，新しい「知の論理」に出会い，それを自分のものにすることを迫られたということ．これは，文系，とりわけ人文系の学問領域中心の話ですが，1960 年頃から 1980 年頃にかけて，世界的に，新しい〈知〉の体系ないし理論が生み出されてきた．それまでのように，あらかじめ研究対象として設定されているすでに権威づけられた対象に関する歴史的な知識を専門家として——翻訳なども行いつつ——集積していくというやり方にはとどまらない，さまざまな理論的なアプローチが試みられるようになった．実際，〈知〉という言葉（フランス語の savoir が元です）そのものが，フランスを中心に，しかし世界的規模で進行したそうした学問の基盤の転換に根ざしているのです（これについては，ミシェル・フーコーの仕事を参照してください）．

ここでは，こうした理論的な〈知〉の運動の全貌を俯瞰することなどできませんが，ひと言，その中核を指摘しておくなら，それは，言語というものへの問いであった．すなわち，——これは，わたし

流の誇張した言い方ではありますが——20世紀になって，人間は
はじめて「言語とは何か」と問うたのだ，ということ（ついでに言
えば，わたしは，19世紀に，人間ははじめて「歴史とは何か」と問うたと
考えています）．つまり，言語とは，人間にとってのたんなる表現手
段ではない．それは，人間が自由に使う「道具」などではなく，む
しろ人間は言語によって，自分でもわからないような仕方で，根本
的に拘束されている．いや，いまの時代のわかりやすい表現を使う
なら，われわれは言語によってhackされる（乗っ取られる）ことを
通じて人間文化をつくっているのだ，ということ．言い換えれば，
それだからこそ，人間の根源的な主体性そのものが，あらたに問い
直されなければならなくなったのです．

　それゆえに，こうした新しい「知の運動」は，なによりも周縁的
とも言うべき専門領域から出発して起こってきたのでした．すなわ
ち，言語学，精神分析学，文化人類学，心理学，数学……そして，
それぞれまったく異なる領域における理論化の仕事が，共通して浮
かび上がらせたのが，「構造」という概念だったのです．

　すなわち，われわれが話し，書くそれぞれの文（あるいは言表）
に対して，それらを制御するなんらかの文法のルール，かならずし
も発話者が認識しているわけではないようなルールがあるように，
直接的に現象する人間文化の諸相の背後に，ある構造的なマトリッ
クスがあるということ．その「構造」をどのように見出し，記述す
ることができるか，それが〈知〉にとっての大きな課題となったわ
けです．

　ここで重要なことは，階層が問題になるということ．いわゆる
「メタ・レベル」，さらには「メタ・メタ・レベル」すら問題になる
（あるいは，「パラ・レベル」さらには「エピ・レベル」や「パタ・レベル」
も考えなければならないかもしれません！）．自然科学においては，当
然のこととして理解されていた，研究対象の根源的階層性が浮かび
上がってきたのです．

　しかし，自然科学の場合は，対象の現象の観察を通じて，背後に
ある構造的なマトリックスが発見されれば，それが「真理」として

記述されるわけですが，人間の存在が問題となる文系の〈知〉においては，そうした構造性そのものに対して「どうかかわるか」という哲学的な問題も提起されざるをえない．それゆえ構造主義的な〈知〉に対して，人間存在をどのように考えるか，といういわゆる「ポスト構造主義哲学」が，同時に，一挙に開花するのです．「構造的なもの」とそれに対する（人間の主体的な「自由」を基礎とする）「創造的なもの」ないし「生成的なもの」が対立的に向かい合う．そこに20世紀における「知の論理のドラマ」のクライマックスがあった．

そして，本書『知の論理』のひとりひとりの執筆者は，それぞれそうした論理の葛藤の現場を引き受けながら，具体的な対象に問いかけつつ，そうした「知の論理のドラマ」を主体的に演じているのです．それこそが，本書の歴史的な〈意味〉なのだ，と編者のひとりとして，わたしは言いたい．

わたしは，現在の大学の（たとえば）教養課程において，このような「知の論理」がどのように教えられているのか，その実態は知りません．言語学，精神分析学，文化人類学……といった専門性を超えて展開された「論理」が，どのように，一般性の地平として，教育プログラムのなかに組み込まれているのか？　それを誰が教えているのか？　正直，わたしは懐疑的です．

というのも，わたし自身の認識としては，こうした「構造主義─ポスト構造主義」的な「論理の知」は，20世紀の終わり頃から大きく顕在化してくる，もうひとつの〈知〉の流れのなかで次第にその強度を失っていくように思えるからです．それは，──これも乱暴にひと言で言ってみるなら──「多様性への開け」です．先ほど，わたしは，伝統的な人文科学の研究対象について「すでに権威づけられた」という過激な表現を使ってしまいましたが，1980年代から1990年代にかけて，いわゆる人文科学の研究対象は大きく広がっていきます．わたし自身が担当していた「表象文化論」という新しい研究領域においても，1990年代には，映画，ダンス，漫画，

写真，大衆演劇，絵本，ポップ・ミュージック……等々と，これまでの大学制度のなかでは，かならずしも研究対象としては認められてこなかったようなテーマを研究する学生が一挙に増えました．「カルチャル・スタディーズ」と言われるように，文化研究の範囲を大きく拡張することが時代の要請となったのです．

　さらに，同時期に，フェミニズム理論，クィアー理論など性的差別への問い直しの運動も急速に激化してきます．それは，広い意味での「モラル」の問いを内包した運動でした．そこには，21世紀の「知」を開くひとつの鍵がありました．本書においては，執筆者のなかでいちばん若い長谷川まゆ帆さんが，「『女の場』をめぐって」という副題をもつテクスト（「歴史のエクリチュール」）を寄せてくれていて，編者としては少しすくわれた気持ちなのですが，いまから思えば，もう少しこの問題領域を掘り下げておくべきだったとも思うのです．

　いずれにせよ，これまで正面から取り上げられてこなかったような対象・視点が広く取り上げられるようになる．それは，すばらしいことです．旧来の「文化」を形成していた支配的「権威」に対する異議申し立てが起こる．ある意味では，倫理が論理に優先する．「知の論理」ではなく，「多様性への開け」という「知の倫理」です．だが，同時に，それはある種のリスクなしでもない．つまり，そこでは，場合によっては，新しい対象を取り上げることですでに研究の意味づけが完結してしまって，その背後にある論理的なマトリックスを探究する努力が疎かになるというリスクです．資料もデータも新しい．しかし，そこで論じられていることは，たんなる歴史的なデータの整理に終わってしまっているのではないか，そういう懸念が浮かんでこないとも限らない．つまり，そこでは，ひとつ間違うと，研究は，たんなる「趣味」の拡張になりかねない．そして，それは，正確に，インターネットの時代に対応しているのではないか？と，わたしは思うのです．

　文学も芸術も思想もメディアも膨大な量の作品群が，世界中で，日々生み出されていきます．そして，われわれはそれを同時代的に

享受できる環境にいる．となると，人文系の研究対象となりうるも
のは，日々，すさまじい量で増加し続けていることになる．当然，
それぞれの多様な作品・作家・文化現象を研究することは必要かも
しれない．だが，もし〈知〉がそれだけにとどまるとしたら，それ
は，最終的には，自分が好きなもの（趣味）の「深掘り調査」にす
ぎないことにならないか．そこでいったい，どのような人間文化の
「それぞれ特異な普遍性」の「新しい論理」が見出されるのか？

　わたしは，正直に言って，現行の大学制度のもとで，いわゆる文
系の学問の相対的な衰退・閉塞に非常な危機感をもっています．そ
れは，指数関数的に増え続ける新しい対象の調査研究に対応するあ
まり「新しい論理」を発見・構築する理論的努力が空転しているの
ではないか，という危惧です．ひと言で言うなら，「新しい論理」
への挑戦が，日々，難しくなっていくという思いです．

　実際，われわれの現実は，正確にこの 30 年間に，大きく変化し
ました．わたしにとっては，本書が刊行された 1995 年は，Win-
dows95 の発売の年であり，それは，われわれの世界がインター
ネット化される「元年」と位置づけられる年でした（恥をしのんで告白
しておくと，まさに本書初版を編集中に，わたしは「インターネット」と
「イントラネット」が違うことを学んだのでした．そのとき，わたしはイン
ターネットの時代がはじまるということを，戦慄なしにではなく，知った
のでした．その記憶はいまもありありと残っています）．

　とすれば，本書『知の論理』は，象徴的に言うなら，この 1995
年に走っている時代の断層が顕にした断絶の，古い地層のほうの断
面であると言ってもいいかもしれない．そして，それに続く新しい
時代の地層は，まだ表面しか見えていなくて，その奥の地層がどう
であるか，全貌はまだわかっていない，と．

　わたしは，われわれの『知の論理』の中核に「構造」という概念
があった，と言いました．それに対して，コンピュータに集約され
る新しい〈知〉の中核には「システム」という概念があると言って
いいでしょう．とすれば，現在の〈知〉の一般的な状況においては，

技術—情報的な「システム」と，存在—言語的「構造」が向かいあっているのかもしれません．その関係を明らかにすることが，来るべき「知の論理」の最大の使命ということになる，とわたしは思います．

　構造 vs システム——これこそ，現在の〈知〉の課題です．

　しかし，この〈知〉の課題に向かい合うためには，もはや〈知〉は「文系／理系」という隔絶そのものを克服しなければなりません．文／理の「壁」を打ち破ることができなければ，新しい「知の論理」は見出されることはない．誰もが無意識のうちにそこに安住している文／理の「壁」を打ち破ることがなくて，21 世紀の「知の論理」はけっして開かれることはないでしょう．

　その意味では，本書『知の論理』の 22 名の執筆者のなかに，複雑系物理学の研究者・金子邦彦さんが入っていて，決定性と未決定性の狭間に位置するとも言える「カオス」の理論についてわかりやすい解説をしてくれているのが，わたしにはすくいです．つまり 1995 年の段階で，自然科学理論の劇的な展開に対して最小限のアプローチは試みていた，「知の論理」を「文系」の理論だけに限定してはいなかったんだと，自分自身をゆるせる気持ちになるのです（しかし，情報系の論理へのアプローチがないのは大きな減点だと反省します）．

　これは私語りになってしまいますが，わたし自身の仕事においては，理系の「知の論理」へのアプローチへの思いはその後も止みがたく，2007〜08 年の 2 年間にわたって，わたしは毎月東京大学の理系の先生方の研究室を訪問して，研究の最先端の理論をうかがうという無謀な探訪記を書きました（『知のオデュッセイア』東京大学出版会，2009 年．これは，わたし自身にとっての『知の論理』第 2 弾でありました）．そして，そこで，当然ながら，エルヴィン・シュレーディンガーの名著のタイトルをそのまま借りた『生命とは何か』という大著を出版されたばかりの金子邦彦さんの研究室を訪問して，「いいかげんさこそが生命の，そして文化の，あるいは存在のダイナミズムの本質」であるという「悟り」を得たりしているのです．

さらに私語りを続けさせてもらえれば，この「オデュッセイア」の旅のなかで出会った数学者の松本幸夫さんから教えてもらったウィリアム＝ローアン・ハミルトンの四元数と金子さんの原点であったシュレーディンガーが確立した量子力学の波動方程式という「論理」を，強引に，新しい存在論哲学の基礎として援用させてもらった拙著『存在とは何か』（PHP 研究所，2023 年）をつい最近，刊行させてもらったばかりです．21 世紀の「知の論理」は，理系／文系という断絶を超えてはじめて開かれる——それは，本書『知の論理』の編集にあたったときからのわたしの深い信念だったのです．

（小林康夫）

■

『知の論理』の背景にあった情理

　〈知の三部作〉が再刊されると聞いて，30 年前の本ですから，一瞬，心配になったのが本音です．『知の技法』，『知のモラル』はまだしも，当時出された知の「論理」が，古びていないわけはない．そこで読み返してみたら，なんと，この 30 年で折に触れて見聞きしたものが基礎となって，私にとってはいまや新しい知識として読めたり，理解出来るようになったものが，これもあれも，と．

　30 年前には分からなかったのか，と言われれば，そうなのです．理由の大半は，私自身の知識量と性癖によります．同僚の中でも，本村凌二さんの「剣闘士のエロティシズム」などは，ブンガクが分かれば楽しく読めるところがありますし，野矢茂樹さんの「論理を行為する」は，素晴らしい文章ですから，素直にゆっくり歩めば辿ることが出来る．しかし，下條信輔さんの「認知と神経の『場』」になると，広い平原まで連れて行かれて，「さぁここから一人で行きなさい」と言われて呆然とする感があります．それがいま読むと，おそらく下條さんを含むこの分野の方々，「認知神経科学」のその後の仕事や活動によって，30 年経ってみると，私もどこかで見聞きしているものになっている．もちろん，こうした途方に暮れさせ

るという仕掛けも，大学の授業の「副読本」としてはとても有用な，好奇心を知的に刺激する，という働きをしていたのですが．

　それにしても大変な人たちが，ずいぶんと気を入れて書いているものです．私は編者であって，自分で書いているのではないので，こう言っても許されるか，と思います．このまま書き進めるより，ここで，このような本がどうして出来上がったかを私の視点で説明してみます．「裏話」ではありません．すでに知られていることですが，その結びつき方の独特さはあまり明らかに語られていないかも知れません．ここに書いておくと，のちに，この三部作の書き手について知ろうとする人や，「大学の改革」といったことを歴史的にとらえてみようとする方々に，この頃の世情を知ってもらえそうに思えます．「知の論理」自体については，「結び──結んで／開いて」で，書き尽くしています．

　先駆けがありました．柴田元幸さんと佐藤良明さんたち「東京大学教養学部英語教室」が編集した英語の教科書『The Universe of English』です．これがなかったら，『知の技法』を出す度胸はありませんでした．ただ，私個人には，その前に出された『駒場1991』の衝撃はさらに大きかった．A4判，カバーの地が黒，表紙にマルセル・デュシャンの大ガラス〈彼女の独身者たちによって裸にされた花嫁，さえも〉の写真が載っている，284ページの持ち重りのする大部の冊子です．

　この冊子は，東京大学教養学部のいわゆる「年報」なのですが，まったく様子は異なる．懐かしみを吐き出したくての妄想ですが，当時，評議員で大学「改革」に取り組んでいらした渡邊守章先生が，〈おい，蓮實，何かしてくれよ〉とおっしゃられて，私の目には大学の行政などには距離を置かれて，200人ほども集まる駒場の教授会では，端座，もっぱらフランス語の日刊紙を読まれて無言でいらした蓮實重彦先生が，見事にしでかした傑作がこれでしょう．

　この冊子の冒頭，「発刊に際して」の一文は，「それがながらく囚らえられてきた『塔』のイメージから，大学を決定的に解放するこ

と.」で始まり，第3段落の初めに，「いま，大学に何がしかの特権
があるとするなら，それは『屹立する高さ』としてではなく，『開
かれた濃密さ』によってでなければなるまい.」．私は，この「開か
れた濃密さ」に煽られました．

〈知の三部作〉はすぐれて東大「教養」学部の著作物です．大学
という制度の中での「教養教育」の地位は，この東大から始まった
改革などで，変化したようにも取られていますが，私が考えるに，
「教養」は構造的には常に劣位です．大学が注目を集めるのは，世
の中であれ，国家的な見地であれ，いまでも「ノーベル賞」がいち
ばんわかりやすいラベルとしての「屹立する高さ」です．30年前，
その下位に置かれていた教養学部が，大学の改変の機会を捉え，出
版した三つが，『駒場1991』，『The Universe of English』，『知の技
法』でした．『駒場1991』には，その後ノーベル賞を取られた理系
の研究者の業績紹介が載っていますが，その方はその後，「研究環
境の『乏しさ』」ゆえに駒場を去らざるをえなかったと伺っていま
す．どこの大学にもあることです．それが「教養」学部には構造的
にある，ということです．

この「駒場三部作」はその意味で，「奴隷の反乱」が起こしたも
のです．大学の，それも東大の教師をしておいて，奴隷もないもん
だと，思われるのは承知で，あえてこの比喩を使います．

30年はかなりの長さです．既に鬼籍に入られた方もいらっしゃ
る〈知の三部作〉には，過去の標識でありながら今なお読まれて欲
しい内容があります．「貧すれば鈍する」のではなく「貧すれば感
ずる」のです．いま未来に向けて何を考えるべきか，を制度的に不
利な階層がつかみ取るのは，歴史的によくあることです．

発刊の前年，1993年の既に半ばに入って，教科書のようなもの
の構想と編集作業が始まりました．最初の発明は『知の技法』とい
うタイトルだったと思います．私もその手の「博士論文を書くため
のマニュアル」は数冊持っていましたから，そうした手引きとして
の部分は，想像がつきました．しかし，小林康夫さんの頭の中には，

彼の常の高揚感によって，本のかたちは細部のかなりまで出来ていました．そこでの私の共同編者としての功績は，彼の思い付いた『知のテクネー』なる，ふつうの人には訳の分からない題名を彼にあきらめさせ，編集の羽鳥和芳さんがテクネーをベースに編み出した『知の技法』に乗ったことだけでした．それにしても『知のテクネー』だったら……と，これはその後も何度か繰り返したエピソードです．もっとも，思い出とは，自分に都合よく改ざんするものですから，その程度の話しとしてお読み下さい．

こうしたこともあって，『知の論理』の時は，すでに，大きめのドジョウ2匹目を狙うポジションまで来ていました．『知の技法』の時は，「駒場の予算も増やして貰うために……」などと，弱者同士の共感にも頼って執筆依頼をしましたが，この『論理』以降は執筆対象の「知のシリーズ」に自信を持って同僚の研究室を回りました．かと言って，最初の一冊が売れていたから依頼がスムーズだったのではないと思います．「制度的改変」に，斜に構えるのは，多分いまでも大学人の常でしょうが，この1990年前半は，すでに議論は「駒場」全体で起きていて，学内での実際の動きもあり，どんな孤高の研究者も，自分に徴用の白紙が来る「雰囲気」を感じていたようです．『知の技法』の時は「基礎演習」という科目の実施が決まって，泥縄で始まりましたから，依頼を始めたのは，夏休みが始まった後です．冷房のない研究室で，己れのいまの仕事に追われている40代の研究者に，学界に問う論文ではなく，「教科書の中の一章を，いまのご自分の最前線の研究で埋めて下さい．それも『です・ます』調でわかりやすく」．締め切りは？の問いには，「9月末でお願いします」．皆さん絶句しました．無茶振り，というやつです．しかし，すべての方が，正面から向かい合って下さいました．それはまた，駒場の研究者の力量ですね．部外者のような気分で感心しました．ここには大変な人たちがいる．

書くまでもないですが，この『知の論理』にも，ある種の「勢い」があります．それが作られた理由のいくつかの内の一つに，

『知の技法』に松浦寿輝さんが書かれた一文,「レトリック —— Madonna の発見,そしてその彼方」があるでしょう.さらにその中の一つの写真,海から上がる「磔刑のマドンナ」とでも呼べる裸体の写真を選んだ,ということ.そのスキャンダルを狙って見事に品良くスキャンダルを果たした大学の教科書・副読本.こうなれば,腕に覚えのある駒場の面々が,縒りをかけてくることになります.

　かくして〈知の三部作〉が 30 年ほど前に一時代を画した,という訳ですが,それが,時代をどう変えたり,大学の制度改変の一端を担ったとして,それが大学にどう関わったのか,それは改めて稿を変えて自問自答してみなければなりません.「モラル」にも関わるそれらのこと,新装再刊される『知のモラル』で触れてみようと思います.

（船曳建夫）

2023 年 8 月 25 日

小林康夫
船曳建夫

■
はじめに

　この本は，東京大学教養学部の文科系1年生の必修科目である
「基礎演習」のためのサブ・テキストとして，昨年，出版された
『知の技法』の続編です．

　繰り返しになることを恐れずにもう一度述べておけば，「基礎演
習」という授業の目標は，文科系の学生が，将来どのような専門領
域を研究することになるにせよ，かならず身につけておかなければ
ならないきわめて基本的な知の技法――すなわち，問題の立て方，
認識の方法，論文の書き方，発表の仕方など――を，小人数の演習
を通じて，習得することにあります．そして，それを側面からサポ
ートし，あわせてそれぞれの学問領域のもっともアクチュアルな面
白さを伝えることで学問への動機付けを援助することを目的として
『知の技法』が編まれました．

　『知の技法』は，さいわいなことに，われわれ編者や執筆者の期
待を大きく上回る好評を博しましたが，その反響の大きさは，この
ような仕事が持つ意味の重要さをわれわれがあらためて自覚する契
機となりました．つまり，『知の技法』が提示しようとしたものが，
結局，一大学の一教科のテキストという枠を超えたもっと大きな拡
がりを持ちうること，つまり日本における知の在り方そのものの変
容にかかわりうることが，次第にはっきりしてきたように思われま
した．

　この点に関しては，われわれ編者としては，『知の技法』を貫い
ている言わば〈精神〉は，次のように要約できると考えています．

　すなわち，知の言語の在り方を，専門知識の一方的伝達というモ
デルから出発して考えるのではなく，行為する知というモデルから

出発して考えること．知とは行為なのであり，その行為は，必然的に他者とのコミュニケーション，新しい認識のクリエーション，そして不公正さへのクリティックなどを含意している．つまり，理性的な言語の使用を通じてみずからとは異なったもの，異質なもの，未知なものへの〈開け〉を確保し続けることが知にとってのモラルなのだ，という考え方です．

　こう言ったからといって，われわれは専門的な知識が重要ではないと主張しているわけではありません．ただ，知識がしばしばひとの精神を閉ざしてしまうその傾向に対して歯止めをかけ，生き生きと活性化され，創造的であるような開かれた知の在り方を指向することをはっきりと提起しておくべきだと考えているだけであり，そのためには，単に知識の内容だけでは規定しえない知の言語の〈技法〉が必要だと思うだけなのです．

　こうして，〈知の行為とモラル〉――たとえばこのように呼ぶことができるある種の考え方が『知の技法』の根底にはあったわけですが，さまざまな制約のもとで，かならずしもそのプランの全体が『知の技法』に織り込まれたわけではありません．ところが，それに寄せられた読者の大きな関心に励まされて，われわれはそれをもう少し延長しつつ，その最初のプランの全体を〈知の三部作〉として刊行することを計画しました．この計画のなかでは『知の技法』はその第一作，導入部ということになり，本書『知の論理』がその第二作，続いて１年後に刊行予定の『知のモラル』が第三作ということになります．『知の技法』には言わば，学問の各領域におけるアクチュアルな認識の技法と論文の書き方・発表の仕方などの実践的な技法との２つが含まれていたわけですが，おおざっぱに言えば，本書の『知の論理』は主に認識における論理の創造性を扱い，第三作『知のモラル』は大学という制度を超えて社会のさまざまな現場における実践的モラルを扱う予定になっています．

　さて，この本についてですが，以上に述べた通り，『知の技法』

の延長で，さまざまな学問領域においてどのような論理が発明され，どのように用いられ，それがいまの学問状況においてどのような問題を提起しているかを，できるかぎり具体的な現場を通して論じることを主眼にしています．学問は，つねになんらかの対象を認識し記述するわけですが，その記述の仕方はけっしてあらかじめ一意的に定まっているわけではありません．認識し記述したその結果（知識）も大事ですが，それ以上に大事なことは，記述を行う仕方，つまりある種の論理を創造することです．学問上の重要な仕事は，つねにそうした認識の枠組みや記述の論理の大胆な創造によって支えられてきました．そうした知のダイナミックな現場を——駆け足で——めぐってみることができるようにこの本は編まれています．

　また，同時に，この本が，もうすぐ終わろうとしているこの20世紀という時代に，人間の（とりわけ文科系の）知がいったいどのようなことを明らかにし，どのような問題を残しているのかを考えるひとつのきっかけになることをわれわれは願っています．20世紀の知の偉大な論理のすべてを網羅的に挙げることなど不可能ですし，また無意味だと思いますから，無理に20世紀の全体をカヴァーしようとする構成はとられてはいませんが，それぞれの執筆者が一人の研究者として20世紀の知のもっともアクチュアルな問題と格闘しているその現場から，21世紀に向けた知の課題が浮かび上がってくることが期待されています．

　そして，それだけではなく，『知の技法』に引き続いて，読者がテクストを読んだり，論文を書いたり，口頭発表をするときなどに，どのように〈論理〉を見出し，またそれを用いていくのに役立つような技法的な手引きの部分も本書には用意されています．

　以上のように，今世紀のそれぞれの学問分野における創造的な論理を扱うことから，われわれ編者・執筆者は，この本の読者のイメージをだいたい大学3年生に置いて編集・執筆をしましたが，もちろん『知の技法』と併せて，文科系の一般的な〈基礎演習〉テキストとしてどなたにでも容易に読んでいただけると思います．どこか

ら読みはじめてもかまいませんし，読者が興味のある部分だけを読むこともできます．この本のとりあえずの構成とは別の仕方で，それぞれの論理や現場を横断的につなぐことで，読者それぞれの関心に対応した論理の問いを組み立てることもできるかもしれません．

論理の多様性とその実践的な創造性——行為する知のそうしたダイナミズムの面白さをわれわれ執筆者と読者とが少しでも共有することができれば，われわれにとってそれ以上の幸せはありません．

なお，各セクションの扉ならびに各論文の冒頭に付した数行のコメントは編者の手によるものです．執筆者を **F**（船曳）**K**（小林）で表示しました．また，各論文のタイトルは，各執筆者の意向も考慮しましたが，原則的には編者の責任に帰すべきものです．

1995 年 2 月 16 日

小林康夫
船曳建夫

論理の発明

20世紀の知のダイナミクス

■

小林康夫

はじめに

　世界を前にしたときの新鮮な驚き——それが，知の原点だとよく言われます．実際，ある対象を前にして「いったいこれは何なのだ」と驚きをもって問いかけることから知ははじまります．これまで知らなかった未知のもの，これまでの理解を超えた異質な対象または他者，理解していたはずのものの不可解な，ときには不気味な様相との出会いこそ，知にとってのもっとも根源的な動機付けです．

　もっともこのような考え方は，きわめて古代ギリシア的な考え方だということも確かです．たとえ，現在の大学という制度に支えられた知の在り方がもともとはギリシア的な知にその起源を負っているのだとしても，しかしそれだけが知の唯一の在り方ではないでしょうし，たとえばそれに対して，世界を前にしたときの根源的な罪の感覚や負債の感覚から出発するようなユダヤ＝キリスト教的な知を対置したり，さらには世界と主体との即一性へと傾いていくような東洋的な知を考えることでそれを相対化することも可能であり，いや，これからの時代には必要不可欠であるかもしれません．つまり，対象に対する驚きによって規定された知は，その反面，他者との実践的な関係をあまりにも過小評価しすぎてしまう傾向にあること，それが西欧的な学問のひとつの限界として意識されはじめていることにわれわれは気がつきはじめているということです．

　しかし，ここでは，そうした文明の基底にかかわる問題は少し迂回しておくことにして，まずは，知の営みを基本的に未知の対象を認識し，記述し，理解する行為として考え，その基本図式に従って知の論理の働き方について考えてみたいと思います．

学問のダイナミズム

　未知の対象があり，それを認識し記述する．だが，記述するためには，言語が要ります．そして，その言語とは，単に日本語やフランス語といった自然言語という以上に，それぞれの専門分野の知的共同体によってある程度，認められ共有されている専門的な言語，それぞれの科学に固有の言説ということになります．それぞれの言説は，一般的には，その時代に特有の一定の語彙（記号，概念あるいは専門用語）とある一定の記述の文法つまり論理を備えているのがふつうです．自然言語のフレーズがそうであるように，語彙と文法の編成を通じて対象に対するひとつの見方が確立されているわけで，学問を学ぶということは，必然的に専門的な言説を習得し，それを使いこなせるようになることを意味しています．断片的な知識をどれほど積み重ねても，それだけでは学問にはなりません．語彙と文法を正しく運用すること——そのためにはある一定の〈技法〉がある，というのがわれわれの主張でした——ができなければならないのです．

　自然言語を考えてみればすぐ分かるように，言語というものは，——それが言語の根本的な経済原理（エコノミー）なのですが——驚くほどわずかな語彙と文法でかぎりない事態に対応することができるようにつくられているべきものです．しかしながら，われわれの知の領域では，そしてとりわけその最先端においては，これまでの語彙と文法ではそれをうまく記述することができないような未知の対象に出会うことがしばしばあります．未知の対象の出現によってこれまでの言語の体系が機能しなくなり，部分的にしろ全体的にしろ，言語そのものの更新を迫られるということがあるのです．

　いや，それよりも，そうした事態こそが，むしろ学問のほんとうのダイナミズムなのだと言うべきかもしれません．知識の保存・伝達という側面だけに眼を奪われてしまうと忘れられがちですが，しかし学問の本質は，その言語が不断に編成し直され，更新されていくそのダイナミズムにあるのです．すでにあるものを理解し，その

理解をひとに伝えていくということだけではなく，むしろ対象を理解するための言語そのものをつねに新たにつくりかえ，創造していくことこそが学問の本質なのです[1].

　学問は創造的でなければなりません．それは，芸術のように，芸術家の個人的な，あるいは特異的な表現力からその力を汲み上げるわけではありませんが，しかし芸術と同じように創造的であるべきですし，実際，そうであるのです．もちろん，その創造が及ぶ射程はさまざまで，その性質も多様です．言語そのものを更新することはなく，ある対象についての別の記述を提出するということもあるでしょう[2].　ある対象から出発して，これまでその専門用語のなかに登記されていなかった新しい概念や語彙を発明するということもあるでしょう．そして，それだけでも，既成の語彙とその新しい語彙のあいだにどのような関係を設定するかという問題を考えてみれば，その言説を組織しているいくつかの論理の大幅な組み換えに進まなければならないかもしれません．そのようにして，新たに固有語法（イディオム）や命題，法則などが提案されるかもしれません．あるいは，もっと根源的に，ある時代の認識の基準枠そのものを問い直して，いわゆるまったく新しいパラダイムを発明することに及ぶかもしれません．そこから新しい学問領域が生まれ，新しい学問の言語が成立することもあるのです．

世界・言語・人間

　こうして，学問の本質は未知の対象との出会いによるみずからの言語の更新，革命にあります．普遍性の方に向かって絶えずみずからを編成し直し，作り変えていくダイナミズム——それが，学問の行為です．

　その意味では，学問の世界においては，どの語彙も，どの論理もけっしてそのまま絶対だということはありません．どのように明白と思われる概念や論理も，ある日，それが根本的に疑われ，問い直されるということがあります．そして，それと相関して，これまでもう科学的な探究の余地がないと思われていた対象が，新たな論理

のもとでまったく違った様相のもとに，まさに未知の対象として，立ち上がってくることもあるのです．

　具体的な例をあげましょう．たとえば，言語学の対象は言語です．それは，あまりにも自明のことのように思えます．ところが，その自明なはずの言語という対象が何なのか，よく考えてみると分からないということが起こります．実際，今世紀のはじめにフェルディナン・ド・ソシュールという19世紀的な歴史言語の領域で若くして天才的な仕事をした言語学者を襲ったのもそうした懐疑でした．ある手紙のなかで，かれは書いています──「しかし私はこれらすべてのこと，そして一般に，言葉の事象について意味のあることをものの10行でも書こうというときに出くわす困難にうんざりしている．ずっと以前から特にこれらの事象の論理的分類と，私たちがそれを扱うときの観点の分類とが気になっている私には，言語学者に彼が何をやっているのかを教えてやるために必要な仕事のすさまじさがますますはっきり見えて来るのだ．一つ一つの操作を，あらかじめ規定された範疇に帰着させねばならない．そしてまた同時に，［今の］言語学でできるすべてのことが，所詮はいかにむなしいかが見えて来る」3)，と．ここから，かれは，個別の言語の歴史の研究とは異なった，人間の言語一般を対象とし，その一般性の論理を確立するような言語学──かれの言う「一般言語学」──を構想するという一歩を踏み出します．かれは，そうした言語の一般性に見合った概念として，単語に代わって記号という概念を導入し，この新たな概念を展開しつつ人間の言語のいくつかの次元や側面を明確に区別し整理することを試みます．意味するものと意味されるもの，ラング（言語体）とパロール（言語運用），通時態と共時態，サンタグム（統辞）とパラディグム（範列）等々の区別を通じて，ソシュールは言語学のまったく新たな理論言語を構築し，さらには後の構造主義へとつながっていくような画期的な言語観を打ち立ててしまうのです．

　ところが，20世紀の後半になると，ソシュールからはじまるこうした言語学の理論言語とまったく異なる言語が，今度はアメリカ

合衆国から提案されます．それは，ノーム・チョムスキーの生成文法という考え方で，そこでは，——ごく簡単に言ってですが——言語学の対象となる単位が，もはや記号ではなく，文として考えられています．言語学はそこでは，（正しい）文の生成装置としての文法を，書換えという一定の変形規則の記述を通して明らかにすることにその目標が置かれるのです．そして，この生成文法は，ソシュール的な言語学とは異なって，ひとつには生物学，もうひとつはコンピュータによる情報理論とのあいだに密接な関連を実現します．学問領域の相互関係がそこではまったく異なってしまうのです．

そして，こうした考え方もまた更新されないわけではありません．普遍的な言語能力からの文の生成という観点ではなく，今度は，言葉を発するという行為そのものに注目して，言語を通して人間が世界のなかに根づいたり，社会のなかで行為したりするその機能を分析するさまざまなタイプの研究も登場しています．そうした研究においては，文そのものだけではなく，文と発話の状況とのあいだのさまざまな関係に照明が当てられるようになるのです．

実際，ある意味では，20世紀は，まさに言語の時代でした．ソシュール，チョムスキーのもの以外にも多くの言語理論が提出されました．ですから，ここでは，ただ，そのもっとも代表的なものを取り上げながら，対象に対する視点によって，それぞれ論理と概念の編成がまったく異なってしまうこと，あらかじめ対象があるのではなく，むしろこちらの論理によって対象すら規定されるということを示そうとしたのです．

しかし，そうは言っても，実は，ここで取り上げられたのが，ほかの科学ではなく，言語学であったということは，けっして偶然ではありません．すなわち，ここでわれわれが重要視している学問における言語のダイナミズムは，言語が対象から独立した自律的なものであるという根本的な考え方に負っているわけですが，それこそ言語学がその発展の大きな一翼を担っている今世紀の人文・社会科学のもっとも重要な問題設定に深く根ざしているものだからです．

言語が対象に従属する透明なものである限りにおいては，学問の

論理はつねに対象の論理です．そして，対象がひとつであるならば，それを記述する論理も一意的に定まってくるはずです．ところが，もし言語というものが，対象からは独立した自律的な論理を持ちうるものであるのなら，事態は大きく変わってきてしまいます．厳密に言えば，何が対象かが定められるのもあくまでも言語のうちであって，もし別の言語の論理を採用すれば，対象の存在そのものが危うくなることになるのです．

　世界（対象）と人間があって，そのあいだで言語が透明な道具として考えられていた認識の枠組みから，世界と人間のあいだに，かならずしも世界の秩序に透明に対応するわけではなく，かならずしも人間が恣意的に使用することができるわけでもない，言語という不透明なものがあるという枠組みへの移行（パラダイム・チェンジ）――それこそ，20世紀の文科系学問がその努力を傾注したもっとも重要な共通のプロブレマティックでした．もし20世紀の文科系の学問が何をなしたかを一言で言わなければならないとしたら，われわれは躊躇することなく，世界の単なる透明な写しではないような言語の――あるいはもっと広くイメージなどまでを含めて――表象の自律的な秩序に注目し，その言語への問いとともに人間の文化をふたたび根底から捉え直そうとしたのだと言えると思います．19世紀が言わば〈歴史〉，つまり歴史の論理を発見したように，20世紀は〈言語〉を，そして言語や表象の論理を発見したのです．

実体から関係へ

　それを別の言葉で言えば，実体から関係へと言うこともできます．すなわち，実体的な対象があらかじめ与えられていて，それをわれわれが記述するというのではなく，われわれが対象を認識するのは言わば言語が作り出す関係の網を通してなのですから，むしろ関係が対象をあらかじめ規定していることになります．もちろん，日常的には，われわれは実体としてのモノの世界のなかに生きているという実感を持っていますし，実体としてのモノにこだわるような仕方で生活しているわけですが，そうした日常的な意識の手前で，ほ

とんどわれわれの意識が及ばないところで，実はわれわれは，言葉や表象が作り上げている関係の網を通して世界とかかわっているというわけです．

　ということは，20世紀の文科系の学問の核心をつかむためには，ある意味では，日常的な，素朴な世界理解から一歩抜け出したポジションを獲得することがどうしても必要になります．言語が自分の思い通りになるものであり，個人的な実感や判断に全面的に依拠したものだという思い込みから脱して，——たとえば第III部でベイトソンの〈ダブル・バインド〉を通して語られているように——主体の意思を超えて言語や関係の論理が主体を拘束しているという事態をわれわれはわれわれの自己理解や他者理解のなかに組み込まなければならないのです．文化人類学を中心とした社会科学において〈構造〉ということが問題になり，また，文学研究において，〈作品〉よりは〈テクスト〉という概念規定が優先されたのは，そのような大きな認識のパラダイム・チェンジと相関することでありました．そして，このパラダイム・チェンジは必然的に，これまでの近代的な主体概念を揺り動かすものとなりました．

　すなわち，われわれはもはや，これまでのように単に「我思う」（cogito）という審級をわれわれの主体性の究極的な根拠にすることはできないということです．「我思う」は言語抜きには不可能であり，そしてもし言語があるのなら，そのときわれわれはすでにわれわれの「我思う」を超えたさまざまな論理や関係に巻き込まれてしまっているということです．われわれは世界のなかにある，と同時に，すでに言語のなかにある．そして，世界と言語とはけっしてぴったりと透明に一致しているわけではなく，そこにはつねにズレがあるのですが，そのズレこそが実はわれわれの文化創造の，そして歴史のダイナミズムを可能にし，いや誘発しさえしているものにほかならないのです．

　われわれの文化の歴史的状況にかかわるきわめて重大な事柄を，わずかな言葉で言おうとしているために，上に述べたことは，ひょっとしたらかなり分かりにくいかもしれません．しかし，20世紀

の人間科学の最大の問題が言語あるいは表象の自律性の問題だった
こと，そしてそれが必然的に近代的な主体概念の再考を迫ったこと，
主体の否定性ばかりが強調されすぎたと思われる今世紀後半の理論
状況の行き詰まりを突破し，認識と実践のあいだにもう一度橋をか
けるためには，対象との，あるいは他者との関係のなかで自己変容
していくようなダイナミックな主体概念を模索する必要があること
——それが，ここでのわれわれの基本的な考えです．そして，学問
する主体は，まさにこうした主体のプロブレマティックを引き受け
なければならないというのが，われわれの主張です．単に対象を認
識するというのではなく，みずからの認識が依拠している論理を明
らかにし，そうすることによって認識を更新し，それをまた他者へ
伝え，他者と議論していく．そうした不断のダイナミックな関係の
なかにみずからの主体性を根づかせることが，知の主体にとっての
課題ではないか，というわけです．

論理の発明

　こうして，われわれは知の現場において，基本的には2つの局面
でダイナミズムを発動させなければならないことになります．
　そのひとつは，なによりも対象に対してです．これまでの論理で
は分析しきれない未知の対象と出会うという局面——そこでは，知
の主体は，その対象に問いかけつつ，その対象を記述しうるような
新しい論理の枠組みを発明しなければなりません．論理がかならず
しも対象の側にあらかじめあるわけではない以上，われわれは他の
領域で用いられている論理を応用的に転移したり，あるいはいくつ
かの論理を組み合わせたり，あるいはこれまでにはない新しい発想
のもとに論理を更新しなければならないのです．
　こうした現場では，何が新しい論理の発明に役立ち，何がそうで
ないかを決める判断基準はありません．科学史家のファイヤアーベ
ントの表現ではありませんが，〈Anything goes〉（ナンデモアリ）な
のです．われわれは芸術家のような直観的なインスピレーションに
基づいて仕事をすることもあるでしょう．または，レヴィ＝ストロ

ースが言う「野生の思考」の場合のように，言わば手当たり次第の論理をツギハギしながら一種の〈器用仕事〉（ブリコラージュ）を行うこともあるでしょう．

　ことに現代のように，——理科系でも文科系でも——基本的な原理はかなり整理されて統一的に見えてきているにもかかわらず，逆に，なんでもないように見えるものの複雑さの前で論理が立ち往生してしまっているような時代では，そうした発明の力の必要性はますます際立って感じられています．ひとつの論理では割り切れない対象の複雑さ・多元性を前にして，異質な論理を組み合せたり，線的な一意的な決定性をはずれた曖昧性や未決定性を含みこんだ論理のあり方を創造しなければならないのです．そして，そのためには，ひとつの専門領域に閉じこもるのではなく，いくつもの異なった領域を横断しつつ，他の専門領域との大胆な接合や相互作用を，必要に応じて，実現できるような柔軟で強靱な知性がますます必要とされているのです．

　論理はあらかじめ対象のなかに自然に与えられてあるのではなく，言語を通して発明されるものです．しかし，もちろんそれは〈ナンデモイイ〉というわけではありません．発明の現場においては，まだ，何がその対象に適切に対応するのか分からないわけですから，当然，〈Anything goes〉（ナンデモアリ）なのですが，一度，新しい論理として仕上げられたときには，それは，対象の記述として妥当性を備えていなければならず，また，他の対象にもその論理を応用することが可能なような一般性を保持していなければなりません．ナンデモアリだが，しかしナンデモイイわけではない——それこそが，創造の本質的な条件なのです．

創造的な忍耐

　もうひとつの局面は，他者に対してです．もし論理が対象に従属しているのでないとしたら，それは，どのような対象についてのどのような論理も，それが乗り超えられ，更新され，書き直される可能性がある，いや，それどころか，そうされるべきであるというこ

とになります．学問的な知にとっては，その言語が絶えず更新されるべきだということはきわめて本質的なことです．

　すなわち，われわれはわれわれの認識をただ一方向的に相手に伝えるためにだけ他者とかかわるのではないということです．〈ワタシハコウ考エル―ソレデオシマイ〉――そのような態度は，たとえどれほど知的に見えようとも，実は知の本質を捩じ曲げています．わたしの考えのなかには，すでにわたしのコントロールを超えた，わたしの意識がそれをとらえていないさまざまな論理が入りこんでいます．わたしの認識のなかには，つねに〈わたしがそれとして考えてはいないもの〉があります．他者に自分の認識を伝えるということは，同時に，自分の認識が問い直され，その論理の限界が指摘され，わたしの無意識の論理に照明があてられるような可能性に自分の思考を委ねるということです．発明の場合の創造的な，積極的なダイナミズムとは違って，この他者との関係におけるダイナミズムは，むしろ受動的だと言ってもいいかもしれません．主体が，あるいは自分の確信を揺るがせられるかもしれない局面にみずからをさらすということだからです．自分が乗り超えられる可能性に対してみずからを開かなければならないのです．

　そこには知の最低限のモラルがあります．つまり，絶えず――限りない普遍性に向かって――更新されていく言語にみずからを委ねるということ．更新という来るべき時間，来るべき他者にみずからの発見を与えるということ．結局，創造的でありながら，同時に，自分を乗り超えようとする来るべき他者と時間とに耐えること――知という論理の探究は，情緒や感情といったパトスのそれとはまったく異なった経験をわれわれに要求しています．創造的な忍耐とでも呼ぶことのできるようなモラルの経験をそれは要求しているのです．

　おそらく，そこにこそ，大学における学問・研究という枠を超えて，いま，知がわれわれにとって意味を持っている理由があります．あるいは，われわれがこうして，「知的である」ということをもう一度，再定義しようとするべき理由があります．すなわち，従来の

さまざまな秩序が崩壊し，われわれの認識と実践のあいだの断絶が
これまでになかったほど深くなり，しかも世界そのものに対する人
間の責任までが問われはじめているこの時代にもっとも必要なもの
は，さまざまな論理が複雑に絡み合ったそれぞれの具体的な現場に
おいて，——来るべき時間そして来るべき他者のために——新たな
論理を創造しつつ，認識から実践への困難な飛躍を試みることがで
きるような〈行為する知〉だと思われるからです．知は論理におい
て行為します．それが，知のダイナミクスなのです．

註
1)　その意味では，学問の主体を，〈教師〉という一元的なモデルで考
　　えることから，われわれはそろそろ脱するべきでしょう．学生は，自
　　分の教師に，「あなたの研究の創造性は何か」と問うことができるは
　　ずです．しかし，それは同時に，学問に対する自分の主体性をどう考
　　えるのか，という問いとして学生自身にもはね返ってくるべき問いな
　　のですが．
2)　学生が書く論文などにしばしば見受けられる困難は，書き手が，自
　　分がどのような言語を使っているかについてまったく無自覚であるこ
　　とです．対象に対する個人的な興味にとらわれるあまり，自分がどの
　　ような語彙，どのような論理を使って論文を書いているのかが分かっ
　　ていない．そのことによって，本来あるべき他の研究者とのコミュニ
　　ケーションがまったくできない〈ひとりよがり〉の論文になってしま
　　うわけです．
3)　1894年1月4日付けのメイエ宛の書簡．ここでは，エミール・バ
　　ンヴェニストがソシュール没後50年を記念してジュネーヴ大学で行
　　った講演から引用しました．翻訳は，それを含む論文集，バンヴェニ
　　スト『一般言語学の諸問題』（岸本通夫監訳，みすず書房，1983年）
　　に依拠しました．この講演のなかで，バンヴェニストはソシュールの
　　ほかの書簡も引用しながら，本来は，言語の「民族誌的ともいうべき
　　側面」にしか関心がなかったソシュールが，言語学で用いられている
　　用語を体系的に整理し論理化するために，やむにやまれず後に「一般
　　言語学」と呼ばれる理論を構想するに至った経緯を明らかにしていま
　　す．

限界の論理・論理の限界
20世紀の方法原理

■

　この第Ⅱ部に入っている5本の文章はまとめて読んで下さい．どれも
が重要だから，というよりは，ここが「20世紀の知の論理」の，所在
を明らかにしているからです．論理行為，現象，知覚，表象，記号，こ
れらが私たちの文化の根源のところで，激しく運動しています．まとま
って基層を作っていたり，かっちり五大元素として核をなしているので
はありません．それぞれの論理がそれぞれの「知る」ということの困難
さから生まれて，錯綜した戦線を闘いながらも，その知への問いかけの
鋭さによって，運動量を増しながら，この時代の論理空間を限界まで押
し広げています．その論理が尽きる果てに「美」が待っていて，私たち
をさらなる彼方につれ去ってくれる，というような夢はもう残されてい
ません．夢自体の意味が問われ，そして人間の作りだした「論理」の限
界，アウシュヴィッツの後において詩を書くことの可能性，が問われて
いるのですから．**(F)**

■疑う

論理を行為する
疑いと探究

■

野矢茂樹

■新しい論理を生み出すためには，すでにある論理を疑うことからはじめなければなりません．しかし，「疑う」という論理的な行為もそれが極限まで押し進められれば，自己解体的なものとなります．つきつめ，かつそこで身を翻すことからこそ知の探究の新しい，しかも美しいモデルが生まれるのです．（K）

すべてを疑うこと

──何でも疑ってみようって？　いいけど，でも，やみくもに疑えばいいってものでもない．なによりも，その意気込みで全部いっぺんに疑ったら，どうなると思う？　いや，つまり，こういうことさ．

> すべてを疑おうとする者は，疑うところまで行き着くこともできない．（L. ウィトゲンシュタイン『確実性の問題』§115）

そうだね，このこと，それから「何かを探求するとはどういうことなのか」について，少し話してみようか．まあ，今日も暑いから，なるべく木陰を選んで歩くことにしよう．

すべてを疑って，疑いぬいて，灰の中からこれだけは確かだというダイヤを見つけ出す，なんだか素敵だけど，そうはならないと思うんだ．全部燃えつきてしまうから？　いや，そうじゃない．

「何でも疑う」っていう君の言葉を，文字通りに受けとめて考えてみたい．あまりに額面通りにとると，かえって君の思っていることと食い違ってしまうかもしれないけど，後で「探求」について考えるための思考実験だと思って，一緒に考えてほしい．ほんとに，「何でもすべてを」一挙に疑おうとしてみよう．人の話の信憑性はもちろん，自分の目も耳も，百聞も一見も，全部疑うわけだ．ちょうどいい，あそこに猫が寝ている．ふつうは猫だと信じて疑わない．

でも，疑ってみよう．例えばあれは，もしかしたら猫型ロボットか
もしれない．君ならどうする？　調べるために，つれてかえって，
麻酔をかけて，まあ，死んじゃわないように慎重に解剖してみよう
か．でも君は，これはほんとに麻酔なのかと疑い，これはほんとに
メスなのかと疑い，開いたお腹の中を見て，これはほんとに内臓な
のかと疑うわけだ．そりゃあ，猫なら血も流れる，でも血によく似
た機械油かもしれない．疑いを晴らすための証拠がまた疑われる．
いわば，疑いの底が抜ける．

　いったい，どうすれば君の疑いは晴らせるんだろう．

　「疑う」というのは，たんに文に疑問符をつけるだけのことじゃ
ない．疑うという行為，疑うという実践だ．だから，晴らしえない
疑いをかかえて身動きとれなくなってしまうのだったら，それはた
だ，「懐疑」という名を借りた怠慢にほかならない．そうじゃない
か？　あれ，ちぇっ，猫，逃げちゃったよ．

　それから，もう一つ大事なことがある．「これは猫か？」って疑
うとき，「猫」という言葉を使うね．そしてこれが猫なのか猫型ロ
ボットなのかと疑うとき，「猫」とか「ロボット」といった言葉は
正しく使われていると思っている．でも，すべてを疑えというんだ
ったら，当然そのことも疑わなくちゃいけない．「これは猫か？」
だけじゃなく，「『猫』とはこれか？」ってね．「これは猫か？」が
事実についての疑いなら，「『猫』とはこれか？」は概念についての
疑いと言えるかな．いや，概念についての疑いというのもあるのさ．
哲学なんかはその手の疑いに満ちている．「『時間』とは何か」「『正
義』とは何か」，それから，笑っちゃうけど，「『概念』とは何か」
ってね．うん，そう．いまやっているのも，「『疑い』とは何か」と
いう，「疑い」概念についての疑いだ．

　概念についての疑いっていうのは，どうやって晴らすんだろう．
難しいな．ある言葉の意味を確かめようとして別の言葉でそれを説
明しても，こんどはその説明の言葉が疑われる．また，底無しだ．
どうすればいいだろう．

　例えば，正直のところ，ぼくには「神」という言葉の意味は分か

らない．じゃあ，どうすれば分かるようになるのか．これはたぶん，言葉で説明されてもだめだと思うんだ．けっきょく，「神」という言葉が核にある一連の宗教的実践に参加できるようになるかどうか，ということがポイントじゃないんだろうか．ぼくはその実践に参加しようとしないから，いつまでたっても縁なき衆生というわけだけどね．でも，ともかく，もし「神」という言葉の意味を確かめようとして，その実践に参加してみようと決心したら，それからどうなるだろう．具体的にはどうであれ，まったく一般的に言えば，新たな実践への導きは，とりあえずぼくがこれまでなしてきたごく平凡な生活の行為に結びつける形で，つまり，本を読んだり，食べたり，手を合わせたり，歌ったりする行為と結びつける形で，何か橋渡しがなされるんだろうね．

　こんなふうに，ある言葉の意味を確かめることは，けっきょくはその言葉を核とした一連の実践を確かめることに行き着く．これは，一見すると外堀から攻めていくような間接的なやり方に思えるかもしれないけど，実はそうじゃない．意味がまず確定して，それに応じてふさわしい言語活動が営まれるのじゃなくて，われわれがなす実践の在り方こそが，言葉の意味を定めるというわけ．「意味が実践を確定するのではなく，実践が意味を確定する」，まあ，スローガン的に言えばこうなるかな．ウィトゲンシュタインの「言語ゲーム」っていう概念のひとつの側面が，ここにあった．

　そこで，意味についての疑いを晴らすには，その言語実践へと参加していかなければならないわけだけど，そのときには，いま言ったように，すでにこれまでなしてきている実践をもとに，そこから橋渡しをしてもらうことになる．でも，すべてを疑ってしまったらどうだろう．橋渡ししようにも，いきなり海の真ん中に放りこまれたようなものじゃないか？　けっきょく，すべてを疑っちゃったら，橋もかけられないよね．意味についての懐疑も，局地戦でしかありえないってことさ．——ああ，ちょっとあそこのベンチに腰掛けようか．え？　ベンチかどうか分からないって？　いいよ，腰掛けられれば，何でも．

鵜呑みにされる事実

　さて，と．繰り返せば，こうだ．事実についての疑いにせよ，意味についての疑いにせよ，「疑う」ことはそれ自体ひとつの活動で，ただいたずらに疑問符をつければいいってもんじゃない．ある程度その疑いのもとに開ける探求の形が見えていないと，疑いも死んでしまう．そして，すべてを一挙に疑う懐疑は，自らを殺してしまうもの，疑いという行為それ自体を自滅させてしまうものにほかならない．――

　でも，さっきのウィトゲンシュタインの引用をめぐる話は，これで終わりじゃないんだ．そう，「すべてを疑おうとする者は，疑うところまで行き着くこともできない」ってやつ．もう少し，話そうか．

　ある言葉の意味を確かめることは，その言葉を核とした一連の実践を確かめることだ．そう言ったよね．ところが，――ここがすごく肝心なとこなんだけど――実践ていうのは，膨大な数の事実を鵜呑みにすることによって成り立っている．言われてみればあたりまえのことさ．例えば，サッカーをするときに「これはボールか？」とか「これはゴールか？」とか疑っていたら，サッカーができない．そういうこと．

　そりゃ，「ボールの中にボール型の爆弾が混じっているかもしれない」っていうんで，チェックしなけりゃならなくなる場合もありうるけど，そのチェックをしている間はサッカーはできないよね．「蹴ってみりゃ分かる」って命知らずなことを言う人もいるかもしれないけどさ．それから，もしそれがボールなのか爆弾なのかをチェックしようとしたら，こんどはその実践において，例えば工具を使うならばそれがそのような工具であること，何か測定器具を使うならばそれがそのような測定器具であること，そうしたことを鵜呑みにして，それを踏まえて，爆弾のチェックという実践をするわけだ．うん？　そうそう，もしそれがほんとに測定器具なのか確かめるというなら，それはまたそれで別の実践さ．どんどんサッカーからは遠くなっちゃうね．そして，ちゃんとした測定器具であること

を確かめるときには，そこでまた別の事実が鵜呑みにされなくちゃ
ならない．だから，すべての事実を疑ったのでは，何ひとつ実践に
踏み出すことができなくなるわけだ．

　それで，言葉の意味は実践において定められるのだったから，も
しこんなふうにいっさいの実践が奪われてしまったとしたら，言葉
の意味，概念も実質を失って崩壊してしまう．

> どんな事実も確かとみなさない者にとっては，自分の用いる言
> 葉の意味もまた確かではありえない．（前掲書，§114）

　こうなったら，疑いを表現する言葉も失われる．懐疑は本当に口
先だけの，当人にさえ意味不明のたんなる音の羅列，あるいはイン
クの染みでしかなくなってしまう．こうして，さっきの引用になる
わけさ．「すべてを疑おうとする者は，疑うところまで行き着くこ
ともできない」．

「動かぬもの」が動かぬわけ

　ああ，いい風が吹いてきたね．もう少し歩くとしようか．
　すべてを疑ったのでは，当の疑いも死んでしまう．逆に言えば，
何かを疑うためには，疑いを免れている部分がなければならない．
じゃあ，この，疑いを免れている部分というのはどういうものなん
だろうか．もう少し踏み込んで考えてみたいんだ．
　誤解だったら申し訳ないけど，もしかして，こんなふうに考えて
いないかな．ものごとはだんだん明らかになっていく，暗闇を照ら
す範囲が徐々に広がっていくように，知の光はすでに明らかになっ
ているところを包み込むようにして広がっていく．ここまでは明ら
かになった，さあ次はここだっていうぐあいにね．でも，そうじゃ
ないんだ．またウィトゲンシュタインを引用してもいいかな．

> 動かぬものは，それ自体がはっきりと明瞭に見て取られるがゆ
> えに不動なのではなく，そのまわりにあるものによって固定さ
> れているのだ．（前掲書，§144）

疑いを免れているものは，それ自体が確実だから疑いを免れているんじゃない．他の何かを疑うためには，そこを疑ったのでは実践が成り立たないから，ただその理由で，疑えない，そういう構造になっているって言いたいんだ．そうだな，何か例を出した方がいいな．

　まず，最初はちょっとつまらなく見える例かもしれないけど，例えば君が誰かと共同研究をしているとする．そのとき，君はその仲間が嘘をついてはいないってことをいちいち確かめてから，研究を進めるだろうか．まさかね．「あの人は嘘をついているのではない」というのは，はっきりと明瞭に見て取られた確認済みの真理というよりも，それを鵜呑みにしないと探求が始まらないから，それでともかく鵜呑みにされている，そういう命題だ．しかも，ふつうはそれを鵜呑みにしていることさえ，意識されない．こんなささいな例なら無数に見つかる．「この本の内容は昨日本棚に置いたときから変化していない」（もしかしたら深夜活字がひとりでに動きだして配置替えしたかもしれないだろ）なんてのもそうだね．こういう例は，最近の人工知能研究で「フレーム問題」と呼ばれている問題と直接つながっている．例えば，「われわれがとくに意識せずに鵜呑みにしている無数のことがらを，コンピュータにどうやって呑み込ませるか」なんていう問題として立てたら，いわゆる「フレーム問題」のひとつの形になる．まあ，でもいまはこうした問題はおいとくことにしよう．

　それから，こんどはぼくたちにとってもっと重要な，だけどちょっとハードな例になるけど，いいかな．自然科学の例なんだけど．探求の形を見るには，やっぱり自然科学の例をとった方がきれいに見えるからね．ええと，地震観測所のことを考えてみたいんだ．だいじょうぶ，ぼくだって大雑把な話しかできないから．地震観測所では，まあ大雑把に言って，地震計で地震動を測定しているわけだ．そして，それに基づいて，震源を求めたり，地球の内部構造を調べたりする．そこで，物理学の法則，運動方程式やフックの法則（どんなのだったかは忘れててもいいよ）といった法則を用いて計算する

ことになる．さて，問題にしたいのはこうなんだ，こうした活動において，運動方程式やフックの法則の確実性は十分に確かめられているんだろうか．

「もちろんそうだ」って答えたくなる？　そうかな．地球の内部で運動方程式やフックの法則が成り立つことは，ほんとうに十分確認済みのことだろうか．なるほど，地球上ではある程度そうした法則が成り立つことも確かめられている．それはそうだ．でも，こんどは地球の内部だ．直接のぞいて見たわけじゃない．常軌を逸した状態かもしれないじゃないか．え？　地球の内部がさ．

運動方程式やフックの法則が地球内部で成立することは，それ自体が確実だから受け入れられているんじゃない，地震観測所の活動が，そうした法則を採用することによって初めて可能になるような形で計画されているから，いわば「頭ごなし」に採用されている，そう，そう言いたいんだ．ウィトゲンシュタインの「まわりにあるものによって固定されている」っていうのはそういうことだと思うんだ．一番の土台が，一番の独断．それじゃあ砂上の楼閣じゃないかって？　そうだよ．……って言いたいけど，ちょっと無責任か．つまりさ，「土台と建物」というモデルで学問を考えるのが，もう不適切なんだと思う．「基礎付け主義からの離別」？　手垢のついた言い方で恥ずかしいけど，まあ，そういうこと．

同じことを少し違った角度から考えてみようか．

運動方程式やフックの法則を使って，震源からの地震波の到達時間を計算する．ところが，それがもし，観測所のデータをうまく扱えないような事態になったとしたらどうだろう．例えば，いくつかの観測所がデータに基づいて出した震源と他の観測所が出した震源が一致しない，とかさ．観測所は混乱する．どこかおかしいぞ．じゃあ，どこがおかしかったのか．そこで，もしもだよ，その観測所が「この地域ではフックの法則は成立しない！」なんて結論を出したとしたら，どうかな．変だね．なぜ変なのかな．フックの法則はすでに十分確証されているのに，それを否定するから？　いや，そうじゃない．

ゆっくり考えよう．観測所はどうするだろう．どうすると思う？

うん，観測機器をチェックするかもしれない．それはあるだろうな．でも，どうだろう，震源と観測所の間の地殻やマントルなんかの構造が当初思われていたのとは違う，と考える道があるんじゃないかな．

よし，思い切って単純化して考えよう．つまりこうだ．一方に物理法則がある．他方に地球の内部構造についての知識がある．その両方から，震源からの地震波の到達時間が導かれる．しかし，その計算結果はどうもうまくいかない．どこか手直ししなくちゃいけない．そこで地震観測所だったらどうするか．明らかだ．地球の内部構造についてのこれまでの知識を修正するだろう．これは，地震観測所の活動のひとつだろうからね．とすると，こうだ．地震観測所が，震源を求めたり，地球の内部構造を調べたりするような通常の活動をしているかぎり，物理法則は不可侵のものとして固定されている．だって，おかしいことがあったら，まず，地球の内部構造の話に皺寄せされるだろうからね．そして，この皺寄せがなんとかうまくいくかぎりは，物理法則にはけっして皺寄せがいかない．つまり，地震観測所の活動の中には，物理法則に疑いの目を向けるような道筋は用意されていないんだ．

知の「蝶番」

ふう．少し，陽が翳ってきた．ああ，ほら，ウィトゲンシュタインのここの箇所がいまの話を集約しているよ．

> われわれが問いを立て疑いを発するには，ある種の命題が疑いを免れ，いわば問いや疑いを動かす蝶番の役割をしていなければならない．
> すなわち，確実なものとは，探求の中において事実上疑いの対象とされないもののことにほかならない，それが科学的探求の論理なのである．
> とはいえそれは，すべてを探求することはわれわれの能力を

越えているから，たんに仮定するだけで満足すべきだ，という
ことではない．扉を開け閉めしたいのならば，蝶番は固定され
ていなければならない．（前掲書，§§341-343）

「土台と建物」というモデルで考えるのはもう止めようってさっ
き言ったけど，このウィトゲンシュタインの比喩を用いるなら，学
問の新しいモデルは「扉と蝶番」ということになるわけだ．そして，
この新しい見方が示すひとつの重要な側面はこうだ．——すべての
ものを疑うことはできない．しかし，任意のものは疑いうる．

　すべてのものを一挙に疑うことができないっていうのは，つまり，
何かを疑うときには他の何かが疑いを免れていなければならないか
ら．だけど，どんなものでも疑いうる．うん？　だって，いいかい，
確実なものというのは，ある探求を遂行するためにはずすことので
きない枠組みになっているもののことだよね．だったら，それが確
実であるのはその探求がなされているかぎりにおいてであって，別
の探求，別の実践の場に踏み込むならば，いままで確実として呑み
込まれていたものも，探求の主題として疑いの目を向けられるよう
になるわけさ．

　もう一度，地震観測所の例を出すなら，震源の確定や地球の内部
構造の解明といった活動が順調に進行しているうちは，運動方程式
やフックの法則といった蝶番の部分は固定されている．でも，どう
もうまく活動が進まなくなったら，それはやがて，彼らの活動を律
している蝶番そのものへの疑念に変わるかもしれない．そして，も
しそうなったら，別の探求の場を用意して，いままで鵜呑みにして
いたことを吟味し始めるだろう．これが大がかりに進行すると，革
命的な事態が生じることになる．まあ，扉がうまく開け閉めできな
くなったときが，蝶番の替えどきということかな．

　一般的に言って，探求はその探求を可能にするような枠組みをも
っている．そして，その探求を続けるということはその枠組みを黙
って呑み込むということだから，探求の活動の中にあってなおその
枠組みを疑うことはできない．でも，だからといって探求の枠組み

をなしているものが疑いえない絶対確実なものだというわけでもない．われわれはその実践の外に出て，こんどはいままでの枠組みを疑う新たな実践へと踏み出すこともできるわけだ．もちろん，そのときには別のことがらが枠組みになっているのだけれどね．

　そして，こういう構図で学問の在り方を見ると，どういう業績を上げた人が評価されるかが見えてくると思わないか？　そう，必ずしも「真理」に到達した人じゃないんだ．より豊かな実践を拓いていく新たな蝶番を作り出した人．何かある問題に答えた人よりも，むしろ問題を作り出した人．さらに言えば，さまざまな問いと疑いを生み出しうる場を作り出した人だ．それは，ある枠組みのもとで順風満帆に仕事をしていく人であるよりは，おそらく，備え付けの枠組みのもとでの活動がギクシャクしてしまう人の方なんじゃないだろうか．

　だからさ，ある研究領域に新しく入ってくる新入りやよそ者っていうのは，ときにすごく革新的な仕事をすることがある．研究者として着実な仕事をたくさんするのは，その実践になじんだ人の方がいいわけだけど，そうした活動が順調であればあるほど，その枠組み，蝶番の部分は固定されていく．それに対して，まだ完全にインサイドに立っていない人は，そもそもその実践の枠組みそのものを変えてしまいかねないわけだ．

　……ところで，話しながら歩いていたら，知らない界隈に迷いこんだようだね．ここはどこらへんなのかな．まあ，ともかく，あそこの道をまがってみようか．

20 世紀この 1 冊！

　1953 年　L. ウィトゲンシュタイン『哲学探究』（藤本隆志訳，『ウィトゲンシュタイン全集 8』，大修館書店，1976 年）

　圧倒的な影響力をもった古典的著作として，そして思索の息遣いをともに体験しうる生々しい現場として．しかし，読みにくい．

■見る

見ることの限界を見る
現象学とアウシュヴィッツ
■

高橋哲哉

■対象はなんらかの仕方でわれわれに与えられ，現前します．そこに，
現象学が諸学の基礎付けを与えると主張した根拠がありました．しか
し，この〈現前〉という原理すら疑わなければならないような事象も
あるのです．しかも，それは，20世紀のもっとも大きな災厄の一つ
にかかわっています．（**K**）

事象そのものへ

　《現象学》は現代を代表する《知の論理》の一つです．有力な現
象学者たちは皆それぞれに個性が強く，「現象学とは何か」を一義
的に定義するのは厄介ですが，その底に流れる「精神」はそれほど
分かりにくいものではありません．学祖フッサールが掲げたのは，
《事象そのものへ》というモットーでした．伝統や権威，既成の言
説や思いこみなどいっさいの先入見を捨てて，事象そのものに立ち
帰り，問題になっている事柄そのものをありのままに見すえること，
それがすべての知の出発点だ，と彼は考えたのです．フッサールに
とって，《見る》ことこそ「あらゆる原理の中の原理」でした．

> 　直接に《見る》ということ，つまり，ただ単に感性的経験をしながら
> 見ることだけでなく，どんな種類のものでも，とにかく事象そのものを
> 与えてくれる意識としての《見る》ことこそが，あらゆる理性的主張の
> 最終的な正当性の源泉である[1]．

　当たり前のことではないか，といいたくなる人もいるでしょう．
ですが，言うは易く行うは難しです．近代自然科学の成功に魅了さ
れた「自然主義者」が，人文・社会科学の事象そのものを《見る》
ことなく，すべてを自然科学的にやろうとしたり，「歴史主義者」
がすべてを「歴史的事実」に還元しようとしたり，イデオロギー

（……イズム）がものを《見る》目を曇らせてしまう光景は，今日でも珍しいことではありません．

　《見る》ことに特権を与えるのは「直観主義」だ，わたしたちの知識は記号や言語の働きによって複雑に媒介されており，直観主義は成り立たない，という人もいるでしょう．でも，この「直観主義」はなかなか強力です．《見る》ことの権利に異を唱えるどんな主張も，自分が真理だというのであれば，「事象そのものはそうなっている」といわざるをえない．なぜそう主張するのかを問われたら，最終的には，「だってわたしにはそう見えるのだ」と答えるほかはないはずだ，とフッサールはいうのです．

　《事象そのものを見る》という基本的態度は，ハイデガーが巧みに表現した「現象学の予備概念」にも生きています[2]．「現象学」と訳されるフェノメノロジーは，フェノメノン（現象）とロゴス（学）の合成語で，ギリシャ語のファイノメノンとロゴスに由来します．ファイノメノンは「おのれを示す，見させる」という意味の動詞ファイネスタイから来た名詞で，「おのれを示すもの，見られたもの，あらわになったもの」を意味し，ロゴスはアポファイネスタイ，つまり「あるものをそれ自身のほうから見させること」を意味します．そこでハイデガーは，現象学を，アポファイネスタイ・タ・ファイノメナ，「おのれを示すものを，それがそれ自身のほうからおのれを示す通りに，それ自身のほうから見させること」と定式化したのです．

　ちょっと舌を嚙みそうな表現ですが，「哲学はこれだから……」と諦めるのは待ってください．細かいことは抜きにして，とにかくここでは，事象そのものを見させること，事柄の真相をあらわにすることが，現象学者の個性やスタイルの違いをこえて，現象学的探究の基本精神になっていることを押さえれば十分です．

　ハイデガーが表現した現象学の精神は，「真理」の本質とも結びついています．真理はギリシャ語でアレーテイアといいますが，ハイデガーはこれを，否定の接頭語アと，忘却・隠蔽を意味するレーテーが結合したア・レーテイア（非隠蔽性）と解し，真理とは本来，

フッサール（右）とその"弟子"ハイデガー（左）

ものと知性の一致とか，判断とその対象の合致とかではなく，隠れ
ていた事象そのものがあらわにされることそれ自体を意味する，と
主張したのです．こうなると，現象学は哲学の単なる一方法にはと
どまりません．それは事象そのものを見させること，あらわにする
こととして，《知》が《知》であるかぎり決して放棄できない「真
理」の運動と一致することになります．真理とは，事象そのものが
暴露されること，entdecken されることだとハイデガーがいうのも，
偶然ではありません．ドイツ語の entdecken は英語の discover やフ
ランス語の découvrir に対応し，Decke（覆い，カヴァー）を取り去
ること，覆いの下に隠れていたものをあらわにし，「発見」するこ
とを意味します．ニュートンが木から落ちるリンゴを見て（？）万
有引力の法則を「発見」したとき，そこには「真理」の運動が生じ
たのであり，ニュートンはある種の「現象学」を実践したのだ，と
いうこともできるでしょう．もちろん，「どんな種類の」真理を追

究するか，どんな事象の「発見」をめざすかは，人さまざまです．フロイトは「無意識」を「発見」したと信じましたが，これもまた事象そのものの暴露であれば，彼を一種の「現象学者」と見ることも不可能ではないでしょう（哲学を敬遠したフロイト自身は，はた迷惑な話だというかもしれませんが）．ハイデガーは，「存在」の現象学こそ真の現象学だと考えましたし，フッサールは，「純粋意識」をあらわにすることに全精力を傾けました．ここでは，そうしたことの詳細には立ち入りません．大事なことは，哲学としての現象学の「精神」が，「真理」の追究と「発見」の論理としての《知》の論理そのものでもある，ということなのです．

《事象そのものを見させること》としての現象学．以下では，そんな現象学の可能性を限界ぎりぎりまで追い詰めてみたいと思います．

きみは『シンドラーのリスト』を見たか

スティーヴン・スピルバーグ監督の映画『シンドラーのリスト』が公開され，世界中の話題をさらったのは記憶に新しいところです．『ジョーズ』，『未知との遭遇』，『E・T』，『ジュラシック・パーク』など，次々に大ヒットをとばし，娯楽映画の巨匠としてだれ知らぬ者のない作家が，ホロコースト（第二次世界大戦中のナチス・ドイツによるユダヤ人大虐殺）という深刻なテーマに，正面から取り組んだというこの作品．莫大な私財をなげうって1300人のユダヤ人の生命を救った，ナチ党員オスカー・シンドラーの物語を巧みに描いて大成功を収めました．

ところが，この映画が封切られた直後，一人の映画監督がパリで厳しい批判の声をあげます．「ホロコースト，不可能な表象」と題するクロード・ランズマンの批評です（『ル・モンド』1994年3月3日）．冒頭の一部を引用しましょう．

> 彼の企画がどんな経緯で生まれたのかは知らないが，その企画を知ったとき私は思った．スピルバーグは，すぐに，自分がジレンマに直面していることに気づくだろう．彼は，ホロコーストが何であったかを同時

に言うことなしには，シンドラーの物語を物語ることができない．彼は，1300人のユダヤ人を救ったドイツ人の物語を物語りながら，ホロコーストが何であったかをどうして言うことができるだろうか．なにしろ，圧倒的多数のユダヤ人は救われなかったのだから．たとえ彼が，クラコフのゲットーからユダヤ人たちが収容所に送られるさいの，ドイツ語の意味での「行動（アクツィオン）」がどんなものかを示すとしても，収容所長がユダヤ人たちをどんなふうに撃ち殺すかを示すとしても，死を作り出す手続きや絶滅機構が何の不思議もないように動いていくさまを，どうやって適切に描けるのだろう．違う．出来事は，だれにとってもこんなふうに起こったのではなかった．トレブリンカやアウシュヴィッツでは，救出の問題は提起すらされなかったのだ[3]．

　「ホロコーストが何であったかを言うこと」というランズマンの表現に注目してください．ホロコーストと呼ばれる事象そのものが何であったかを見せること，ホロコーストの事象そのものをあらわにすること，それが問題なのです．『シンドラーのリスト』で問われているもの，それは〈ホロコーストの現象学〉です．ニュートンやフロイトが「専門外の」現象学者であったとすれば，スピルバーグ監督がそうであっても少しも不思議はありません．ある種の報道写真がヴェトナム戦争の真相を暴露し，アフリカの飢餓の現実をあらわにするように，映画はそれを見る者に，過去の出来事の本質をまざまざと見させてくれることがあります．そんな映画は一種の「現象学的芸術」なのです．

　しかし，『シンドラーのリスト』は，「ホロコーストが何であったか」を見させることに失敗している——そうランズマンは断定します．オスカー・シンドラーの物語によってホロコーストの真相を見させることは不可能で，あえてそれをしようとすれば，必ずや倒錯した結果を招くことになる，というのです．なぜでしょうか．

　1300人のユダヤ人の救出と，600万人といわれる「圧倒的多数の」ユダヤ人の死の対比は，単なる数の問題ではないでしょう．物語の中でどんなに残虐行為の恐ろしさが描かれていても，「救出」という「ハッピーエンド」はすべてを丸く収めてしまいます．絶対に慰めることのできない数百万回の喪失が，一人の男の英雄的行為

を引き立てる「書き割り」にすぎなくなってしまうのです.

スピルバーグ監督は, シンドラーが救出したユダヤ人たちと涙の別れをするあたりから, 解放されたユダヤ人たちが手に手を取ってイスラエルの丘を行進し, 最後に, 現実の生存者と俳優たちがエルサレムのシンドラーの墓に詣でる場面まで, ぐいぐい感動を盛り上げていきます (この過程には, 現在のイスラエルをユダヤ人救済の「約束の地」として描き出そうとする「政治的」意図も感じられます).「最終場面に近くなって, おさえられていた感情が静かに解放される. 観客のあいだにすすり泣きの音がしきりとする. 終わったら満員の観客から拍手が起こった」[4]. 加賀乙彦氏はこんなふうに書いていますが, ランズマンにとっては, この感動の涙こそ大問題です.「『シンドラーのリスト』を見て, 人びとは泣いている? けっこう. しかし, 涙とは一つの楽しみ方であり, 一種の快感, カタルシスである」.「カタルシス」とは, 汚辱からの「浄化」や汚物の「排泄」を意味する古代ギリシャ語で, アリストテレスが悲劇の効用を, 鬱積した感情の浄化, 排泄 (カタルシス) に求めたことから有名になりました. 映画が感動的であればあるほど, 涙を流した観客は心身ともに清められ, 禊の後のような一種爽快な感じになって劇場を後にします. これはランズマンにとって, ホロコーストを「キッチュなメロドラマ」として消費すること, したがって, 実は「ホロコーストが何であったか」を忘却することにほかならないのです. ここには,「アウシュヴィッツの後で詩を書くことは可能か」というテオドール・アドルノの問いに似た, 重い問いかけがあるといえるでしょう.

問題は, 感動や涙やメロドラマ性が払拭されればよい, ということでもありません. フィクションであるかぎり, 俳優が演技するかぎり「陳腐化」は避けられず, ホロコーストの「ある絶対的なおぞましさ」がとり逃がされてしまう, とランズマンはいいます. ドキュメンタリーにすればよい, ということでもありません. ナチスによる徹底的な秘匿, 証拠隠滅工作の結果, 利用可能なドキュメントはきわめてかぎられています. しかも, ランズマンは, かりに

3000人のユダヤ人があの「手続き」に従って殺されていくドキュメント・フィルムがあったとしたら,「私はそれを人に見せないばかりか,破壊してしまうだろう」といっています.その理由は明らかでしょう.死者たちを二度殺すこと,最悪の恥辱の中で斃れていった彼らの姿を人びとの視線にさらし,死者たちをくりかえし辱めることは「倫理的」にも許されない,と彼は考えているのです.

　「ホロコースト,不可能な表象」という題辞の意味が,こうして見えてきます.「表象」と訳したフランス語 représentation は,この場合,あるものを描き出すこと,言葉によってでも言葉なしにでも,眼前にないものを何らかの手段で像(イメージ)として現前させることを意味します.ワーテルローの戦いを,実際に見たことがあってもなくても,その有様を心に思い浮かべたり,言葉で説明したり,絵に描いたり,芝居として演じたり,映画として見たりすることは,すべて「表象」に当たります.ホロコーストは究極的には表象不可能な出来事だ,とランズマンはいっているのです.ホロコーストに関して,現象学(事象そのものを見させること)を実践すること,「現象学的映画」を作ることはきわめて困難なことなのです.

『ショアー』とはどんな映画か

　『シンドラーのリスト』に対するランズマンの批判は,彼自身の映画『ショアー』(1985年)の経験を踏まえています.「ショアー」(Shoah)とは,「災厄,災難」を意味するヘブライ語です.ランズマンのこの映画以後,フランス語圏では,「ホロコースト」に代えて「ショアー」の名称を使うことが一般化しました.「ホロコースト」とは元来,古代イスラエルで丸焼きにして神に捧げた動物の生けにえを意味するギリシャ語ですから,「焼却炉」を使った巨大犯罪の名としては,考えてみれば甚だ不穏当な言葉なのです(ここでは日本の慣例に妥協して,引き続き「ホロコースト」の呼称を使うことにします).

　『ショアー』は,9時間半近い上映時間の大半を,絶滅収容所からの生還者の証言に充てています.これらの証言に,ナチス親衛隊

「証言」を聞くランズマン（左）

や虐殺を傍観したポーランド市民の「証言」を加え，さらにそれら
の間に，かつて絶滅収容所があった場所を映し出す沈黙の映像が挟
みこまれているのですが，まさにこの手法こそ，表象不可能な出来
事に迫ろうとするランズマンのぎりぎりの戦略だったといえるでし
ょう．

　冒頭．40万人がガス殺されたといわれる最初の絶滅収容所，ヘ
ウムノからの生還者わずか2人の中の1人であるシモン・スレブニ
クが，ランズマンに説得されてイスラエルからヘウムノに戻り，か
つての記憶を呼び覚ましつつ茫然と立ち尽くす場面は，あまりにも
印象的なカットです．

　　見分けにくくなってしまったが，でもここだ．ここで人間を焼いてい
　たんだ．大勢の人間がここで焼かれた．そう，たしかにここだ．……だ
　れ一人，二度と戻ってはこなかった．
　　ここにガス・トラックがやって来た．二つの大きな焼却炉があった．
　そしてその焼却炉に屍体が投げこまれ，炎が天まで立ち昇っていたんだ．

　「天まで？」と聞き返すランズマンにうなずき，スレブニクは続

スレブニク「そう，たしかにここだ.」

けます．

　本当にすさまじかった．

　それを物語ることなぞできやしない．だれも，ここで起こったことを
想像することなぞできやしない．そんなことは不可能だ．だれも理解で
きやしない．私自身，今でも……．

　自分がここにいるとは思えない．いや，そんなことはとても信じられ
ない．ここはいつもこんなふうに静かだった．いつも．毎日2000人の
人間を，ユダヤ人を燃やしていたときも，同じように静かだった．叫び
声も聞こえない．だれもが自分の仕事をしていた．それは静かなものだ
った．穏やかなものだった．今と同じだった[5]．

　スレブニクがたたずむ場所には，かつて天を焦がしてフル稼働し
ていた殺人工場の影も形もありません．いわゆるラインハルト作戦
の現場となり，合わせて150万以上の死を「生産」したというトレ
ブリンカ，ソビブール，ベウツェックと同様，ヘウムノの収容所も，
徹底した証拠隠滅と解体作業の結果，まるで何事もなかったように，
静かで穏やかな林間の空地に姿を変えて「使命」を完了していたか

記憶を辿るスレブニク

　らです．ランズマンは，これらの場所の静寂と平穏，森の深さ，空
の蒼さ，石の沈黙等をくりかえし映写し，《見えない》ということ
がこの出来事の本質に属することを示唆します．

　生還者たちの証言も，この《見えなさ》を解消してはくれません．
それどころか，彼らは口々にこの《見えなさ》をこそ証言します．
「ここで起こったこと」は「物語る」ことも，「想像する」ことも，
「理解」することもできない，それほど「すさまじい」出来事だっ
た，とスレブニクはいっています．「想像する」と訳したのは
bringen zum Besinnen というドイツ語ですが，フランス語テクスト
では se représenter となっており，まさに「表象する」ことを意味
します．スレブニクの証言は，この出来事の表象不可能性を端的に
語っているのです．この証言が『ショアー』の冒頭に置かれたこと
は象徴的です．「ホロコースト，不可能な表象」を書いて『シンド
ラーのリスト』を批判したランズマンは，文字通り「不可能な表
象」の映画として『ショアー』を製作していたのです．

　『ショアー』はこの意味で，事象そのものが《見えない》という

ことを証言する映画です．この映画を見ることによってわたしたち
は，ホロコーストが本質的には「証人なき出来事」（ショシャーナ・
フェルマン）であり，「人を盲目にする黒い太陽」（ランズマン）であ
ることを思い知らされるのです．

　これは，『ショアー』が，現象学の限界に触れているということ
ではないでしょうか．《事象そのものを見させること》という「方
法の原理」が挫折し，無効にならざるをえない地点を指示する，
「反現象学的」映画だということではないでしょうか．それとも，
『ショアー』にしても，やはりホロコーストの事象そのものが見え
ないということを見させるのであって，依然として現象学の内にあ
る，いやむしろ，〈見えないものの現象学〉を実践することによっ
て，現象学の原理を豊かにしているのだ，と考えるべきなのでしょ
うか．

　ともあれ，『ショアー』が『シンドラーのリスト』と決定的に異
なる点は，こうした表象の限界，現象学の限界，現象そのものの限
界についての問いを喚起せずにはおかない，そのラディカリズムに
あります．先に見たように，現象学の精神が「真理」の運動と「発
見」の論理として《知の論理》そのものに一致するなら，『ショア
ー』によって問われているのは《知の論理》そのものの限界でもあ
る，といって決して過言ではないでしょう．

現象学と《記憶》への問い

　ここでホロコーストのような歴史的出来事をとり上げたのは，も
ちろん単なる思いつきではありません．「二度と繰り返してはなら
ない」こうした出来事で問題になるのは，何といっても「記憶」で
す．とくに欧米世界では，「アウシュヴィッツ」はいわば「記憶の
戦争」の最大の発火点の一つで，「ガス室は存在しなかった」，「大
虐殺などでっち上げにすぎない」といった荒唐無稽な主張をする修
正主義者（revisionist）や否定主義者（negationist）が後を絶たな
いという事情もあり，この出来事の記憶をどんなふうに確保するか
は，つねに大きな関心事なのです[6]．現象学もまた「記憶」の可能

性と不可分です．「真理」の運動がア・レーテイア，つまり「忘却」（レーテー）の否定（ア）であったことを思い出してください．現象学は一種の「想起」の技法です．覆いを取り去って隠れていたものをあらわにする運動は，忘却されていたものを想起するプロセスに重なります．ハイデガーは「存在の真理」を追究しましたが，それは彼にとって，「存在忘却」を克服することにほかなりませんでした．プラトンはイデアの認識を想起（アナムネーシス）に喩えましたし，ヘーゲルは精神の自己認識を，経験の内面化＝想起（エアインネルンク）と捉えました．このように，《知》はもともと「真理」の運動として「想起」や「記憶」と深く結びついていて，現象学はこの《知の論理》のエッセンスを表現しているにすぎないのです．

　ホロコーストのような歴史的出来事は，「想起」としての現象学，そして《知の論理》に対する重大な挑戦です（問題は「ハイデガーとナチズム」だけではないのです）．この種の出来事の「記憶」は，政治・経済・社会・文化・教育・メディアにわたる複雑極まりない事情によって規定されるばかりでなく，これまで見てきたように，出来事自身のある本質的な《見えなさ》によっても脅かされています．パラドキシカルなことですが，この果てしない迷宮のような状況の中では，古典的な「直観主義」はもちろん，「おのれを示すものを，それがそれ自身のほうからおのれを示す通りに，それ自身のほうから見させること」といった論理をナイーヴに固守するだけでは，かえって事象そのものを逸してしまうことにもなりかねません．ランズマンは，『ショアー』によって「証言するための新たな形式」を「発明」したつもりだ，と語っています．「想起」としての現象学にも，《知の論理》にも，もしかしたら自分自身の限界を超えてしまうような，まったく「新たな形式」の「発明」が求められているのかもしれません．

　最後に，ここではホロコーストを問題にしましたが，同じような問題がもっと身近なところにもあることを指摘しておきたいと思います（ホロコーストは——たとえば「わたしたち日本人」にとって——身近な問題ではない，と考えるべきではないでしょう．同じ時代の，同じ地

球上の大問題なのですから).『シンドラーのリスト』に刺激されて，中国や日本でいわゆる南京大虐殺についての映画を作ろうとする動きが出ています．戦後半世紀を経て，かつての加害と被害の「記憶」を風化させないためにも，さまざまな試みがなされるべきなのは当然です．ですが，その映画が，もしも『シンドラーのリスト』の発想で作られたとしたら，どうなるでしょうか．あるいは，いわゆる「従軍慰安婦」の人たちのケースは，どうでしょうか．記憶し伝達するためには，何らかの表象化が避けられないことも事実です．『ショアー』でさえ，映画である以上，表象不可能なものを証言する表象なのですから．しかし，いやむしろだからこそ，イスラエルにさえ「ホロコースト・ポルノグラフィ」なるものが存在するという事実には，戦慄せざるをえません．死者たちを二度殺し，被害者たちを二度辱めるようなことだけはないように，望んでおきたいと思います．

註

1) エトムント・フッサール，渡辺二郎訳『イデーン I-1』（みすず書房，1979 年）105 ページ.
2) マルティン・ハイデガー，原佑・渡辺二郎訳『存在と時間』（中公バックス，1987 年）101 ページ以下.
3) Claude Lanzmann, Holocauste, la représentation impossible, *Le Monde*, 1994 年 3 月 3 日, Arts & Spectacles, p. 1.
4) 加賀乙彦「戦後世代が描いた悪夢──映画『シンドラーのリスト』」，『朝日新聞』（東京）1994 年 4 月 4 日夕刊.
5) Claude Lanzmann, *Shoah*, Fayard, 1985, p. 18.
6) 日本でも最近，日本人修正主義者の記事を掲載した雑誌『マルコ・ポーロ』が，イスラエル政府やユダヤ人団体の厳しい批判にあって廃刊に至ったことは "記憶" に新しいところです（1995 年 1 月）.

参考文献

現象学の考え方を知るためには，何といっても，註の 1)，2) で挙げたフッサールの『イデーン I』，ハイデガーの『存在と時間』が重要です．最初は難しく感じられるかもしれませんが，懇切丁寧な訳注や，渡辺二郎編『ハイデガー「存在と時間」入門』（有斐閣選書，1980 年）といった解説書を参照しながら，根気よく読み進めば，決して読破不可能な書物では

ありません．本文では触れませんでしたが，M. メルロー = ポンティ『知覚の現象学』1, 2（竹内芳郎他訳，みすず書房，1967-74 年）も基本文献の一つです．

　ホロコースト映画の問題をもう少し考えたい人は，当然ながら，まず『シンドラーのリスト』や『ショアー』の実作を見てください．幸い，後者も 1995 年には日本で初公開されることになりました．前者の問題点を日本でいち早く指摘した論考は，鵜飼哲「『シンドラーのリスト』の不快さについて」1, 2, 3（『未来』1994 年 5, 6, 7 月号）でしょう．『ショアー』については，拙論「記憶されえぬもの，語りえぬもの」（『講座・現代思想』第 9 巻，岩波書店，1994 年）をぜひ読んでみてください．『シンドラーのリスト』を厳しく批判した岩崎稔「防衛機制と物語」（『現代思想』1994 年 7 月号）は，この拙論の一部に対する反論を含んでいます．この反論への反論を試みたのが，拙論「アーレントは《忘却の穴》を記憶したか」（『現代思想』1994 年 10 月号）です．この論争では，2 つの映画の解釈とともに，ハンナ・アーレントの「記憶」論の評価が焦点になっていますが，アーレントはフッサールとハイデガーに学び，独特の「現象」概念に基づいて思索を展開した政治思想家です．《知の論理》の現場で，問題そのものを詰めてみたいという人は，この論争をのぞいてみるのも一興でしょう．ソール・フリードランダー編，上村忠男他訳『アウシュヴィッツと表象の限界』（未来社，1994 年）も参考になります．

20 世紀この 1 冊！

1951 年　ハンナ・アーレント『全体主義の起原』1, 2, 3（大久保和郎・大島通義・大島かおり訳，みすず書房，1972, 74 年）

　上記のように，現象学とも無縁でないアーレントですが，この書物の凄さは何よりも，20 世紀の世界を襲った全体主義（ナチズムとスターリニズム）という圧倒的な脅威に対して，その被害者として国籍喪失状態におかれた一人の女性が，一歩も退かずに対決し，膨大な調査と大胆な思考を駆使して初めてそこに〈知〉のメスを入れることに成功した，その点にあります．「知の論理」と 20 世紀そのものとが出会った記念碑的著作といえましょう．

認知と神経の「場」
自己組織的人間学

■

下條信輔

■どんな認識にも視点があり，また場があります．どんな対象も「図と地」の関係のなかに置かれています．このもっとも基本的な関係から出発して，現代の心理学は，全体と部分とのあいだのまったく新しい論理，機械的な実体論ではない，ダイナミックな生命の論理を提起しました．（K）

「見えること」「知ること」「存在すること」

　図1を見て下さい．今特に興味があるのは右下の楕円形のロゴマークです．この中にコウモリ（バットマン？）が隠れています．すぐにわかりましたか．「最初の一瞬は，上下の光輝く突起状のものだけが目についた．しかししばらく見ていると，中央の黒い部分がコウモリの形をしているのに気がついた．」——そういう人が多いのではないでしょうか．よく知られている「図地反転」の現象をコマーシャルデザインに応用した例です（念のため，46頁に，より古

図1　映画のポスターに見られる図地反転図形の応用例．

典的な図地反転の図2を示しておきます）．図地反転の体験で特に面白いのは，一方が図のときは他方が見えなくなることです．図は常に手前に見えます．これに対して地は背景として後ろでつながり，形状としては知覚されなくなります．

　さて，ここでひとつ質問させて下さい．はじめに突起が図として見えていたとき，地の部分のコウモリは見えていたか，否か．「それはむろん見えていなかった」という答えが普通でしょう．さらに仮想問答を続けます．「同じく突起が図のとき，地のコウモリは存在していたか．」「自分には見えなかったが，存在したことはしていた．」「ではコウモリの存在を知っていたか．」「見えなかったのだから当然知らなかった，見えだしてはじめて知った．」このような問答から，「見える」「存在する」「知る」といった語を，私たちが微妙に異なる状態を指すものとして使い分けていることがわかります．

　しばらくこの図を観察していると，コウモリがいったん図になった後，ふたたび反転して突起の部分がまた図になり，コウモリは背後にとけ込みます．このとき事態はさらにやっかいになります．コウモリははたして見えているのか，あるいは存在するのか，そして存在することを知っているのか．どうです，混乱しましたか．しかし今度は「直前には見えていたから，見えなくなっても知ってはいた」と答える人が多いのではないでしょうか．知っているのだが，見えなくなるということが，どうもざらにあるらしいのです．

　ならばいったい「見えなくなる」とはどういうことなのでしょうか．そもそも図が成立するためには，その裏で地が地として「知覚される」ことが必要なのではないでしょうか．それとも「地として知覚される」というのは単なる形容矛盾なのでしょうか．しかし，地の形状が脳の中に記憶痕跡として残されている可能性はないのでしょうか．本人が知っているという自覚なしに知っているということはあり得ないのでしょうか．

　ずいぶん特殊な図形にばかり興味を持つ変わり者だ，と思われるかも知れません．しかしこうした図地反転の現象には，今世紀の人間科学，認知科学全体の大きなメッセージにつながる，いくつかの

ヒントが隠されているのです．これをとっかかりにして，もう少し掘り下げて見ましょう．

「知」の根拠について

「地が知覚されているか」という問題との関連で，「知る」とはどういうことか，本人が知っているという自覚なしに知っているということはあり得ないのか，という疑問を提起しました．しかしそもそも，そんなことを調べる方法があるのでしょうか．どういうデータが得られたときに「この人は本人は自覚していないがあることを知っていた」と結論できるのでしょうか．日常的にありそうなのは，本人は自覚していないが傍らから本人の行動を見ていると「知っている」としか思えない，というケースです．

プライミング法と呼ばれる方法が，ちょうどこれに対応します．知覚や記憶の実験心理学でよく使われる方法です．方法といってもおおげさなものではなく，一度経験したものは二度目には知覚・認知が速くなる．その促進効果を測るだけのことです．たとえば瞬間呈示した語について，辞書に存在する語か偽単語かを判断させる．見た経験のある単語では反応が速いとすると，記憶痕跡がありそのおかげで知覚が促進されたと考えられる．そこでプライミングが見られれば，促進するだけの痕跡が残っていたはずだと逆に推定できるわけです．同じ方法は単語だけでなく文字や図形にも使えます．そこでまず図と地が逆転しにくいような図形を使い，図に注意を向けて何か課題をやらせます．たとえば見知った図形ならその名前を言わせるなど，課題は何でもよいのです．次に今度は先に地であった（つまり認知されていなかった）図形を図にして，知覚判断の速度を見ます．反応時間を測ってみると，条件によっては普通のプライミング効果の場合とは逆に，むしろ遅くなることが，最近の研究で報告されています．

結局「地」は痕跡としては残されている．しかし抑制効果といういわば逆の方向で，ということになります．つまり図を図として知覚するために，地の方を図とするようなメカニズムを抑制している．

そしてその効果が残っているために，次に図として知覚しようとするときに妨害効果がはたらくと解釈されています．はたしてこれは知っていることになるのでしょうか．特定の事物を知覚することを抑制するということは「マイナスの方向に知っている」ということなのでしょうか．ネガティヴ・プライミング効果はこういう逆説的で挑戦的な問題を提起していて面白いので，例に使ってみたわけです．よく知られている知覚的防衛，つまり不快なものは知覚を抑制する力がはたらいて見えにくくなるという現象も，似た例といえるでしょう．

　これに対して，ポジティヴなプライミングの例は数限りなくあります．たとえば単語完成の課題を行います．「HO-SE」の - の部分に何か一文字を入れて単語を完成させなさいといった課題です．その際，先に体験済みの単語を優先的に完成させる傾向があることが知られています．たとえば事前に他の単語に混ぜて HORSE を見せておくと R，HOUSE を見せておくと U を入れる被験者が多いというのです．しかも，「事前に見た」という自覚的な記憶を被験者本人が持っていない場合でさえ，このような促進効果が見られるという報告があります．世間でサブリミナル・コマーシャルなどというものも取りざたされています．宣伝されたという自覚を視聴者にもたらさないコマーシャルのことです．噂通りの効果があるかどうか確定的なデータはないのですが，これなども広い意味で潜在記憶の例といえるでしょう．

　こんな特殊な例ばかり集めてどうするんだ，という声も聞こえそうですね．しかしこれらの現象から，現代の認知神経科学の基本的な姿勢を垣間見ることができるのです．それは「知」の身分と根拠についての，本質的な問題とも関係があります．つまり感覚を通した知識の根拠について，誰に特権を認めるのかという問題です．先の潜在記憶の現象で，「知っているかどうか」という判断を最終的に与える特権が，本人の意識ではなくむしろ他人（たとえば心理学者）に与えられていた点に注目して下さい．現代の認知神経科学は，必ずしも本人の言い分を認めません．客観的測定法，つまり言ってみ

れば周囲からのおせっかいによって，本人もあずかり知らない認知過程の深部，潜在的な神経メカニズムを調べようとするのです．「知り得ることはあらかじめすべてわかっている．知り得ないことは永遠に知り得ない.」——数学の公理系であれば当然であるようなこの考え方を，現代の人間科学は認めない．また「本人のことは本人が一番よく知っている」という「常識」すらも認めない．むしろ知は（本人にとってすら）不透明であり，また視点によって多元的であることを前提と考えるわけです．

　ここで強調しておきたいことがひとつあります．それは今日の人間科学においては，（他の諸分野と同様に）方法論とメッセージとが表裏一体の関係にあるということです．さまざまな行動的測定法の開発なくして知の自己検証はあり得なかったし，知の不透明性・多元性の認識があってはじめて多様な方法論がもたらされたともいえるのです．「人間」観，「精神」観が，方法論と独立には変革され得ないということ，とりあえずこのことを強調しておきましょう．

部分と全体，ゲシュタルトと自己組織系

　今度は少し別の観点から，図地反転の図形（図1，2）を眺めてみます．「感覚を通じて知る」ということがどういうことなのかという問題のほかに，もうひとつ気にかかる点があるからです．それは部分と全体の関係に関することです．

　図の部分と地の部分とははじめからそれぞれ別々にあって，それを足し合わせてこうした図ができる——こう考えるのは，物理的には当然のことのようですが，知覚の現実には合いません．たとえば図1の突起を集めて適切に配置すれば，突然コウモリが隙間に出現するということがあり得るわけです．図としてのコウモリは，はじめには存在しなかったものです．また図2の「ルビンの壺」の場合にしても，壺（白い図形）と横顔（黒い図形）が個別に存在していたときとは，明らかにちがうことが起こっています．たとえば壺は図になると手前に浮き出して注意を引き，他方横顔の方は背景にとけ込んで，一瞬にせよ消えてしまいます．こんな奇妙なことは，横顔

図2　古典的な図地反転図形（ルビンの壺）.

図3　ゲシュタルトの変貌（上図に中図を重ね合わせると，それまで見られなかった面の透明印象が生じる—下図）（Nakayama, Shimojo & Ramachandran（1990）より一部改変）.

だけを見ているときには起こりません．というより厳密に言えば，「横顔だけを見るとき」とか「部分が個別に存在するとき」という表現自体に，実は大きな誤解があるのです．

　壺の白い図形を切りとって，それだけをつまみあげてみるということが可能でしょうか．その周辺には，つまみあげた指先やピンセットや机や壁が見えてしまうでしょう．ならば真黒な無地の紙の上にでも置けばよい？　むろんこれもだめなのはすぐにわかりますね．そこには厳然と黒い背景があるわけですから（第一，これでは元の図とあまり変わらない）．こうしてみると，地なしに図としての壺だけを取り出してみるということは，知覚体験としてはあり得ない．私たちは，全体から部分を切り放して部分だけの客観的な性質を問題にしているように考えがちですが，それは的外れなのです．部分だけの知覚というのはあり得ない．要はどのような地との関係のもとに図としての知覚が成立しているか，というちがいです．それゆえ，周辺を変えることによって同じ部分の知覚が劇的に変わるということも当然起こります．ゲシュタルト（全体）が変貌するのです．その劇的な例を，図3にあげておきましょう．上図では4つの灰色の

扇型が並んでいます．中図は有名なもので，全体の配置から物理的には存在しない「主観的輪郭」が見えます．さて，この上図に中図を重ね合わせるようにしてつけ加えたのが下図です．元のどちらの図にもなかった透明な面の拡がりが見えませんか．

「全体が部分に先立つ」というゲシュタルト心理学の有名なテーゼは，もっと日常的な場面でも確認できます．たとえば1回か2回会った人について，顔はよく思い出せるのに，めがねをかけていたかどうか定かではないということが，しばしばあります．この場合に思い出せるのは，顔の各部分の特徴というよりは，全体の表情や雰囲気といったものである場合が多いのです．またモンタージュ写真でも，目・鼻・口をそれぞれ選んでからさて全体を見ると，ちっとも似ていないということがときとして起こります．まず目・鼻・口を個別に（それ自体は表情を持たないニュートラルな幾何学的特徴として）検出してから，それらを記憶の中のデータと照らし合わせ，総合的に表情を判断する．これが表情認知の常識的な「筋書き」でしょうが，私たちの知覚は決してこのような順序では経験されません．むしろ顔全体の文脈の中ではじめて口が特定の感情を表現するものとして（最初から）立ち現れるのです．

常識的に考えれば，部分の積み重ねから全体ができていて，部分の性質（あるいはその総和）が全体の機能に反映すると思われるでしょう．事実19世紀の物質科学の影響を受けたかつての心理学者はそのように考えました．けれどもそういう古典的な考え方に反して，全体の配置が部分に特定の知覚を与えるのです．この意味からゲシュタルト心理学者たちは「全体は要素の和からなるのではない」と明言しました．この考え方は，より新しい生命科学の思潮の中で，ふたたび重要性を帯びてきつつあります．カオス的システム，生命の自己組織化，自律系——どれかひとつぐらいは聞いたことがあるでしょう．ゲシュタルト心理学者による「全体」の発見は，こうした新しい生命観，脳観，認知観のある一面を先取りしたものとみることができます．この点については，後でもう一度考えるチャンスがあるでしょう．

脳の社会性

知の不透明性と多元性の問題．部分と全体の問題．このふたつの
テーマについて，知覚や記憶を例にとって述べてきました．こうし
たテーマはもっと社会的な場面にも拡張することができます．とい
うよりむしろ，このふたつの問題を突きつめると，否応なく社会性
ということに突き当たるのです．

ここで「社会性」といっているのは，実はいくつかの意味がある
のですが，まずは「脳の社会性」という点について考えましょう．
私たちはずっと，個体が人間の意識と意志の単位であり，それは脳
によって担われていると教えられてきました．これはひとり認知科
学や神経科学だけではなくて，医学から政治思想や社会システムま
でを貫くひとつの大前提といえるでしょう．ところがこの信念に，
いまや綻びが生じつつあります．個体としてのまとまりを持つはず
の脳，自我としてのまとまりを持っているはずの心は，いくつかの
単位のゆるい統合から成る社会的集成体である可能性が指摘されて
います．そして心が全体として知の「透明性」を持たない，つまり
それぞれの部分が他のすべての部分のふるまいについての情報を与
えられているという意味での透明性を持たないということも．

人は自分が知っているということを知らずにいることがある．こ
のことはすでに述べました．もっと一般化して言えば，自分の脳の
はたらきで生じている認知過程を，人はいつも承知しているとはか
ぎらないのです．しかし心の一部が勝手に認知情報処理を行ってい
て，それを本人が知らないとなると，極論すればひとりの心の中に
もうひとり他人がいるような具合になってしまいます．当然この
「他人」のふるまいを間接的にでも承知していないと，一個の人格
としてのまとまりを保てない．そこで，他人の心の中を推論するの
と似たことがひとりの脳の中でも起こると予想できます．実際その
通りのことが，脳損傷の患者では報告されています．たとえばてん
かんなどの手術によって大脳両半球を分離された患者では，それぞ
れの半球が独立に認知課題をこなせることがわかっています（図4）．

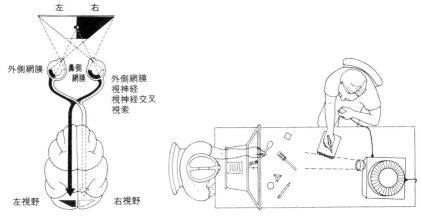

左　右

外側網膜
鼻側網膜
外側網膜
視神経
視神経交叉
視索

左視野　　　右視野

A. 視覚神経の大脳両半球への投射.

B. 大脳両半球の立体認知的機能をしらべる
　ために使われた検査装置.

図4　分割脳患者の脳と認知実験（ガザニガ，レドゥー（1980）より）.

　たとえば右半球は，左視野に与えられた情報（単語）に基づいて該当する品物を左手で探り当てることができます．しかし多くの場合言語野は左半球にあるため，患者は右半球のしたことをことばで報告することができません．ただ左手のふるまいを見て，間接的に推測することしかできないのです．

　このようなきわめて特殊な患者の例を持ち出すまでもなく，健常者を対象とした認知科学の分野でも，似たような考え方が提唱されています．脳が互いにある程度独立した情報処理系の集まりであり，それらの系の間には（ちょうど実社会のように）ゆるいコミュニケーションのネットワークがあるだけだというのです．話が抽象的でわかりにくいという人のために，ひとつだけ紙上でも体験できるデモンストレーションを示しておきましょう．図5は，ひところ流行したオート・ランダムドット・ステレオグラムです．両眼を少し寄り目にするかあるいは逆に開き目気味にして焦点をぼかすと，やがて奥行きが見えてきます．ここでどうして奥行きが見えるのか，その原理の説明を次に期待した人はたくさんいるでしょうが，残念ながらここでは原理の説明はしません．しかしその代わりに次の事実に気をつけて下さい．あなた方はステレオグラムから奥行きが知覚される原理を知らないのに，奥行きを知覚することはできたわけで

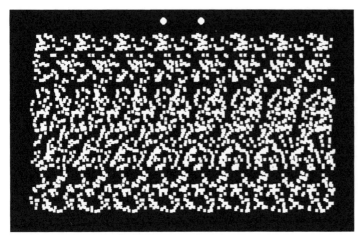

図5　オート・ランダムドット・ステレオグラム（村上郁也，下條信輔（1993）より）.

す．それは何を意味するのでしょう．正しく知覚できたということ
は，あなたの脳の一部は，なんらかの原理にしたがって奥行きを計
算できたということになりませんか．また奥行き知覚そのものを可
能にする脳機能と，その原理を幾何学的に「理解」したりそれを知
識として蓄える脳機能とが，互いにある程度独立している証拠とも
言えるのではありませんか（このような相対的に独立したサブシステム
を，計算理論の方では「モジュール」と呼ぶことがあります）．

　このような社会的な脳観は，もうひとつ重大な洞察を含んでいま
す．それはひとことでいえば「司令塔」の不在ということです．わ
かりやすくするための例として，ムカデの歩行を考えて下さい．あ
んなに足のたくさんあるムカデがうまく歩くには，賢い「司令塔」
がすべてを見通していて，それぞれの足の動きやら斜面の角度やら
をモニターし超高速で計算している——これが一時代前の考え方で
す．しかしそんなコストの高い知能を備えなくても，それぞれの足
の振り子のようなリズムとその相互「引き込み」によって，かなり
の程度まで足が協働する，うまくタイミングがあって歩けるという
ことが，最近わかってきました．賢い中枢はどこにもなくて，同じ
ような機能を持った部分の相互作用から，全体の適応的な機能が創
出される．これが新しい自己組織系，自律系の考え方です．先の知

覚の例に引き寄せて言えば，どちらが一方的に図でどちらが一方的に地というのではなくて，部分が互いに相手の基盤となり意味を与え合うのです．むろん実際の中枢神経系についていえば，ムカデの足の比喩ですべて理解できるわけではありません．単純で機械的な仕事をしている部位と高度に認知的な仕事をしている「司令塔」に近い部位との区別が，まったくないわけではありません（先に述べた「モジュール」間の独立性ということもありますし）．ただ今まで決定的に欠けていた相互的な協働性や自律性という新しい重要な側面が指摘されたということです．

　私の話の筋道がわかりましたか．知の不透明性という考えをさらに推し進めて「自分の中にもうひとりの他人がいる」という脳の社会性を指摘しました．そこから脳の部分と全体の機能の関係について「自律系」の考え方にたどりつきました．この章のふたつのテーマ，つまり知の不透明性の話とゲシュタルトの話が，脳の社会性において出会い，結びついたわけです．

文化と脳

　ところで「脳の社会性」というのは，まったく別の意味にとることもできます．普通の意味での社会的なものが脳に影響を与えるという意味です．影響を与えるというよりも，社会的環境が積極的に脳に取り込まれることによって，脳が適応的な機能を獲得すると考えた方が，いっそすっきりするかも知れません．具体的にはいわゆる文化，たとえば何でもいいのですが言語や養育・愛情行動などに関する文化を考えればいいでしょう．

　昨今マルチメディアとまとめて呼ばれるような技術がもてはやされ，その社会面・教育面での影響が論議されています．そんな中で「マルチメディアやヴァーチャルリアリティは脳に影響を与えるか」という質問を私にぶつけてきたジャーナリストがいました．私は次のように答えました．それはそうした先端技術が文化として社会に受容され，定着するか否かにかかっている，と．マルチメディアの

影響を考える前に，まず言語と脳の関係を考えれば，話がわかりやすくなります．健常人の脳では「言語野」と呼ばれるような場所が複数見つかっていて，それぞれ同じ言語でも少しずつちがう機能を果たしていることがわかっています．これはいうまでもなく，普通にこどもが育ち脳の機能が成熟する環境が，音声や活字などの言語刺激に満ちているからです．言語的な刺激がまったく存在しない社会があるとして（これ自体形容矛盾のようなものですが），その環境で生まれたときから育てられた人を想定してみましょう．そういう人の脳にはきちんと機能するような言語野が見つからないであろうことは，簡単に想像できます．脳はもともときわめて可塑的，つまり柔軟で適応的なメカニズムです．環境世界に関する情報を取り込みそれを活用して適応的な認知行動をとるようにできています．だから環境世界が科学技術によって大幅に変わるようなことがあれば，それに伴って脳も変化すると予測するのが自然なのです．

マルチメディアの話そのものは本題から外れてしまいます．ただ，脳の社会性ということから，そのモジュール性や自律性という点のほかに，その可塑性という点を指摘したくてこの例を持ち出しました．脳は社会的環境から独立に存在しているように見えますが，実際には密接につながってもちつもたれつの関係にあるのです（またもや図と地のように！）．

「実在論的モデル」からの訣別

脳からさらにもう一歩外に踏み出して，私たちの日常生活のことを考えてみましょうか．たとえば「性格」というのはどうでしょう．私たちはよく「あの人は……という性格だから」などと無造作に言います．しかし特別の状況に陥ったときにその人が意外な行動を取ると「あの人は本当は……な性格だったんだね」と正反対のことを言ったりします．しかしこの「本当は」という根拠はどこにあるのでしょうか．100 回のうち 99 回ある行動を取り（寛容に人を許した），きわめて例外的な状況のときだけ正反対の行動を取った（突然怒りだした）からといって，そちら（短気）を「本質」と決めつけるの

は奇異な感じがします．多くの場合なにか別の根拠があるのでしょうが，その詮索はここではしないことにしましょう．ただこの例から，私たちが普通考えている「性格」というものの認識論的な身分が（すなわちその意味と根拠が）意外に曖昧であることに気づきます．さらにつけ加えるなら，「性格」というのは見る側の認知スタイルにも依存しています．「自分が内向的すぎる」というコンプレックスを持っている人からみると，他人の性格がことさら外向的に見えたりするといったこともしばしば起こります．「性格」というのは身長のような物理的性質とはちがって，人がどこへ行っても一定不変の性質としてその人についてまわる特徴ではないようです．むしろ周囲の状況によって千変万化する行動パターンの中で「ある状況のもとならばあの人は概してこうだ」という，見る側の認知に依存した判定なのです．

　これはふたたび知覚の例でいうと，色の知覚によく似ています．色はもちろん物体の表面の光を反射する性質に依存していますが，だからといって色を物体そのものに属する不変の特徴と考えるわけにはいきません．照明の加減によって同じものが緑色に見えたり，むしろ黄色っぽく見えたり，あるいは黒く見えたりもします．さらに物理的にはまったくちがう波長の光の組み合わせであっても，私たちには同じ黄色に見えることがあります．その上，見る側の条件，たとえば色盲か否かによっても見える色が変わってきます．性格もそれに似て，本人の資質と社会的状況と見る側の認知という三者が，不可分に依存し合っている．そのどれかだけを独立に取り出してその単独の性質を云々することは，手っ取りばやいがあまり意味がない．ここでまたもや私たちは，おなじみの「もちつもたれつ」というやっかいな関係に出会ってしまうのです．部分の性質が先にあってそれから全体の機能が説明できるという19世紀的考えを「実在論的モデル」と呼ぶなら，それに対して「自己組織的モデル」とでも呼びましょうか．むろん認知科学も科学ですから，研究の現場では部分を操作し，部分の性質の関数として全体の機能を記述する方法をとります．それでもなお，結果として自らのよって立つ実在論

的基盤を放棄せざるを得ない方向に向かう点が，この学問の特異な点なのです．

　結局私たちは，与えられた「場」の中で「視点」をもって知覚し，行動している存在です．場をはぎとって，「視点」もはぎとって，完全に孤立しニュートラルになった「心」などというものは，どこにも存在しない．仮に存在したとしても検討に値しないのです．しかもこの「視点」は私たち個人の心や脳の内部にも複数存在していて，ひとつだけで存在することはあり得ません．

　本来人間科学は，それぞれの時代の人間観から強い制約を受ける学問です．時代の人間観からまったくかけ離れたような研究は成立しません．これは人間科学の宿命です．しかし反面，人間科学は時代の人間観と鋭く切り結び，そのほころびを指摘し，新たな人間観を呈示します．これこそが人間科学の本来の任務といえるでしょう．古い「人間」観，「精神」観の解体の後に，私たちは何を呈示し得るのか，考え続けてゆきたいものです．

参考文献

　一応参考文献を挙げておきますが，あまりこだわらないで下さい．きわめて広い領域にまたがる原理原則について書いたつもりですので，考える材料，躓きの石はそこら中に転がっているはずです．肝心なのは躓くのを期待しながら歩き続けることでしょう．

下條信輔『視覚の冒険――イリュージョンから認知科学へ――』（産業図書，1995 年）．
廣松渉『表情』（弘文堂，1989 年）．
ガザニガ，M. S.，レドウー，J. E.，柏原恵龍他訳『二つの脳と二つの心――左右の半球と認知――』（ミネルヴァ書房，1980 年）．
ミンスキー，M.，安西祐一郎訳『心の社会』（産業図書，1990 年）．
村上郁也，下條信輔「ステレオグラム進化論――プログラミングと遊び方」『Computer Today』1993 年 7 月号（サイエンス社）．
コフカ，K.，鈴木正彌監訳『ゲシュタルト心理学の原理』（福村出版，1988 年；Kurt Koffka, 1935, *Principles of Gestalt Psychology*, London : Routledge & Kegan）．

Julesz, B., *The Foundation of Cyclopean Perception* (University of Chicago Press, 1971).

『C. G. ステレオグラム 3』(小学館 1993; *Super Stereogram*, Cadence Books, San Francisco, 1994).

Nakayama, K., Shimojo, S., and Ramachandran, V. S., *Transparency : relation to depth, subjective contours, luminance, and neon color spreading*, Perception, 19, p. 497-513 (Pion Publication).

20 世紀この 1 冊！

1935 年　コフカ『ゲシュタルト心理学の原理』

1971 年　Julesz, *The Foundation of Cyclopean Perception*

　上の中から「20 世紀この 1 冊」を強いて選べばコフカの本と Julesz の本．1 冊というのは無理で，どうしても 2 冊になります．このふたつを見比べるだけで，知覚心理学から認知科学への大きな流れが見えてくるでしょう．

言葉が身体と化す
精神分析とファンタスムの論理
■
石光泰夫

■意識を根拠にした近代的な主体概念にとって最大の脅威は，フロイト
　が発見した無意識の論理，そして抑圧という論理でした．抑圧によっ
　て，主体の〈欲すること〉と〈知ること〉のあいだに決定的な断絶が入
　ります．しかし，それは同時に，身体の論理でもあったのです．（**K**）

『伝染<ruby>る<rt>うつ</rt></ruby>んです』

　まず何はともあれ，次のページの四コマ漫画をみていただきたい．
これはお馴染みの吉田戦車の『伝染るんです』第1巻から拝借して
きたものです．全5巻から成る『伝染るんです』の圧倒的なナンセ
ンスの氾濫のなかでも，この漫画はほとんど傑作と呼びたいくらい
のぷっつんぶりでひときわ輝いているものです．ところが誰もが大
変ユニークだとおもわず納得させられてしまうこの漫画の，そのユ
ニークさ，さらにいえば不気味さは，きちんと説明するのがじつは
意外に難しい．むろん以下でその難しい説明をあえて試みてみよう
という魂胆があるからこそ，この漫画をここに掲げました．四コマ
漫画をくだくだしく解説する野暮は十分承知しているつもりですが，
この漫画は「表象」という問題の一番肝心なポイントを，それこそ
気味が悪いくらい鮮やかに指し示してくれているので，少々の野暮
には目をつぶっていただいても，議論のとっかかりとしてこれを逃
す手はないと考えたからです．
　さてそこでこの漫画の，読む人をおもわずうならせるブラックな
ところはいったいどこにあるのでしょうか．かわうそ君をはじめ，
様々な登場人物でにぎわう『伝染るんです』の世界で特に第1，第
2巻に頻繁に登場するこの，頭に包帯を巻いた子どもは，別の四コ
マでは電車のなかで「幼い頃，心に深い傷を負った方」のための優

吉田戦車『伝染るんです』①
（小学館，1990 年）67 ページ.
© 吉田戦車　1990

先座席に座っています．それから，側頭部を覆う包帯は左にあるので，この子どもがどうやら左脳をやられているらしいことも推測されます．それかあらぬか，この子どもの登場する漫画はすべて言語にまつわるトラブルをテーマにしているのです．

その「心に深い傷を負った」，そして言語障害に悩むわれらの主人公が，ここでは新しい字を発明してしまいました．晴ればれと大きな字で張り出されたこの新字は，しかしながらというか当然のごとくというか，何を意味しているのかさっぱりわからない代物になっています．表意文字なのか表音文字なのかも定かではありません．これはむろん，してはいけないことです．他人にわからない文字を勝手に発明して，それを使うことが許されてしまえば，正常なコミュニケーションは不可能になってしまうからです．

ではその禁忌がここではかくも誇らしげに，かつあっさりと破られてしまっているのは，この子どもが心を病んでいて言語がままならぬ人だからでしょうか．血のにじんだ包帯は，一応そう解釈しておいてよさそうだということをたしかに露骨に暗示してはいます．ですが，他の四コマ漫画でこの子どもが，言語にたいする異常なこだわりから，はからずも演じてしまうパフォーマンスをつうじて，傷つきやすいナイーヴさがこの子どもをくるんでいることを知っているわれわれとしては，この新字の発明を狂人のたわごととして済ませてしまうことにいささかの良心の呵責を感じないわけにはいきません．だからいっそ発想を転換して，われわれが幼い頃から教育され，仕込まれてきた正常なコミュニケーション，それができるおかげで一見まともな言語の使用ができている，したがって狂ってはいないと世間からはみなしてもらえるこの正常なコミュニケーションをも意に介さぬくらいのナイーヴさをこの子どもが保持しているからこそ，あのようにあっけらかんと，誰にも理解できない新字を発明したと宣言し，それを先生に晴れがましく発表するというようなことができるのだと考えてみたくなります．

そしてそのように頭を切り替えてしまえば，理解不能の新字の発明は異常なことでも何でもなくて，正常なコミュニケーションに日

夜いそしんでいるようにみえるわれわれでも，じつはその検閲をかいくぐってたえず実践していることなのだということが突然了解できるはずなのです．なぜなら，われわれの誰もが心のなかに抱えている無意識が表象されるときには，その表象は，多かれ少なかれ他人には理解できない形をとるからです．この漫画が納得させてくれる面白さの第一ステップはどうやら，表象というものがはらんでいる本質的なわかりにくさに基づいているといってよさそうです．そこで，より凄みのあるこの漫画の面白さの第二ステップを検討することは後回しにして，ここでは表象という概念をめぐる迂回を少しばかり試みてみることにします．

　ところで，表象とはいったい何のことなのでしょう．そう聞かれれば，「表に見える形」もしくは「表に見える形にする」といったようなとりあえずの意味は，どなたの頭にもたちどころに浮かんでくるはずです．だがしかしその一方で，表象という語は一見ありきたりのようにみえながら，そのじつ奇妙によそよそしくて，何だかいかにも無理やりに造語された学問の用語っぽく響くという感触を，ほとんどの人が抱くのではありませんか．この，日本語としていかにもなじみがないし，いかにも熟していないという感じ，あるいは違和感はどこからくるのでしょうか．

　答えは簡単です．表象は二文字からなる漢語の体裁をしてはいますが，現在でも徹頭徹尾外国語であり，主としてヨーロッパの学問が激しく，しかも込み入った議論の対象にしてきた，そして今もしている概念だから，あのようにとりとめもない違和感が生じてくるのです．したがってこの概念は，容易には決着がつきそうもない議論がもたらす動揺，ある根本的な曖昧さを背後に引きずっています．

フロイトの精神分析学

　表象をめぐる議論に大きな転回点をもたらし，同時に表象という概念を極限まで曖昧かつ微妙なものにしてしまったのが，今世紀の初頭に誕生したフロイトの精神分析学でした．たとえば精神分析にとって重要な現象である夢を例にとって考えてみれば，そのことが

よくわかります．フロイトは周知のごとく，自分自身の見た夢やヒステリー患者から採集した夢を詳細かつ精密に分析することによって，精神分析学という学問の基礎を築いたのですが，そこでは，それまで単に荒唐無稽であるとか，生理現象の反映であるとか考えられていた夢は，その大半が無意識であるような願望の充足だというふうに定義しなおされています．つまりその夢をみている人がおかれている社会的な，家庭的な，あるいは純粋に個人的な事情に応じて，ふだんは意識下，すなわち無意識の領域に押し込められていた欲望が，夢のなかでは，何らかの形で実現されたものとして表象されてくるとフロイトは主張したのです．

　いま「何らかの形で」表象されるといいました．なぜそのような言い方しかできないかというと，夢をみさせる原因となった欲望と，その結果である夢をまっすぐに結びつける因果関係の回路が夢では断たれているからです．つまり夢は，願望充足がストレートに現実化されてしまっている映像などというものをけっしてみせてくれないのであり，これが夢という表象をとりとめのないものにしているのです．たとえばここに小さい頃から女の子の着る服を着たがり，女の子のする遊びばかりしたがっていた男の子がいるとしましょう．この男の子は夢のなかで望みどおり女性の身体を得て，美しい服に身を包み，男性との性的陶酔に身を貫かれる自分の姿をみることになるのでしょうか．そのような夢に夜毎ひたれる性倒錯者がもしいれば，その人はよほど幸せな心の構造をもっている人で，無意識の領域というものをまるで心のなかに抱え込んでいない人です．それは，仕事が忙しいのでこの辺で休みでもとって，ゆっくりと温泉にでも行きたいとつくづく思ったその夜に，どこかの温泉にのんびりとつかっている夢をみるようなもので，フロイトの夢の理論ではそのようなおめでたいことにはなりません．フロイトによれば，温泉行きを夢みた人は，勝手に会社を休んだというので首になってしまう夢をみるのだし，女性になることを夢みた男性は，ペニスを切られてしまう夢をみることになるのです．

　ペニスを切られるといっても，物理的にそれを刃物でちょん切ら

狼男の夢（フロイト『幼児神経症の一症例より』から狼男の自筆の絵）

れる場面を夢でみるわけではありません．ペニスをなくすことによってはじめて得られる快楽とペニスをなくすことへの恐怖がないまぜになったようなイメージが夢に出現してきて，夢をみている人を脅かすのです．フロイトのよく知られた症例研究に俗に「狼男」と呼ばれている神経症患者のものがありますが，この男が4歳のときにみた夢にでてくる狼はそうしたイメージの典型的な例です．そこでは，童話で殺されたり尻尾を切られたりする狼という形象のなかに，性的快楽を与えてくれる男性（「狼男」の場合は父親です）と，去勢された男（すなわち女になった自分）が入り込んできて，狼は一種のキメラのような怪物に仕立てあげられています．この怪物は必ずしも怖いばかりではありません．それは一面では同性愛者である「狼男」の願望の実現でもあるわけですから，彼を魅惑するようにもみえます．ですから窓の外の胡桃の木の枝にそうした狼が5，6頭すわって，ベッドに寝ている自分を凝視しているのをみたとき，「狼男」はそれに対してどういう態度をとってよいのかしばしは戸惑うのですが，結局は去勢への恐怖が優勢を占めて，「狼男」は叫

び声をあげながら目を覚ましてしまいます．つまり「狼男」の夢はフロイトの理論どおりに，ペニスを切られる夢となって終わるのです．

　ゲイバーが繁盛し，同性愛者であることをもはや秘密にはしない男性も少なくはなく，外科手術を受けて性転換してしまう男性までいる現代では，「狼男」の心の深部で繰り広げられた葛藤はいくぶん理解しにくいものになっているかもしれません．しかしフロイトがこの患者を診た今世紀はじめのヨーロッパでは，今以上に同性愛を認めない社会や家庭が「狼男」の自我を強く規制しているので，彼の真の欲望は抑圧されてしまいます．自分の性的欲望を本当に満たしてくれるものは何かという問いと答えが，無意識の奥深くに封じ込められてしまったのです．

　そうした欲望がそのままそこでおとなしくしてくれていれば何の問題もないのですが，フロイトがつくづくと嘆息しているように，無意識に生息する欲望はけっして死に絶えはしません．むしろせき止められたがためにいっそう強大なエネルギーを蓄えて，自己を実現する機会をたえずうかがっているのです．そうした機会の一つが，外界を遮断して自我の抵抗を弱めてしまう睡眠中の夢の世界であり，そこでは無意識の方にもどっぷりと半身をつっこんでいる自我は，もともと自己の一部であった無意識の欲望にたいして無防備になってしまいます．ただし無意識の欲望は，多かれ少なかれ意識されている類似の欲望を手がかりにしてしか，夢のフィールドに浮かび上がってくることができません．夢はそれを覚えていることがあることからもわかるように，基本的には意識の世界だからです．「狼男」の場合にはそれは，クリスマスツリーにのせられている贈り物にたいする欲望でした．なぜかというと，あのすっかり有名になった狼の夢は，クリスマスイヴにみられたものであり，あくる日は「狼男」の誕生日でもあったからです．つまり「狼男」は，翌朝には自分を喜ばせてくれるプレゼントがいわばダブルでクリスマスツリーにぶらさがっていることを強く期待しながら眠りについたに違いないのです．無意識の欲望はこの「クリスマスツリーにぶらさがって，私を喜ばせてくれるもの」という，眠りのなかでさえ「狼男」には

十分に意識されていた，ほとんど文章の形をなしているといっても
よいイメージに飛びつきました．そうして「本当におまえを喜ばせ
るものは，おまえがかつて目撃した両親の性交（1歳半の時だと推測
されています）において，父親に性的快楽を与えられていたあの母
親のポジションに入り込むことだよ」というメッセージを突きつけ
ることによって，文章の主語をすりかえてしまったのです．

　むろん実際に目撃したかどうかも定かではない（何しろ1歳半のこ
とですから）うえに，そんな頃から性交の意味を理解して，男性の
方ではなく女性でありたいと欲望したかどうかとなると，フロイト
自身も口ごもるくらいなのですから，フロイトが原光景と呼ぶ両親
の性交の様子がそのまま夢にでてくるはずはありません．しかも睡
眠中といえども自我は完全に自分を無意識に解き放ったわけではあ
りませんから，抵抗と抑圧は夢でも働いています．そうして無意識
の欲望と残存する抵抗がせめぎあい，妥協点を見いだそうとして繰
り広げられた複雑な葛藤，フロイトのいう夢の作業の結果が，あの
狼の夢なのです．そこでは，クリスマスツリーは寝室の窓の外の年
老いた胡桃の木に変わり，そこにぶら下がるクリスマスプレゼント
は胡桃の木の枝にすわる不気味な狼に化け，しかもその狼のなかに
は様々な狼（童話の狼，牧羊犬，性交する父親）が共存しています．
しかしいずれにしても，このようにしてずらしたり，圧縮したりす
る夢作業を経て，多くの妥協を受けいれながらではあっても，「狼
男」の無意識の欲望は，夢のなかに出現した狼という表象によって，
ともかくも自己を実現させることができたとはいえるのです．

無意識の表象

　思いもかけず長い迂回をしてしまいましたが，精神分析学におけ
る表象というものはこのようにして，無意識の欲望の妥協的実現を
意味するものになってしまいました．それは夢ならば覚えているこ
とがあるし，何らかの身体的症状（たとえば心因性のチックや蕁麻疹
など）ならばそれが外に現れることによってそれと認知できるもの
なのだから，眼前に置かれ，眼に見える対象にはなっています（す

なわちドイツ語の表象 Vorstellung の意味）．しかしこの表象はまた同時に，直接には現れることができないものの歪曲された代理でもあるのですから，何かの再現前化（フランス語の表象 représentation の意味）でしかないのです．フロイトが『夢判断』でもちいた Vorstellungsrepräsentanz という語は表象のそうした事態を一挙に言い表そうとした，いささか苦しげな概念です．つまり逆にいうと，精神分析学が発見した無意識の表象作用は，その性格を言い表す適切な言葉が，それまでの論理の範疇では容易に見つからないほど特異なものであり，ほとんど理解を絶した現象であったわけです．その意味がいっこうに読み解けない一枚の判じ絵．それが，夢に代表される無意識の表象なのです．そうして，ここでついに吉田戦車の漫画に戻ることができるのですが，あの漫画で発明されていた新字はそのような判じ絵の一枚だと考えてよいのです．

　先にこの四コマ漫画の凄みは，新字の発明とその披露という，一コマ目だけですべてが言い表されてしまうステップにはないということを申しました．実際，「心に深い傷を負った」人は無意識の欲望に苦しめられることが多いものだし，そうなると本人にもよく理解できない，ましてや他人に説明することなど困難である表象にたえず襲われるのは当然であり，その人がナイーヴならそれをストレートに他人にぶつけてしまうことも十分に考えられることです．それがさらに夢ということになれば，この不可解な表象作用には，別段「心に深い傷を負った」人でなくても，誰もが夜毎見舞われているものだということになるでしょう．だから一コマ目だけではこの漫画はどうということもない，ほとんど日常茶飯に起きていることの戯画にすぎません．本当にユニークなのは二コマ目で先生が，ややあって「どう読むのかね？」（「どういう意味かね」ではない）と聞くところからなのです．一見して表音文字だと判断したためかもしれませんが，この先生は意外に正確に，事態のただならぬ推移を予感していると勘ぐる方が話は面白くなります．そう思ってみると，先生の顔に浮かぶギャグ漫画には付きものの汗もなにやら意味深長にみえてきます．なぜならこの汗は，カラーでないので少しわかり

にくいのですが，新字の読みを聞かれたとたんにこの男の子の鼻から流れ出す血と呼応して，これがどう読まれるかに，汗も血も出るいわば生身の身体そのものが賭けられていることを物語っているからです．新字の表象作用が距離をおいて眺めていればよい対象のレベルにとどまるのかどうか，むしろそれが距離のとれない身体に密着した現象，いやむしろはっきりと身体現象そのものになるのではないかという問いが，そこでは決定されようとしているのです．

　三コマ目は，新字の読みにかかる途方もない重み，ただの判じ絵と，読めないはずなのに読めてしまう新字のあいだに介在するほとんど超えがたい距離を，張り出されていた文字を消すことによって，また男の子と先生が共有する重苦しい沈黙をそこに淀ませることによって，鮮やかに了解させてくれますが，この絵を経て，四コマ目ではついに，恣意的に発明されたこの奇怪な字が読まれ，音として発せられてしまいます．一体そこでは何が起きたのでしょう．読めないはずの文字が読まれてしまった．それが読めないはずだということは，現に四コマ目をみるわれわれにその字が読めないことからも明らかです．それなのに絵のなかでは男の子の声帯によってその音がたしかに発音され，発音された音が先生の鼓膜をふるわせています．四コマ目の決定的な吹き出しは，そのことを示しているはずです．

　結論は一つしかありません．一コマ目で提示された新字という表象が四コマ目にいたって，単に男の子の内的妄想にとどまらず，男の子と先生のいる現実を犯しはじめたと考えるべきなのです．男の子の妄想の形がこの子の身体を含む周辺にあふれ出してそれを規定しはじめ，先生はそのありえない音を聞いたことによってこの妄想に全面的に巻き込まれてゆくことになる．これが，読めないはずの文字が読まれたという事件が引き起こした事態なのです．吉田戦車はこの大上段の解釈を聞いたらきっと笑うでしょうが，この漫画はファンタスムによって人がとらえられ，その人にとっての現実，その人の現実への対応などをこれからこのファンタスムが染め抜いてゆくことになるその一瞬を，不気味なくらい簡潔に切り出してみせ

たものではあるのです.

ファンタスム

　ではファンタスムとは何でしょう. ここでついでにもう一つ吉田戦車の漫画をみてください. これは今くどいほど詳細に分析してみせた四コマのいわば続編とみなしてよい四コマです. そしてこれこそがファンタスムというものの効果なのです. 自分にとって「おいしい」ものとは何かということについてのっぴきならぬ思いこみのある人は, 平気で「珈琲」という漢字を「うどん」と読んでしまいます. 「珈琲」という漢字が難しくて読めないのだというふうに考えたら, この漫画はとたんにつまらなくなってしまいます. そうではなくて, この男の子はむろん確信犯なのです. 「おいしい」という形容詞があればこの子の抱えている, あるいはこの子がとらえられているファンタスム, すなわちある特定の思いこみの体系が発動するのには十分であり, この子はそのファンタスムにしたがって, 「おいしい」ものは「うどん」でなければならないし, 「うどん」であるはずだという信念を掲げて行動してしまうのです. 教育の成果や生活の習慣によってわれわれが習得し, 毎日を暮らしてゆく上で受けいれている「現実」とその約束事など, ファンタスムの効果のまえでは簡単に効力を失ってしまいます. ファンタスムによって体系づけられた無意識の欲望に身体を貫かれている人にとっての「現実」とは, フロイトがその重要性を強調して止まなかった「心的現実」以外のものではありえません.

　ファンタスムとは語源的にファンタジーと同じ言葉なのですが, ふわふわと不定形に漂う感情のようなものではありません. それはすでにみたあの無意識の表象に媒介されて, 普段は「現実」に沿って統合されていると信じているわれわれの身体や, 「現実」を正しく認識していると思いこんでいるわれわれの知覚の表層へと, 奇怪な形を伴いつつたえず滲み出してきて, 身体や知覚を撹乱させるものなのです. この表象体系は, ところがまた, われわれがおいしいものを食べたとき, 美しいものを身にまとったときに身を貫くのを

吉田戦車『伝染るんです』①125ページ.
© 吉田戦車　1990

感じるあの無償の歓喜のように，あるいは人を好きになるときに働く，当人にも不可解きわまりない恋愛感情のように，何の意味も根拠もないものでもあるのです．なぜうれしいのか，なぜ好きなのかと聞かれても，理論だてて答えられはしません．夢という表象は，それが理屈で説明のつく願望の充足だから，ファンタスムのプロトタイプだというわけではないのです．理屈では割り切れない理不尽な胸のときめきを夢から覚めた人に残すからこそ，夢はファンタスムなのであり，発音できるはずのない文字が鼻血を流しながら発音できてしまうのも，「狼男」が狼の夢から不安の叫びで身を起こすのも，すべてファンタスムの効果です．ですから，体系という言葉をファンタスムや表象に添えてつかっていますが，理論化できるシステムという意味からではありません．女性になることを密かに欲望してしまっている男性が，この欲望に単に性器的快楽だけではなく，衣裳や言葉遣い，生活習慣などにおけるフェティッシュな欲望を次々と連結してしまう，その欲望の自動的な連鎖作用だけがファンタスムを構造化しているということを，それは言いたいのです．それは体系だが，決して理論化はできない．理論化するにはわれわれ一人ひとりがしてきた偶然というしかない体験にあまりに多くのものを負っているからです．

　トマス・ハリスに『羊たちの沈黙』(新潮文庫) という小説があり，映画化されてアカデミー賞をいっぱいとりましたから，ごらんになった方も多いと思います．この小説もしくは映画で主人公の FBI 見習い捜査官クラリスが追う犯人は若い女を次々と殺してその皮膚を剝いでゆく男です．この捜査に協力するのが，自身が猟奇的連続殺人を犯して禁固刑に処せられている精神科医レクターですが，犯人の狙いを理解できずにいるクラリスにレクターが，犯人はどんな欲求を満たそうとしていると思うかと尋ねる場面があります．クラリスはそれに対して「怒り，社会に対する反感，性的欲求不満」などを挙げますが，すぐれた精神分析家でもあるとされているレクターは即座に「ちがう」と否定し去ります．他者の身体に嚙みつき，引き裂き，内臓を喰らうというファンタスムに自らがとり憑かれて

いるレクターは，犯人の欲望が，クラリスの挙げるような「常識的な」根拠に基づくはずがないことを，ほとんど身体感覚的に知っているのです．結末を読め（観れ）ばたちまちわかることですが，犯人がほしいのは輝くような女の「皮膚」なのです．皮膚を剝がすことが何かの感情の代理をしているわけではありません．文字どおり皮膚が欲しくて，女を殺しているのです．この男にとって女とはなめらかな「皮膚」なのです．できるだけ完全な皮膚の各部分を集めてそれを縫い合わせ，それを被ることによってこの男は成虫（イマーゴ）に脱皮したいと願っているのです．特殊な蛾とその幼虫を巧みにプロットに織り込んだこの小説でも説明されているように，イマーゴとは精神分析において重要な概念で，両親のイメージのことを意味しますが，この犯人の場合には，それは輝くような美しい皮膚をもっていた母親のことになります．

　しかしだからといって，精神分析にはつきもののオイディプス・コンプレックスの変形がそこにあてはまるというわけでもありません．この男は性転換などを望んでいないことが小説ではしきりに強調されていますし，「狼男」が抱いた，性交する母親と代わりたいという欲望などもいっさいほのめかされていません．この男はおそらく，かつてもろい自我をしっかりと抱き留めてくれた母親の皮膚を取り戻したいだけなのです．今現実に自分を覆っている皮膚では自我を支えきれない，この穴だらけの皮膚では自我が溶けだしていってしまうという恐怖でいっぱいになったこの男は，ただ容れ物を必要としているだけです．たとえば健全な常識はそうした容れ物の機能をはたすのですが，この男の場合には，それが短絡的に母親の皮膚そのものであり，それがファンタスムとなって何がなんでも母親＝女＝皮膚を手に入れたいともがいているのです．小説ではむろんそこまでは説明していません．ファンタスムは説明しきれるものではないからです．ですが，しょせん絵空事でしかない小説が説明しないままで放り出すのはあたりまえだとうそぶく向きには，最近話題になった『FBI 心理分析官』（早川書房，1994 年）という本の一読をおすすめします．まさに犯罪として表象された不可解なファン

タスムのオンパレードであり，ご丁寧に『羊たちの沈黙』のモデル
になったエド・ゲイン事件をトマス・ハリスに説明して聞かせたの
がこの本の著者にして心理分析官であるロバート・K. レスラーだ
ったということまでが，そこでは披露されています．

　ファンタスムという，論理ではとらえられない無意識の表象作用．
フロイトが精神分析学という学問の名において発見したものがこれ
でした．ファンタスムとは，それにとらえられている人にとっては，
言葉に還元できない，つまり身体のすべてを挙げて何度も体験しな
おさねばならない，徹頭徹尾身体的な欲望なのです．無理に言語化
しても，あの発明された字のように，言葉が身体と化してしまうだ
けです．フロイトはこのファンタスムを呼び出すのに，皮肉にも，
言葉を用いた自由連想法という分析治療の方法を編み出しました．
つまり患者には，あらゆる配慮を排して，思いつくままに自由に話
せと命じ，分析医にはいわば振動板のように患者の言葉に共振して，
注意力を一点に集中することなく，自由に漂わせておくよう助言し
たのです．狙いは言葉によって，あの吉田戦車の漫画のような判じ
絵的文字（もちろん書かれるのではなく発音されるだけ）の表象作用を
喚起するためでした．たとえ言葉を介してではあっても，ともかく
表象されなければ，いかなるファンタスムの体系がそこに働いてい
るのかを知ることすらできないし，また一方では，この表象には通
常の意味作用は期待できないから，すぐに意味作用を結晶させてし
まいかねない注意力をできるだけ分散させておこうという戦略です．
したがって逆にいうと，分析治療の現場での分析医＝フロイトは，
あの漫画では，読めないはずの字にじつは備わっていた音に共振し
つつ冷や汗を流している先生のポジションにいることになり，『羊
たちの沈黙』では，犯人を懸命に追ってはいるのだが，つい凡庸な
論理によってファンタスムを凡庸に説明してしまうクラリスよりも，
むしろ共犯者ともいうべき精神分析医「人喰い」レクターに重なる
ことになります．分析するフロイトを宰領している知は論理ではあ
りません．それは勘というしかないものであって，フロイトの実際
の症例研究は，カンピューターといわれるプロ野球の監督など易々

と顔色なからしめるような，天才的な飛躍にみちみちているのです．

二人のフロイト

　ところがフロイトはもう一人います．それは冒頭の漫画に即していえば，漫画の外にいて，読めないはずの字が読まれるのを決して聞けないわれわれ読者のポジションにいるフロイトです．あの字が読めないことが分かっている読者＝フロイトは，すでに分析の現場から離れていて，はじめからあれが読めないものだという前提にたってあの字の表象作用をなんとか解説しようと試みます．そうなると，発音できない象形文字でも解読されるのだから，フロイト自身によって何度も象形文字にたとえられた夢や症状という表象は，既存の大脳生理学，生物学，熱力学などの論理を華麗にかつ巧妙に用いてそれなりに鮮やかに，そしていくぶんかは浅薄に読み解かれてしまうことになります．

　フロイトには二つの理由から，すなわち一つには精神分析学を既成の学問体系のなかに位置づかせようという願い，もう一つには，自らがそうしたように，患者をファンタスムから引き離さねばならないという，医者としての実践的かつ倫理的な要請によって，ファンタスムをどうしても論理の枠のなかに閉じこめる必要があったのです．自由連想法による分析治療が言葉を介して行われるのは，論理の方へファンタスムを回収する道を開いておくためでもあるのです．判じ絵でもありうるが，透明な論理をのせることもできる言葉の二重作用が，そうした戦略を可能にします．ところがそんなときには，説明するクラリスが顔を出してしまうのです．たとえばフロイトが提唱した，解読装置としてのオイディプス・コンプレックスの理論がその典型でしょう．あるいはフロイトの夢の理論にもそうした一面があります．「狼男」を根底では魅惑していた狼の夢は，必ずしもフロイトの理論どおりに原光景へと翻訳される必要はなかったし，この夢が誘発した「狼男」の症状は，逆オイディプス・コンプレックスの理論によって癒されるものでもありませんでした．微妙な心の綾を知っているのはクラリスではなく，「人喰い」レクタ

ーなのです．ですからフロイトの分析治療が終了したあとで「狼男」の面倒をみたフロイトの弟子ブランスヴィックが，いよいよ深く同性愛のファンタスムにとらえられてゆくこの有名な患者の姿を報告しているのを訝しく思う必要は，いささかもないのです．

　しかしです．フロイトの精神分析学が成立するためには，どうしても二人のフロイトが必要でした．果敢に行動して連続殺人犯を逮捕したのはクラリスだし，不気味なギャグ漫画を笑い飛ばすのは読者です．論理によらないファンタスムを過小評価するのも間違っていますが，ファンタスムのリアリティーを奪う論理を過小評価するのも健全ではありません．ですから，精神分析が明らかにした表象の論理＝知は，危ういバランスの上でしか成立しないのです．フロイトの精神分析学が理におぼれて，既成の学問ではみえない身体をとりにがしたという批判を聞くことが最近では多いようですが，『千のプラトー』のドゥルーズ／ガタリが糾弾するようにフロイトがそういう身体を何も理解しなかった，何も知らなかったというわけではありません．むしろ過剰に理解し，過剰に知った上で危険な綱渡りをしていたのです．したがってフロイトのテクストが仔細にみれば，クラリス的凡庸さをかいくぐってじつは「器官なき身体」の話に満ち満ちているのも当然だし，ファンタスムに積極的にとらえられようとする現代芸術の身体をずばり言いあてていると感嘆させられる箇所にあちこちでぶつかるのも当たり前のことなのです．冒頭の漫画の内と外に同時にいる論理とは，それ自体がファンタスティックな出来事であり，この出来事のなかに身を躍らせることは現代の知に許された最大の快楽にして冒険です．そして事実この冒険を閲してこなかった現代の知など一つもないのです．

　あの字が実はどう読まれるのかを知りたいという理不尽な欲望にとりつかれたのは，けっして私だけではないはずです．

20 世紀この 1 冊！

1900 年　ジークムント・フロイト『夢判断』（新潮文庫，高橋義孝訳）

　実際に刊行されたのは 1899 年なのに，奥付を 1900 年にしたことの意味深長さは測りしれません．たしかにこれは，19 世紀末にはすでに蠢きはじめていた新しい「知の論理」を，一気に 20 世紀という舞台に押し出し，しかもその後の 100 年間におけるこの「知の論理」の命運をも見定めていた決定的な書物です．これを読んで，無意識の表象が読み解けるようになったと小躍りするネアカの人も，これを読んだがために，無意識の表象が読めなくなってしまったと頭を抱えるネクラの人も，この書物は読者としてはじめから想定していました．20 世紀もおわりにいるわれわれにフロイトが提供しつづけている解釈の「悦び」は，なんともほろ苦いものなのです．

■意味する

構造とリズム

ソシュール vs. クレー

■

石田英敬

■文科系の学問はすべて「意味」に問いかけると言っていいでしょう．
その意味の作用を構造的に明らかにしようとしたのが 20 世紀でした．
記号，構造といった方法原理が文化の諸理論に大きな変革をもたらし
ました．それをどうダイナミックなものにするかが現在の最大の問題
です．（**K**）

記号の風景──関係性の場へ！

ピーター・アイゼンマンの建築を知っていますか．

この「脱構築（ディコンストラクション）」の建築家が設計した東
京・新小岩の"傾いたビル"──「布谷東京ビル」．まるで地震でず
れ落ちたかのように建物が傾き，半ば地下に陥没して，重力軸が傾
いたように直方体が幾方向にもずらされて建てられています．建物
の内部でも床面や壁は傾き，面と面とは互いに角度を少しずつ変え
て折り紙のように次々に折り曲げられた不思議な空間を作り出して
いる．フロアを横切って行く者は，建物の"襞曲"にそって，空間
を折り畳むように進んでゆくことになる．建築はここでは安定した
座標軸を持つ空間であることをやめて，幾方向にも折り畳まれた
「襞＝折れ目」のように，私たちの立つそれぞれの場所が，そのつ
ど固有な"関係性の場"の出来事となるのです．

アイゼンマンの設計によるもう一つの建築，東京・秋葉原の
「Koizumi Lighting Theater/IZM」では，別の建築家が設計した格子
状ビルの上部と下部に，「アイゼンマン・キューブ」と呼ばれる歪
んだ立方体建築が"接ぎ木"されています．「キューブ」は，多様
な大きさと色を持つ〈L〉字型の建材フォームが重力軸に対してさ
まざまな角度に傾いて配置され組み合わされることで出来ている．
建物内部では，大きさ，色彩，そして角度を変えて繰り返される〈L〉

布谷東京ビル

のかたちの反復が，非安定化した，空間と空間，場と場，の"間"を
次々に分節しつつ固有の"場"の出来事を，作り出していくのです。

〈記号〉についてのレッスンをアイゼンマンの建築の記述から始
めたのは，この文章が答えることを求められている「記号とは何
か？」という問いに対して，記号とは，「布谷東京ビル」の床面や
壁面の「襞＝折れ目」の運動や「アイゼンマン・キューブ」の
〈L〉のように，"関係性の場"を次々に生み出してゆくかたちの反
復の運動のことだ，とまず述べておきたいからです。

記号とは，異質なものとの関係のなかに私たちをたえず送り込み，
未知の出来事を引き起こしてゆく何かである。記号とは，すでに知
られた何かを表したり「何かの代わりにある何か」といった教科書
的な定義を与えられる以前に，「意味」という，そのつど新たな関
係性の出来事を生み出しては消え去る不断の生成の運動なのです。
記号や意味が，すでに安定化して自明なものとなった時間や空間の
なかでの物事や情報のやりとりとして馴致されてしまうのはそれよ
りずっと後のことなのです。例えば，以下に見るように，ソシュー
ルは，大気と水との間に起こる襞の運動である波を例にとって，記

号を2つの相互に異質なものの間に起こる関係づけのかたちの形成運動だと考えていました.

　19世紀から20世紀への転回点において, ソシュールやパースが提唱した「記号の学」や, のちに「構造主義」と呼ばれることになる知の運動が行った第一のことは, 近代科学の実体論的な認識から, 関係論的な認識への転換でした.

　実体を前提とし, 認識をその実体についての意識の活動と考え, また主体と客体を媒介するものとして言語や記号を考えるというのが実体論的な認識の図式であるに対し, 20世紀の知の革命は, 認識の視点自体が対象——および主体——を徹底した関係性(=相対性)において構成してゆくのであって, その関係性の場を刻々と生み出しているものこそ言語や記号の次元なのだ, と考えることから始まったのです.

　そしてそのような転回は, 科学や芸術にのみ起こったわけではありません. それは今世紀の社会・文化生活の全般に起こった動きでもあるのです. 例えば, 「都市」はキュービストがよく描いた題材ですが, 現代の巨大都市は, 入り組んだまさしく複数の関係性の場としての「記号の風景」のありさまを見せています. 現代生活におけるモノのあり方にしても, 実体としてではなく, ブラックやピカソが描く「静物」のように, 商標, ロゴ, ラベルを張られ広告により媒介されて, 私たちの日常生活の様々な意味の光景を演出していないでしょうか. そもそも今日の私たちの世界そのものが, マス・メディアという記号媒体によって日々作り出され, 私たちの生活の意味はそのような記号の次元により大きく左右されるものとなっていないでしょうか. 記号の問いは, そのような私たちの意味の世界についての問い——意味批判の問い——でもあるのです.

「意味する」——記号のシステムとかたちの出来事

　パウル・クレーの有名な創作についての信条告白に, 「芸術は, 見えるものを再現するのではない. 芸術は, 見えるようにするのだ」という文句があります. この言葉は, 絵画は, 物がまずあって,

それを再現するというのではなく，見えるという出来事を造形活動をとおして引き起こすことなのだ，と理解できます．ここには，絵画という記号の活動についての，ある鋭い洞察が表明されているのです．

　同じように私たちはクレーにならって，記号とは，すでにあるものを表すのではなく，記号は意味するのだ，と考えることから，記号についての考察を始めることができるかもしれないのです．

　記号は意味する，これが，記号の第一の定義です．それを，例えば，フランス語で書くと，《Le signe signifie.》となって，意味する（signifier）という出来事を生み出すことこそ記号（le signe）の特性なのだ，ということがはっきりするでしょう．

　この場合に，記号の定義はほとんど同語反復にならざるをえないことにも注目すべきです．記号は意味する．意味するものこそ記号である．「意味する」という出来事と，「記号」との切り離しえぬ内的連関．記号（le signe）は記号スル（signifie），あるいは記号スルモノこそ記号であると言い換えてみると，この定義が述べようとする記号の本質的に自己言及的な特性が露わになります．

　これに対して，中世のスコラ学以来の「何カノ代ワリニアル何カ（aliquid stat pro aliquo）」といった伝統的な記号の定義（「記号＝代替物」説）は，記号を，それが代わる記号外のものの側から定義したものです．記号は，記号の外にある何らかの対象や現実を表す（＝再現する）もの，あるいはまた人間の思考や意識の伝達道具と考えられている（それが「言語道具説」です）うちは，その内的構造と論理とを明らかにしません．意味作用という記号の内的な活動から記号を定義し，記号活動を内側から記述すること，これこそが，20世紀に登場した新たな記号の知が行った，"コペルニクス的転回"なのです．「記号論（sémiotique/semiotics）」や「記号学（sémiologie/semiology）」と呼ばれる，現代の「記号の学」をつくったパースやソシュールの「記号作用（semiosis）」や「言語体系（la langue）」といった概念の基本にあるのは，記号現象の本質的な内在性ということなのです．

ソシュールは，このような言語記号の内在性を研究する言語学を「内的言語学（la linguistique interne）」と呼んで，記号外的な事実の研究を行う「外的言語学（la linguistique externe）」と区別しました．言語のような記号現象は，その内部から研究されることによってのみその固有の本質を明らかにする，というのが彼の根本的な姿勢です．

　以下では，ソシュールが提唱した「言語記号」の考え方にそって，20世紀の知を切り開いた記号の思考とその論理を考えてみることにします．また同時に，パウル・クレーの絵画の記号性を平行して参照してゆくことにします．なぜソシュールとクレーとを同時に論じるかといえば，この同時代の二人のスイス人の間には，のちに見るように，「かたち」の問題をめぐってある共通の認識が認められるからです．そしてそれは記号の問題にとって核心的な重要性を持つものだからです．

　ソシュールの言語学の中心にあるのは「記号のシステム」という考えです．人間の記号活動の最も重要な体系として「言語体系（ラング）」を彼は考えるのですが，「言語体系（ラング）は記号のシステムである」というのがソシュール言語学の最も基本的な命題です．そして，記号をシステムとして考えることは，ひとつの記号はひとつの事物を表すというように記号を指示対象との関わりにおいて孤立的に定義するやり方とは根本的に異なった認識の問題を引き起こすことになったのです．

　ソシュールによれば，言語記号は，「意味スル（signifiant）/意味サレル（signifié）」という2つの関係性の面から成り立っている．これが，有名な「シニフィアン（意味スルモノ，記号表現）」と「シニフィエ（意味サレルモノ，記号内容）」の区別です．しかし，重要なのは，「シニフィアン」も「シニフィエ」も，あくまでも記号の2つの面として存在するのであって，記号の彼方あるいは手前に想定される観念や音物質として実体化されて考えられてはならないということです．この事態を，ソシュールは，「言語は形式であって，実体ではない」と言い表します．

例えば，日本語で「木」という記号は，/ki/という音連鎖と［木］という概念の結びつきを作り出している．その場合，日本語における［木］の概念内容はあくまでも/ki/という記号表現（シニフィアン）と結びついた記号内容（シニフィエ）として存在するのであって，「木」という記号を離れた観念として存在するわけではない．なぜなら，「木」という記号はまた，「草」，「花」，「林」とか「森」とか「動物」などなど他のすべての記号との関わりにおいてしか意味をもたない．このことは，例えば，フランス語における《arbre（＝木）》と比較してみればよりはっきりします．日本語の「木」の場合，「木の箱」，「木の机」というように材質を「木」という記号による表現が可能なのに，フランス語ではむしろ「林」や「森」に対応する《bois》という別の記号によってそのような概念は表される．このようなことは，1つの記号の概念内容はつねに他の記号との関わりにおいて相対的に決まるのだということを示しているのです．

　ソシュールは，言語記号の領域を，人間の心理内容や観念がかたちづくる領域と，人間の身体が発し聞き取ることができる音調の領域との中間に位置づけます．言語記号はそれら双方の領域をお互いに関係づけ，その関係を形式化することによって，固有の次元を構成するものだと考えています．記号による関係づけと形式化がなければ，観念も音声も不分明なマグマの状態にとどまって，意味作用が成立することはないと考えられるのです．ソシュールは，観念の次元を大気に，音調の次元を水にたとえてこの事態を説明します．そして，言語記号の次元は，それら2つの連続体の間に，両者の関係づけのかたちとしてうまれる波にたとえられます．言語は，精神的実体としての観念でも，物理的実体としての音調でもなく，その間を関係づける形式である，というのです．より一般的には，記号とは，2つの異質な次元の間に結ばれる関係性の形式である，というのです．

　さて，記号が関係性の形式であるとして，集中的に問われることになるのがかたち（つまり形式）と意味をめぐる問題系です．「かた

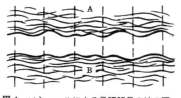
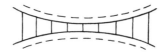

図1　ソシュールによる言語記号の波の図

ち」はいかに「意味」を生みだし変形するのか．意味はどのように
かたちと不可分に成立し，その場合，かたちは，どのようなシステ
ムとしてとらえられなければならないのか．かたちの文法を極め，
かたちの意味作用を探究したクレーの「造形思考」が私たちにとっ
て極めて示唆に富む光を投げかけているのもまさしくここにおいて
なのです．

　クレーは，かたちの問題を徹底的に思考することから絵画という
記号活動を問い直したのですが，同じようにかたちと意味について
の思考を徹底して追求することにより，現代の記号理論は生み出さ
れたのです．その出発点になったのは，ソシュールにおいてもクレ
ーにおいても「分節」という考え方でした．

　「分節（articulation）」とは，関節や竹の節のように，それぞれの
区分が相互に区別しあう単位を作ると同時に，節に隔てられてつな
がり合っている連関のあり方をいいます．クレーが示すような，チ
ェス盤のようなマス目もまた分節ですし，言語記号において最も基
本的な分節のシステムは音素からなる「音韻体系」です．

　人間の言語活動の音韻体系は，母音や子音などの「音素（phonè-
mes）」を単位として作られています．音韻体系とは，現代日本語
ならば，16（ないし19）個の子音と5個の母音，フランス語なら
ば26個の子音と19個の母音および半母音，というように有限個の
音素によって構成されるシステムのことです．その場合，それぞれ
の音素を定義することをゆるすのは，個々の発音が実現する実際の
音調の物理的特徴ではなく，音声を聞き取るときに音素をその他の
音素から弁別することをゆるす形式的諸特徴です．言い換えれば，

それぞれの音素の同一性は，その他の音素との差異によってのみ定義される．例えば，子音の /n/ は，/m/, /p/, /t/……など，その他の全ての音素との対立・区別によってしか自己同一性をもたない．/n/ という音素は，ある実体的な音をさすのではなくて，他の音素との差異の名なのです．人間の身体が出す音調は，第一義的には物理的な物質としてとらえることができますが，音韻体系は，その音調物質を音素として音韻体系に分節することにより記号の構成単位に変えているのです．ヤーコブソンは，人間の発する物理的音調を集約／拡散，低音調／高音調という対立をもとに図式化し，それらの対立に基づいて組織される音韻体系を音素の「原三角形」として定式化しました．

音韻体系のような分節が示しているのは，差異にもとづくシステムという原理です．ここで重要なのは，分節は差異にもとづく構成単位であって，記号というかたちのシステムは，差異をベースにして成立するということです．実体論的な集合が要素の同一性を基礎とするのに対して，記号のシステムのような関係論的な集合においては差異こそが基本である，ということなのです．「言語体系（ラング）には諸々の差異しかない」というソシュールの定式が示しているのは，言語体系におけるそのような差異を基本とする記号の成立の仕方なのです．

「[……] 言語体系（ラング）のなかには諸々の差異しかない．さらに言えば，差異は一般にはその間に差異が成り立つ実体的な諸項を前提とするが，言語体系（ラング）においては，実体的な項のない諸々の差異があるのみなのである．シニフィエをとるにせよシニフィアンをとるにせよ，言語体系は，言語システムに先立つような諸々の観念や音調をもつわけではなく，システムに起因する諸々の概念的差異，諸々の音調的差異があるだけなのである．」

さて，分節自体はまだ記号のかたちではありません．記号のかたちは，分節システムを構成している単位が結びつくことによって生み出されます．例えば，クレーのチェス盤のデッサンにおいてマス

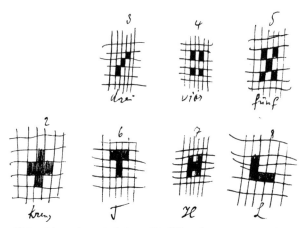

図2　パウル・クレーによるマス目の分節のデッサン （南原実訳『無限の造形』下，新潮社，1981年，301ページ）

目という分節単位が結びつくことによってかたちが生まれます．そして，かたちはひとたび生まれると，マス目という分節単位を超えたものとして，何かを意味しはじめるのです．その場合，分節単位はかたちを弁別する差異として働き始め，かたちは他のかたちとの差異によって相互に関係づけられてゆくことになります．意味作用のカテゴリーがかたちの問題に結びつくのはこの次元においてなのです．

　例えば，クレーがしばしば引き合いに出すかたちの分節例である「うろこのある魚」の例を見てみましょう．

　クレーの魚のデッサンでは，鱗状の文様の反復が最も基本的な分節のシステムを作っています（これは，言語記号でいえば「音素」のレヴェルに比較できるでしょう）．それに対して，魚の頭，胴，ひれ，尾は，魚の「かたち」の基本的な差異線をつくっています．魚の姿は，1. 2. 3. の部分肢の比例関係にもとづく相互規定によって成り立っていると同時に，分割されたそれぞれの分節単位の反復からも成り立っています．

　クレーは，最初の分節のシステムを「分割可能なもの」のレヴェル，固有のかたちの発生を「非分割的なもの＝個的なもの」のレヴェルと呼んで区別します．そして，かたちがあらわれたとき，それ

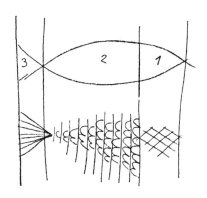 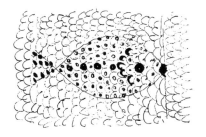

図3　パウル・クレー「うろこのある魚」（土方定一他訳『造形思考』下，新潮社，1973年，336ページ）

が何のかたちかが問われることになることが示すように，か̇た̇ち̇と意味との関係が問題とされるようになるのは，分節単位の結びつきによって非分割的なか̇た̇ち̇が生まれたときからです．クレーのデッサンに現れる様々なユーモラスなかたちのいまにも動き出しそうな運動は，かたちが意味の要素として働きはじめるすがたを私たちに示しているのです．

　同様に，言語においては，語にほぼ相当する「形態素」が，音素という分節単位が結合して生み出されたかたちですが，形態素こそ言語活動の「意味作用」の最小の単位です（この音素と形態素の関係を，言語学者のマルティネの用語では「二重分節」といいます）．分節単位が結びついてかたちが生まれるか̇た̇ち̇の出来事こそ意味の問題系への第一歩なのです．「音素」から「形態素」へ，「分割可能な分節」から「非分割的な分節」へ，そこには，あるはっきりした具体的な意味はまだ生まれていませんが，か̇た̇ち̇の出来事を通して意味の出来事へと私たちは一歩近づくことになるのです．

　記号の基礎にあるのが「差異のシステム」だとすでに述べました．記号のシステムのもう一つの重要な特性は，それが「反復する」ことにあります．私たちは，記号の同一性とは差異である，と述べたのと同じ様に，記号は同一性としてよりもむしろ反復としてある，といわなければならないのです．そして，この「反復」の基礎とな

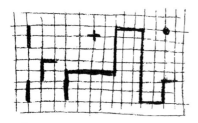

図4　パウル・クレー「分割的─非分割的の統合」
　　（『無限の造形』下，319ページ）

るのもやはり分節のシステムなのです．

　差異による分節のシステムは，記号のかたちが実現するときには，
そのかたちの実現の場においてつねに反復する網状組織を作ってい
ます．たとえば，チェス盤のマス目という分節のシステムが，それ
ぞれの局面ごとに，新たな手の配置を見せつつ反復するといったこ
とを思い浮かべてみればよいのです．ソシュールが，言語体系（ラ
ング）は「共時態」において潜勢的なシステムをつくっているとい
うとき，彼が考えているのはこのような反復のシステムのことです．

　それぞれの記号はこの反復のシステムをとおして呼び起こされる．
そのようにして，記号のシステムは，現働化するのです．

　ソシュールは，このような記号の現働化の出来事を「言述（パロ
ール）」として，記号のシステムとしての「言語体系（ラング）」と
区別して考えます．そして，「言述（パロール）」の成立の規則とし
て，「範列（パラディグム）」と「連辞（サンタグム）」という2つの軸
を提示します．「範列（パラディグム）」とは，ひとつの言述（パロー
ル）が実現するときに，記号の現働化を規定している記号間の「連
合関係」（つまり，ある差異を共通項として活性化する記号の反復の系列），
「連辞（サンタグム）」とは，ひとつの記号の現働化につづく記号の
範列を指定している「結合関係」です．

　クレーのマス目のデッサンを例に取ると（図4参照），縦方向のマ
ス目の系列を「範列（パラディグム）」，水平方向の連続関係を「連
辞（サンタグム）」と考えてみることが出来ます．実線によりどのマ
ス目を現働化させるかは範列の問題であり，つぎにどのようなかた

ちが来るかは連辞の問題だからです．そのようにして生まれる図が
「言述（パロール）」というわけです．

　言語活動において，意味が実現するのは，範列軸・連辞軸にのっ
とって言語記号が結びつけられ「文」が生み出されたときです．そ
のとき，文の意味は，実現した個々の記号（＝形態素）の意味作用
のたんなる総和としてではなく，現働化した一連の記号の相互連関
のかたちと不可分な意味，すなわち，その文に固有な《意味＝形
式》の出来事として生起することになる．つまり今度は，記号の布
置（configuration）という新たな次元があらわれることになるのです．
　ここにおいて，私たちは，はじめて，意味の意味に行き当たるこ
とになるのです．「意味」とは，記号の実現が記号の布置として成
立したとき，その記号の布置のかたちと不可分な配置として起こる
世界と私たちとの関係づけなのです．記号活動にとって，「主体の
問題」が提起されるのもじつはこのレヴェルにおいてです．という
のも，記号活動における「いま・ここ・わたし」が組織されるのも，
このような文以上の記号実現の次元においてだからです．「主体」
とは，記号の現働化において実現する「いま・ここ・わたし」の布
置により生み出される効果である，と考えてもよいのです．文以上
の記号活動の出来事を言語学では「ディスクール（discours）」と
呼びますが，ディスクールが生まれるときには，言語記号のシステ
ムの全ての活性化と世界の経験とが固有な一致をそのつど実現する
のだ，といえるかもしれません．世界との固有な関係性，つまり意
味がそのとき生まれるのです．

　クレーの「歌手のホール」（図5）では，マス目のデッサンと同じ
ように縦軸を範列関係に，横に延びてゆく線を連辞関係に例えて考
えることができます．縦軸の分節の自由なヴァリエーションと横軸
の必然的な結びつきによって，絵自体を構成するかたちの布置は，
「歌手のホール」という世界の経験と固有に一致したディスクール
として実現するのです．

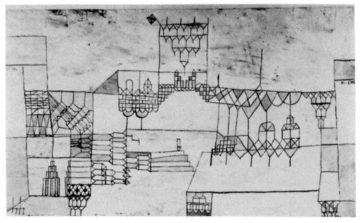

図5 パウル・クレー「歌手のホール」(1930年)

方法としての記号——構造とリズム

　対立と差異による要素間の相互規定の関係，そのように分節化された全体と部分との有機的な連関，ひとつの要素は決して孤立したものではありえず，システムがつくる関係性のネットワークのなかに必ずおかれ，関係性の場において他のすべての要素との差異にもとづく相対的な価値をしかもつことがない．システムが作り出すこのような関係性の総体の仕組みこそ「構造 (structure)」と呼ばれたものです．

　ある現象を構造として理解することは，分析と抽象によって対象（＝客体）の本質をとらえることとは異なります．それは何よりもまず，現象がどのような関係性のシステムにおいて成立しているかを理解しようとすることであり，現象を構成する個々の対象をではなく，現象をつくりだしている意味作用の場を考えてみることなのです．そしてそれは，推論と経験による実証的な方法から関係性のモデルにもとづく方法へと，思考の態度を大きく変化させることになります．構造とは，この意味で，なによりも知の方法の問題であるのです．

　その場合，記号現象にみられるような人間の意味活動の理解に関

しては，前節で見たように，次のような手順を辿ることになります．すなわち，1. 差異による分節のシステムの画定，2. 意味の単位をなすかたちの次元の編成原理の同定，3. 意味単位の現働化のメカニズムの解明とその布置としての意味の出来事の記述，といった一連の操作です．そして，それらの全てのレベルにおいて働いている関係性のシステムを説明する「構造モデル」の作成によって，意味活動が作り出している"現実"が明らかにされることになります．

　言語学をモデルにした構造論的方法は，とくに意味活動に関わる人間科学の諸領域で，発見的方法としてめざましい成果を一時はあげ，それが「構造主義（le structuralisme）」という世界的な知の変革の運動を引き起こしました．

　例えば，分節のシステムに関するヤーコブソンの「音素の原三角形」のモデルは，人間の文化がどのように自然を分節化し意味のシステムに変えているかという視点から，レヴィ゠ストロースが料理の普遍文法として提出した「料理の三角形」といった考えを生みましたし，人間の行動をつかさどっている基本的な論理構造の分節システムを抽出したグレマスの「意味の四辺形」といった考え方も，構造論的モデルの代表的な例といってよいものです．そのようなモデルを通して私たちの生活を意味の活動として理解すれば，私たちは日々，ヤーコブソンの「音素の原三角形」のなかで話し，レヴィ゠ストロースの「料理の三角形」のなかで食事をし，グレマスの「意味の四辺形」をとおして人生の物語を生きている，といったとしても間違いではないのです．そこに起こっているのは，意味の分節という事態なのであって，私たちの生活の一コマ一コマは，それぞれが記号論的な場として日々組織され営まれていると言ったらよいでしょうか．

　そして，ソシュールにおいて提唱された「記号の学」が，真に社会の読解の学として一般性をもつにいたったのは，単純で均質な一次的記号系ではなく，二次的な複雑な記号系を対象に分析・研究が行われるようになってからです．

　イエルムスレウによって提唱され，バルトが発展させた「コノテ

図6　ロラン・バルト「コノテーションの図式」

[「言語体系」(Langue) における一次的な意味作用 (1. 2. 3.) である「デノテーション」に対して，「神話」(MYTHE) は，一次的な記号 (3. signe) をシニフィアン (I. SIGNIFIANT) にもつ二次的な記号作用 (I. II. III.) の「コノテーション」である.]

ーション」の理論が，複雑で重層的な記号体系を扱う際にひとつの手がかりを与えました．イエルムスレウによれば「コノテーション」とは，記号化されていない体系を記号表現（「表現質料」）にもつ「デノテーション」に対して，すでに記号化された実質を記号表現（「表現形式」）とする二次的な記号体系のことです（図6「コノテーションの図式」参照）.

　例えば，「魚」という記号には様々な神話的・文化的イメージが結びついています．そのレヴェルがコノテーションです．図3のクレーの魚の絵が第一の記号化だとすると，そのようにして記号化された魚は，「魚のまわり」（図7）においては，さらに上位の神話的形象との関係におかれ，「魚」の二次的な（つまり神話的な）意味作用が生み出されることになります.

　私たちの意味活動を構成している記号系は複数的であるばかりか，このように二次的・三次的に重層化していて，一つの記号実現は，より上位の記号系との関係で様々な意味作用を帯びることになるのです.

　「神話」とか「イデオロギー」と呼ばれるものが，そのような二次的な記号活動のあり方だとバルトは考えました．かれの『神話作用』は，そのようなコノテーションの記号学を使った現代社会の神話の最初の分析でした．ここで重要なのは，「文化」という次元が，まさにこのような二次的な記号活動によって成り立っているということです（現代ロシアの記号論グループ「モスクワ - タルトゥ学派」によ

図7　パウル・クレー「魚のまわり」（1926年）

れば，文化とは，「二次的な言語活動」であるとされます）．そして私た
ちの意味活動は，デノテーショナルなレヴェルだけでは決定されず，
つねに二次的な意味作用との関わりにおかれている．そして，その
高次な意味作用はたえず変化を引き起こしていて，それが私たちの
意味活動の文化的無意識を作り出していると考えられるのです．
「文化記号論」といった学問が要請されるのもここなのです．

　さて，方法としての記号が真に発見的な価値を持った時代は，構
造主義の全盛時代，1960年代半ばまでであるといわれます．

　発見の方法論的な原理としての構造が，ある認識論的なアポリア
を呈してしまうという事態が起こったからです．それが「閉じた構
造」のアポリアです．

　記号はつねにシステムにおいて働き，記号による意味の出来事は，
つねに同一のシステムによる反復に規定されているという考えが，
「構造」概念の出発点にはありました．この考え方は，それぞれが
単独で固有な意味の出来事をシステムの「構造的同一性」のなかに
閉じこめます．ある意味実現を理解するには，意味生成のメカニズ
ムを規定している決まりである「コード」を理解すればよく，その

コードは，意味実現に参加しているすべての行為者に等しく共有されている，という考えがそこにはあります．例えば，コミュニケーションをコードの共有による対称的な活動であると考えたり，あらゆる意味実現は，同一のコードにより解読可能であると考えるとすれば，そこには，もはや，「他者」や「外部」や「単独性」を消去した「閉じた構造」しかないということになるのです．あるいは，個々の意味実現をシステムの一般性のなかに解消することにより，それぞれの意味活動の出来事性，単独性を消去するというマイナスをもたらすということもあります．じじつ，「消費社会」や「情報化社会」と呼ばれ，「記号」がひとつの支配原理となった私たちの社会では，そのような記号やコードの規則によって，私たちの意味の単独性は消去され，コミュニケーションは外部や他者に対して閉じてしまっていないでしょうか．記号の思考のアポリアは私たちの世界のアポリアでもあるのです．

　構造主義を超える思考として「ポスト構造主義」と呼ばれる思考が1960年代半ばから登場してきたこともよく知られるところです．そして，ポスト構造主義のテーマのひとつに，記号や構造の概念の批判あるいは脱構築があったことも忘れられません．ここでは，そのような議論の詳細に立ち入ることは出来ませんが，このアポリアを超える可能性を一つだけ示すことによってこのレッスンを終わることにしたいと思います．というのもそれは，構造の発見の基礎にあったかたちの思考をもう一度考え直してみることから始まるように思えるのです．

　再び，クレーの「歌手のホール」（図5）の例にもどってみましょう．クレーにあるのは，じつは，閉じた構造とはちがうかたちの思考の実践なのです．画家が「非分割的な（＝個的な）線」と呼ぶかたちの固有の布置の差異線にしたがって，この図では，つぎつぎに新たな分節のシステムが現れ，差異線を導いてゆく．ここでは，複数の分節のシステムが共存しながら，しかし，ひとつのトータルなシステムをつくることは決してなく，つねに局所的な反復であり続けながら，そのつど固有な布置を描き出してゆく．そのようにし

図8　クリスチャン・モルゲンシュテルン「夜の魚の歌
―最も深遠なドイツ詩」(1905 年)

て，かたちの差異と反復による構造変換の無限のヴァリエーション
が繰り広げられてゆくのです．

　このような局所的な差異化と反復の運動は「リズム」とクレーに
よって名づけられています．リズムは，ここでは，同一なものの規
則的な反復のことではありません．リズムの語源である「リュトモ
ス」は，もともとは，「かたちの形成運動」という意味ですが（ク
レーならば「造形運動」と言ったでしょう），そのような語源的な意味
で，かたちとリズムの問題は考えられるべきなのです．リズムはつ
ねに局所的な反復のシステムを作り出してゆきます．そして，その
局所的な分節のシステムを通して，「かたち」が差異の出来事とし
て，そのつど単独な布置を描き出し変異してゆく．クレーにおいて
は，構造は，たえず，複数性，断片性へと開かれてゆくのです．

　このようなかたちの運動，それが分節する関係性の局所的で複数
的な展開によって，私たちの意味の出来事は，つねに新たな開放系
へと導かれてゆくことができる．記号現象をそのようなリズムにお
いて思考すること，それこそが，構造を考え直すためのひとつの手
がかりを与えてくれるかもしれないのです．

　最後に，ことばと記号の出来事をリズムとして描き出して，クレ
ーの「魚」とほぼ同じ水準でかたちとリズムの問題を提起した作品
の例を示して終わることにします．⌣と‒という2つの記号のたわ
むれだけからでも，かたちの出来事としての詩，「夜の魚の歌」が

生まれるという例です（図8）.

参考文献

本文中，ソシュールの『一般言語学講義』は，F. de Saussure, *Cours de linguistique générale*, éd. par T. de Mauro, Payot, 1978 から引用. ヤーコブソンは，ロマン・ヤーコブソン『一般言語学』（川本茂雄監修，みすず書房，1973 年）中の論文「音声学と音韻論」を参照. バルトは『神話作用』（R. Barthes, *Mythologies*, éd. du Seuil, 1957/1970, 邦訳は現代思潮社から抄訳で刊行），レヴィ゠ストロースは，『神話学第 3 巻：料理法の起源』（Cl. Lévi-Strauss: *Mythologiques : l'origine des manières de table*, Plon, 1968, 邦訳未刊），グレマスは『構造意味論』（田島宏・鳥居正文訳，紀伊國屋書店，1988 年）を参照しています.「リズム」に関しては，E. Benveniste, *Problèmes de linguistique générale*, éd. Gallimard, 1966 中の論文 "La notion de 'rythme' dans son expression linguistique"（未邦訳）が基本文献. それを発展させたリズム論としては，H. Meschonnic, *Critique du rythme*, Verdier 1982（未邦訳）があります. クレーと記号については，R. クローン／J. L. ケナー『パウル・クレー　記号をめぐる伝説』（太田泰人訳，岩波書店，1994 年）.

20 世紀この 1 冊！

1916 年　フェルディナン・ド・ソシュール『一般言語学講義』（小林英夫訳，岩波書店，1972 年）

20 世紀における知の「コペルニクス的転回」をもたらした書. 20 世紀は「ことばの世紀」であったといわれていますが，「記号」，「意味」，「システム」，「形式」，「価値」，「差異」など今世紀の知の問題系のあらゆるトピックが，たしかにこの本のなかに読めるのです. しかし，この本は，師の死後，弟子たちによる講義ノートから合成されたもので，ソシュールの思考は残された言葉の断片から遠い朝の光のように浮かび上がってくるのみなのです. だから，この「世紀の 1 冊」は存在しない夢の書物でもあります. そういえば，パース，ウィトゲンシュタイン，ヤーコブソンら今世紀における「ことばの知」の天才たちのだれひとりとしてことばについての体系的な著作をついに完成させることはなかった.「ことばの問題」は，あまりに世紀と一致して，わたしたちの知をいぜんとして強くとらえているのです.

多元的論理に向かって
ダブル・バインドからカオスまで

■

複雑さ，それがこの第Ⅲ部のキーワードです．単純さに対して，ですが．もっと正確に言えば，単一の原理に対して複雑さを記述する論理，ということ．それがこの世紀になって，いよいよ表に現れてきたのです．何だか，私たち，これまでにない複雑な時代を生きているようですね．──でもそれは考えすぎじゃないかな，だって，人の世はいつも複雑だし，自然も訳が分からなく複雑に見えたのが，天才によってすっぱり明快に切られてきたんだから……．それがそうではないんですね．つまりこれまでだったら考え抜いて単純な原理を探し出せたのに，そんなのは見つかりそうもない．なぜなら，その事態の性質そのものが「複雑さ」を持っているのですから．複雑さを単純さへと還元して大事なものを取り落とすことのないように，複雑なものを複雑に表す方法を発明する．ここの6つの論理はそうした目的のために20世紀の論理空間に同時多発的に現れて星雲をなしています．（**F**）

こころを生けどる論理
ベイトソンと**精神のエコロジー**
■

佐藤良明

■あることを規定したり，決定したりするのが論理です．しかし，われわれの生きた世界の現実には，しばしば決定不可能な事態が起こります．現実は言葉の一元的な論理を超えてしまうのです．では，われわれの生きた心の複雑さに対応する論理はどのように発明されるのか？（**K**）

テストの言葉，現場の言葉

【問1】 次の文章の内容に最もよく合っているものを，下の①〜④のうちから1つ選べ．

　"I love flowers," Jane said, when John gave her a bunch of red roses. "And these are my favorite. Thank you very much."

① Jane only liked roses.

② John was Jane's favorite.

③ Jane liked roses better than any other flowers.

④ John liked roses better than Jane did.

　センター試験がまだ「共通一次」といっていたころ，実際に出た問題です．③を正解にした人は，その答えに至った論理の道筋を頭のなかでたどってみて下さい．こんな具合でしょうか．

　Jane said "these are my favorite." 　（所与の条件）
　these＝roses 　（指示関係）
　favorite＝liking something above other things
　　　　＝liking it better than other things 　（定義より）
　Therefore, Jane likes roses better than（any）other flowers.

要するに等号関係に基づいた代入・置換の操作をすればいい．たどっていくのは論理の一本道．スッキリとして気持ちはいいですね．

でも，それはテストの中だけの話だということを僕らはみんな知っています．だって，しずかちゃんのところに花を持っていったノビ太君が，「わたしこれ大好きだったの．わあ，ありがとう！」と言われて，「なんだい，しずかちゃんたら，バラしか好きじゃないの?! ぼくのことはどうなんだい?!」とは，まさか反応しない．そうではなく，ポワーンとしてしまうのだとしたら，その時伝わっているのは，②に類する情報であるわけです．

問題への対し方として二通りの構えがある，といっていいでしょう．ふつうのペーパーテストで（出題者と解答者両方に）要求される構え，これを仮に「見固めの構え」と呼ぶことにしましょう．問題の枠組みを厳密に定めて，余計なことは全部その外側に押しやる．ジェーンの気持ち，嘘や冗談を言っている可能性，この場の雰囲気，それまでの経緯，二人の性格，その関係……，そういうものは全部排除して，直接知覚できる言葉と行為だけからなる世界に向き合う．そして行為や言葉自体の文字どおりの意味を追っていく．

でもそれでは現実に起こっている「気持ちの伝達」が抜け落ちてしまいます．コミュニケーションというものは「見固め」ようとしてもうまくいかない．むしろ，より大きなコンテクストへと目を「見開いて」いかなくてはならない．だってジェーンは，(a)ジョンにつきまとわれるのが嫌で，かといって受け取らなかったら何されるかわからないから，一応社交辞令を言って場をとりつくろっている，のかもしれないし，(b)わざと芝居風に大げさに喜んでみせて，皮肉の意味を伝えようとしているのかも，あるいは，(c)本当はジェーンもジョンが好きなんだけど，花言葉で愛を告げるとかいうクラシックなのは趣味じゃなかった．で，「なによこれ，気持ち悪いよ．もっと，いきなり抱きしめるとか，ロマンチックにやってよね」と言いたいのだけど，彼女の方も屈曲していて，それをストレートに言ってあげるのもシャクなものだから，わざととりすました表現をしてすねて見せている，のかもしれないのです．

こんな厄介なグチャグチャした世界を，どうやって論理的に引き受けることができるのか．実生活のなかで，とても複雑なメッセージを苦もなく伝え合っている僕らが，そのしなやかさを失わないまま科学をやっていくことは可能なのか．それには，どんな論理を発明していかなくてはならないのか．

平面的論理から階型の論理へ

　まず，コミュニケーションの世界に段差を導入するところから始めましょう．「目は口ほどにものを言い」と言いますが，その「目によるもの言い」と「口によるもの言い」は，同じレベルにあるとは言えません．目だけじゃなく，眉の動き，頬のひきつり，顔色，そぶり，手の振り，口調，抑揚，息の吐き方などなど，種々様々な「ノンバーバル・メッセージ」を受け取りながら，僕らは相手の真意を画定しているわけです．

（ふん！）：「おたくの坊ちゃん，出来がよろしいから，ホホホ」
（なあんちゃって）：「木村君，アイシテル」

　ここで左辺に括弧に入れて表記したものは，態度，気持ち，場の雰囲気，そういったものに貼られるレッテルです．「目」に現れるのは，そのレベルのメッセージであって，これは言葉によって運ばれる個々の具体的な情報の上位にあると考えられます．
　つまり，「目」からのメッセージは，「口」からのメッセージがどう解釈されるべきかを指示する「メタ・メッセージ」として機能するということです．メタ・メッセージは，「あーら，冗談よお」とか，言葉になって出てくる場合もありますが，この場合も，「冗談よお」というのがそれ自体冗談でないことを確かめようとするなら，やはりおのずと顔に現れる非言語情報が参照されることになるでしょう．
　しかし「メタ」なレベルでのシグナルの見定めがつけば，それで発話の意味は明確になるか，というと，事はそれほど簡単にはいきません．さっきの問題をもう一段突っ込んで展開してみましょう．

【問2】 次の文章の内容に最もよく合っているものを，下の①〜④のうちから1つ選べ．

"I love flowers." Jane's voice was trembling as John stood holding a bouquet of red roses. "Especially ROSES! THANK YOU VERY MUUUCH!" She banged the door right on his face. Through the door John could hear her crying.

① Jane loved flowers but hated John.

② Jane loved John but hated flowers.

③ Jane loved John but hated herself for loving him.

④ Jane loved herself so much that she hated the fact that she was in love with a boy like John.

どうですか？ 答えを絞れといっても無理ですよね？ 声のふるえ，相手を拒絶するようなドアの閉め方，そして泣き声．これらが鍵になってジェーンの発話と行動の意味が一義的に決まってくるかというと，そうはいかない．もっと大きなコンテクスト，すなわちこれまでの二人の関係やその移り変わりのようすが分からなければ，二人の間で交わされる言葉の意味も，それに付随するノンバーバルなメッセージの働きも，何も決まりません．情感，態度，場のムード，といったレベルのさらに上位に，その場その場で変わることのない（変わるには一つの季節くらいの時の経過が必要となる）関係性のレベルを設定することが，論理的に，必要になってくるようです．

抽象論理と生きた世界

この厄介な問題はあとでまたじっくり考えるとして，ここで，純粋な論理学の世界で，論理のレベル分けという考え方が生まれた経緯に，簡単に触れておきましょう．

「ウソつきのパラドックス」という，古代ギリシア以来人びとを楽しませてきた論理膠着があります．「私はウソしか言わない」という人のこの言葉は，ウソなのかホントなのか．それに答えようと

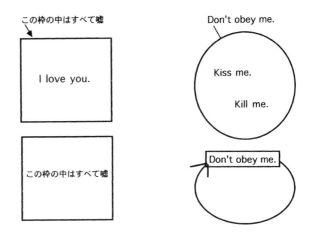

すると，とんでもない錯綜の中にはまってしまうことになります．というのも，もしそれがウソなのだとしたら，この人は事実ウソをついたわけで，「ウソしか言わない」という言明はウソじゃなかったということになる．でも，だとすると，ホントのことを言ってしまったわけで「ウソしか言わない」というのはウソになる．したがって……．いや，どこまでいっても終わりがきません．If untrue, then true ; if true, then untrue というループの中を論理は無限に堂々めぐりするばかり．もうひとつ，こんな例はどうでしょうか．

「私の言うとおりにするな」

今世紀はじめ，ラッセルとホワイトヘッドという二人の哲学者が，この種のパラドックスを切りさばくのに，次のようなルールを打ち立てました．たとえば "Don't obey me." という言明を，それが効力を持つ間に発せられる個々の指令（"Kiss me." とか "Kill me." とか）をメンバー（要素）とするクラス（集合）全体のレベルに置く．つまり，「これからいろんなことを言いつけるけれど，どれも真に受けてはいけないよ」という不服従のコンテクストを設定する発話として捉えるわけです．そうした上で「クラスはそれ自体のメンバーになれない」という決まりを立てる．両者は論理階型（logical types）が違うのであって，けっして同列に並べてはならないと．

そうすればパラドックスは回避されるでしょう．不服従のコンテクストに含まれる個々の指令のなかに不服従の指令自体を入れてはいけない．舟木君や西郷君や三田君がすわっている3年1組の教室に，「3年1組」自体がすわっていてはいけないというのと，同じ話であるわけです．

　ところが現実のコミュニケーションの世界で，論理階型の違いを意識していくのはなかなか容易ではありません．世界を「見固める」ことに慣れてしまった目に，次の問題は難問と映るでしょう．

【問3】　中を探ろうとして首をつっこむとビリッと電気が走る箱をたくさん用意して，そこにネズミを放つと，ネズミは電気ショックにお構いなしにいつまでも探求を続けるという実験データがある．
　（1）　それはなぜか．ふつうなら電気ショックを与えられると，その行動はとらなくなるのに，「探求」に対しては「負の強化」が効果を発揮しないのはなぜか．
　（2）　ネズミに探求しない方がいいことを学ばせるには，どうしたらよいか．

　「探求」というのは，実は個々の行動の一つではありません．そのすぐ上のレベルにある「態度」でもありません（意を決してやっている「その場限りの探求」を別とすれば）．「探求の行動」と見えるものは，さらに高次の，「性格」と呼ぶのがふさわしいものを映し出しているのです．「好奇心の強さ」とか「生きることへの積極性」というものが，具体的行動の形で現れたもの，それが「探求」であるというべきでしょう．「性格」を電気ショックで変えるわけにはいきません．個々の犯罪に対して罰を科しても，犯罪者の犯罪者的性格はなかなか変わってくれません．

　では，その性格を変えるのにはどうしたらよいか．パブロフのイヌというのがいました．あれにしていけばいいわけです．決して努力が報われないコンテクストにずっと浸したままにしておく．自分が何をしようと関係なしに，あるとき突然ベルが鳴ってエサが出て

くるという環境に十分長い間浸しておけば，いずれ「エサを求めて探し回る闊達さ」は衰弱していくことでしょう．

レベルの混乱，こころの破綻

さて，僕らは，コミュニケーションの宇宙に３つの階型レベルを設けました．

Ⅰ 相互作用の個々の項目——何をするのか，何を言うのか，のレベルです．

Ⅱ 個々の行為や発話の意味を定める，情感，態度，場，などのレベル．

Ⅲ 関係性のレベル——愛，闘争，支配，従属，依存，信頼……，みんなこのレベルの現象を記すものです．「性格」として現れる「自己」というものが形成されるのも，このレベルです．

「自己」に変調をきたしたイヌの話をしましょう．かつて実験心理学で「神経症生成実験」というのが行われたことがあります．

イヌに２枚の図形を見せます．片方は円，もう一方は楕円．この両者が識別できるとエサを与える．できないと電気ショック．イヌはしだいに間違わずに両者を識別するようになります．そうしたら問題の難度をアップする．今度は若干つぶした円と前より丸っぽい楕円を見せるわけです．そしてどんどんこれを続けていく．とうとう誰の目にも区別がつかないような２枚の図形が，スクリーンに映し出されることになります．もちろん実験者にも区別できないわけだから，「より円に近いもの」を勝手に決めて，エサを与えたり電気ショックを与えたりするほかはありません．イヌはそれでもがんばります．がんばって挫折し，がんばって挫折し，そうしているうちに，突然破壊的な行動に出るようになります．実験器具に体当たりするもの，エサを拒否するもの，実験者の命令に逆らうもの，嚙みつこうとするもの，その出方はイヌによってまちまちです．なかには昏睡状態に陥ってしまうものもいたそうです．

パブロフはこの実験結果を，イヌの脳における刺激伝播の問題と

して考えていました．行動科学がヨチヨチ歩きを始めた時代に，この実験がイヌにとってどんな意味をもつかとか，そこにイヌと人間とのどんな関係が映し出されているかとかいう問題がいっさい排除されたのは仕方ないことだったのでしょう．「客観的」な記述が可能な一片一片の行動を集めてその因果関係を述べる（つまり，あらゆる現象をⅠのレベルに「見固めて」いく）ことが当時としては「科学的」だったわけです．20世紀がだいぶ進んでからも，この傾向はますます強まる傾向にさえありました．行動主義心理学というのが登場して，ますます小さな行動の一片に客観的な目が注がれる．文学研究を「科学」にしようと意気込む人たちは，囲い取られたテキストの一語一語を分析にかけていく．情報理論家は情報量と冗長度の数量化にいそしみ，精神医学者は脳の電気的・薬学的反応の専門家として治療に当たる．

　そんな雰囲気が文化全体を覆っていたときに，階型の論理を大々的に持ち込んで，コミュニケーション，組織形成，進化などの「生きた現象」の研究を，ハードサイエンスとは違ったやり方で始めたのがグレゴリー・ベイトソンでした．「神経症生成実験」のベイトソン的説明を紹介しましょう．

　このイヌは，「識別のコンテクスト」から「賭けのコンテクスト」に移行したことに気がつかなかった——というか，気づく手がかりを巧妙に奪われてしまっていた．主人と実験室に入った時点で，イヌはがんばって問題を解くことが主人の望むことであり，ひいては自分の生存の安定につながるのだということを無意識のうちにも思い込んでいるその思いは，実験の最初の段階では確証され補強されていく．ところがいつのまにか，がんばるだけアホという状況にはまりこんでいた．だがそれに気づかないイヌはなおもがんばり，「罰」を受けつづけていく．そんななかで，それまで安定していたはずの主人との関係が脅かされてくる．

　本当にショックなのは関係破綻の脅威なのです．主人のしぐさも，彼の白衣も，実験器具の存在も，「識別せよ」という命令を発しているのに，状況全体が発しているのは，識別しようとしても無駄だ

というメッセージ．主人は「私にしたがえば大事にしてやろう」という支配と養護のメッセージを発しながら，同時に「おまえは私にしたがうことはできない」と言っている．

　これが，ベイトソンが「ダブルバインド」と呼んだ状況です．生存にとって抜き差しならない関係の中で，矛盾したメッセージがひとつに絡まり，しかもその矛盾を解きほぐせない．この状況は，人間関係の中にも現れうることは，言うまでもないでしょう．自分には愛情が欠けているのではないかと深刻に悩んでいる母親が，しかし子供にまとわりつかれるのが耐えられず，拒絶のメッセージを精いっぱいの優しさにくるんで差し出す．「ほら，もう眠いでしょ，ベッドに行きなさい」．これに子供が素直に従うと，母親は自分の愛情不足にますます不安を募らせ，子供を引き寄せるのだけれど，顔は苦痛に歪んでいる——．僕らがⅠのレベルにあるとしている発話や行為と，Ⅱのレベルにあるとしている感情や態度が，ここでは逆理的な膠着状況を呈しています．こんな関係に閉じこめられて育っていく子供は，メッセージの論理階型づけをしないことを学習していくのだとベイトソンは考えました．そして精神分裂症者のコミュニケーション行動の特徴が，まさにこの論理階型構造の崩壊という点にあるのだということを観察した彼は，その病因が，繰り返れるダブルバインド体験にあるという考えを，若い研究仲間と連名で論文にして発表しました．1956 年のことです．

①（愛してる）：（なあんちゃって）：「アイシテル」
②（ふん！）：（甘いささやき）：「アイシテル」

この表示で，左の項は関係レベルを，真ん中は「口調」を，右の項は発話内容を表わしているとします．①は「恋人たちによる楽しい恋愛告白ごっこ」と解することができます．②は「悪意の誘惑」となるでしょう．こうした論理階型づけ（logical typing）を，僕らは，ときどき混乱するにはしても，たいていは瞬時無意識のうちにやっている．その能力が失われてしまったらどんなことになってしまうでしょう．苦痛体験の連続から「目」や口調からくるメッセージを

遮蔽してしまったり，他者との関係そのものから身を引いてしまった人にとって，こちらのかけた何気ない言葉がどんな混乱へと発展しうるのか，想像してみて下さい．

関係の変革，文化の治療

そんな彼らを「治療する」にはどうしたらいいのでしょうか．「狂っている」のが実は当人ではなく，当人と親（兄弟，愛人など）が作る関係の形——ファミリー全体のこころの生態系——なのだとしたら，その全体に働きかけるのでなければ何も始まらない．これが「家族療法」の考えです．家族全体が，「患者」を水面下に押しつけることである種の均衡を保っているのだとしたら，「患者」が「よくなる」にしたがって，今度はたとえば母親が「もたなくなってくる」ということが起こりうる．ダブルバインド理論に触発されたセラピストたちは，現在も，心に問題を抱えた子供とその母親を交えてセッションを繰り返し，地道な成果をあげていると聞いています．ただし，この方法がどんどん盛んになっているという状況にはないらしい．

精神病に対するのに，脳の生理機構を見固める構えを捨てて，患者の人格全体を引き受け，さらに家族にまで関わりを広げ，みずからダブルバインディングな状況にはまりながら，関係全体を導きなおしていくというのは，とにもかくにもしんどい作業です．問題を生理化学のレベルに固定した研究からも，ある解決（薬物投与によって，身内の人の苦しみを，ともかく即刻救うこと）が得られるのだとしたら，その方向が文化的に強化されていくというのも無理からぬ話でしょう．

文化もそれ自体，ひとつの「こころの生態系」と見ることができます．たとえば最初に掲げたような問題が出され解かれ，結果が数字で算定されるということが滞りなく遂行され，それをめぐって受験業界が活性化し，全国の高校がランクづけされるということが，生徒と教師と親の夢とプライドと挫折と苦悩をみんな巻き込んだ形で進展する．この現象が映し出しているのは，明らかに文化の特性

です．【問1】に向かう全国の優秀な若者の鉛筆が，こぞって解答用紙の③に伸びていくというのは，僕にはいささか病的なことのように感じられるのですが，その背後には，ちょっと大げさにいえば，数限りない人たちによる自己存立をかけた闘いが織りなす，巨大なこころのシステムがあるのです．入試問題をいじったくらいでは，このシステムはなかなか動きません．「小論文」の普及が受験業界を活性化させ，結局テクニックを身につけるのがうまい学生の選抜に利する結果になってしまった——ということの背後にある論理を，大学教師はしっかり受けとめなくてはならないと思います．

　いきなりヘンな比較をすると思うかもしれませんが，精神科医にとっての「薬物」と受験生にとっての「出る単」は，(a)明確な目標が設定されている状況で，(b)そこに至る近道を求める結果得られた，(c)「もの」としての解決策である，という点で共通しています．それらは「こころを癒す」とか「生きた英語を育む」という時間のかかるプロセスをはしょって求められた，即効的な処方です．

　忘れてならないのは，目標を設定し，その近道を模索するという意識のあり方が，意識のあり方として，ある意味で自然なものだということです．ヒトという種が，そのような目的達成型の意識を抱えることで，環境の中での生存価を高めてきたという進化の摂理には抗えません．ただ神経症生成実験のイヌではありませんが，僕らの意識が置かれたコンテクストは，歴史の歩みの中で大きく変わってしまっている．これだけのテクノロジー・パワーを身につけた僕らが，環境問題がこれだけ深刻化している中で，なお短絡的な目的思考をひた走るとしたら，そこにはすでに病的な耽溺の症候が表われていると見るほかはないでしょう．

　個別的・具体的なものを包むコンテクストから，そのまた上位のコンテクストへ踏み上がりながら，より大きな全体がつくるパターンに対応していくこと．これはエコロジーやサイコセラピーや言語習得の場だけでなく，こころのサイエンスのあらゆる領域に必要な知の構えだと思います．

　僕自身は，最近では主にメディアとポップカルチャーのことを専

門に勉強しています．魂に直接働きかける映像メディアや音楽メディアによって，僕らの精神の生態系は，ここ数十年ほど，いまだかつてなかったほどの大きな揺れと変動を経験しています．そんな中を生きながら，自らを魅了してやまないイメージを突き放して分析しつつ，それらが，僕らの人格形成にどんな影を落としているのか分析していく──そんな知の作業に取り組むのにも，自分自身を包みこむ文化の振る舞い全体に目を見開いていく「メタ」な感覚を鍛えていくことがどうしても必要になるでしょう．

　冒頭の入試問題で，僕らは③を答とする態度から〈外〉へ向かって飛び出すことを試みました．その先に，知の荒野が，ほとんど手つかずのまま広がっているのだということを感じとってもらえたとしたら，僕としてはもう何も言うことはありません．

20 世紀この 1 冊！

1972 年　グレゴリー・ベイトソン『精神の生態学へ（上・中・下)』（佐藤良明訳，岩波書店，2023 年）

　人類学者としてスタートし，システム理論，心理学，精神医学，動物コミュニケーション，進化，発生，美学，エコロジーと，さまざまな領域をめぐり歩いてきたベイトソンの三十数年間の主要論文を網羅したズシリと重い知の遺産．1990 年に出た拙訳書（全一巻・思索社）の改訳復刊．

■対話原理

生成する複数性
バフチンとポリフォニックな〈若さ〉

■

桑野　隆

■ここで問題になっているのは，モノローグの連続的な交換としての対話ではなく，対話的状況が，原理的に，自分の意識や言葉に先行しているという驚くべき事態です．だからこそ，それは根本的なモラルにもなる．と同時に，ほんとうの〈若さ〉がなにかも教えてくれるのです．（**K**）

「イズム」としての「対話」

　「対話原理」という言葉は初耳だというひとはいても，「原理」をはずした「対話」という言葉であれば改めて説明するまでもないものと思われます．ある辞書には「向かい合って話すこと．相対して話すこと．会話．対談」と定義されていますが，この意味での「対話」であれば，私たちは日常生活でもそれなりに実践しています．なるほど，「日米の対話」とかいった場合には，具体的な二人の会話とは限らず，もう少し一般的に関係のとり方を指す場合もありますが，それでも，いわんとするところは「互いに話し合う」ということであって，辞書の定義内にひとまず収まっています．

　しかしなかには，「対話」という言葉から，いきなり「ソクラテスの対話」が思い浮かぶひとがいるかもしれません．この場合はもはや，これから述べようとする「対話原理」なるものとある程度重なってきます．それもかなり根本的な点において．この言葉は，英訳するとなれば dialogism とか dialogic principle となります．つまり「対話原理」とは「対話」を「イズム」ないし「プリンシプル」にまで高めたものです．したがって「対話主義」と呼んでもいいのですが，ここでは，より以前から使われている「対話原理」のほうを用いることにします．もちろん，ソクラテスやプラトンはこの「イズム」の先駆者です．この系譜を今日までたどってくれば，主

として哲学や宗教関係においてかなりの数の人物の名があげられることになるでしょう．とりわけ今世紀の10，20年代にはマルティン・ブーバーをはじめとするユダヤ・キリスト教関係の「対話の哲学者」が目立っております．広義でのこの流れに属し，今日も活躍中ということになれば，レヴィナスなどの名もあげられるでしょう．ほかにも，立場はさまざまにせよ，「対話」に思想的・学問的に取り組んだ者たちが今世紀には数多く登場しています．

　なぜこれほどまでに「対話」が問題になってきたのでしょうか．「それは，近代が確立してきたはずの主体性なるものが疑問視されるようになってきたためである」と答えることもできましょう．だがそれだけでは，今世紀のさまざまな思想にほぼ共通する出発点を述べたにすぎず，なにゆえ対話原理なのかという問いへの答としては不十分です．むろん，これに代わる答をすでに用意されているひともいることと思われます．しかしいまは答を急がず，まずは，対話原理を種々の分野で実践した例を見ていくことにしましょう．

　具体的には，ロシアの思想家ミハイル・ミハイロヴィチ・バフチンをとりあげることにします．対話原理の広がりと深さのいずれの点においても，ここまで徹底したケースは希有と思われるからです．バフチンにおいては，対話原理が，哲学・思想はいうまでもなく，文学，美学，言語学，記号論，心理学，歴史，民俗学等々，さまざまな分野でつらぬかれています．

ポリフォニー小説とモノローグ小説

　このバフチンが世界的に注目されるきっかけとなったのは『ドストエフスキイの詩学の諸問題』（1963年）でした．実はバフチンは1929年にこの本の初版を出しており，その時点で世界的に知られた可能性が十分にあったわけですが，スターリンによる知識人狩りの波に巻きこまれ，日頃の「反政府的行為」のゆえに，出版直前に逮捕され流刑の運命に遭ったことや，刑を終えたのちも一連の著作を公刊する機会が絶たれたままであったことなどが災いして，30年以上も遅れての注目とあいなったわけです．この本のなかでバフ

チンは,「ドストエフスキイの小説はポリフォニー(多声音楽)である」との説を展開すると同時に,それを支える対話原理を説いています.

> 自立した溶け合っていない声や意識が複数あること,すなわち十全な価値をもった声たちのポリフォニーは,実際,ドストエフスキイの小説の基本的特性となっている.……ドストエフスキイの登場人物たちは,作者の言葉の客体であるにとどまらず,直接に意味をもった自分自身の言葉の主体なのである.……ドストエフスキイとは,ポリフォニー小説の創始者なのである.彼は本質的に新しい小説ジャンルをつくりだした.……登場人物の言葉は,作品の構造のなかで自立しており,作者の言葉と並び立っているかのように響き,作者の言葉や他の登場人物たちのやはり十全な声と特殊なかたちで組み合わさっている.

つまり,ドストエフスキイの小説にあっては,作者と登場人物が対等な関係にあって,それぞれが声や意識をもっており,登場人物と作者,あるいは登場人物どうしが対話をしているというわけです.「声をもった自由な人間」が未完の果てしない対話をつづけ,誰ひとりとして最終的な答をもたず,作者とて同様であって,対等なひとりとしてこの際限なき対話に加わっている――この点にこそ,ドストエフスキイが文学史上に占める独自性はあるというのです.

きわめて興味深いことに,バフチンによれば,これと対照的な作家がトルストイです.「トルストイの世界は一枚岩的にモノローグ的であり,登場人物の言葉は,登場人物についての作者の言葉によってしっかりと枠づけられて」いる,つまりトルストイの場合は,一個の認識する主体(作者)があるだけで,あとは認識の客体にすぎないというのです.なるほど,そういわれてみれば,ドストエフスキイの小説とトルストイのそれを読んだときの印象の違い,ドストエフスキイによって引き起こされる眩暈のような不安定感も納得がいこうというものです.

こういったバフチンの斬新な見解は,初版,再版いずれのときも少なからず批判を招きました.それまでの常識的な見方からすれば,文学作品では全能の作者が登場人物たちを操るのであって,作者と

アレクサンドル・ロドチェンコ　吊した構成（1920-21 年）

登場人物の対等な関係などありえません．おそらくいまもなお，旧来のこういった見方に与するひとは多いものと思われます．

対話としての小説

　このあとバフチンは 30 年代には出版のあてもないままに一連の小説論を書いていますが（刊行は 70 年代），それらでは「ドストエフスキイ＝対話」対「トルストイ＝モノローグ」といったこの極端な対置が程度差の違いというかたちに和らげられる一方，今度は「小説＝対話」対「詩＝モノローグ」という新しい図式をうちだしています．小説とはそもそも対話的であるというのです．バフチンは，すでにドストエフスキイ論において，ふつうの対話のなかに

（話し手の数である）2つではなく，それ以上の声を見いだしたり，あるいは同一主体によってくりひろげられるような「内的対話」を問題にしていましたが，いまや，これはドストエフスキイひとりの特徴ではなく，そもそも小説の言葉というものは多少の差はあれ内的に対話化されているのである，と主張するようになります．詩の多くにあっては言葉の内的対話性は芸術的な目的に利用されないのに対して，小説は脱中心化であり，対話を志向しており，それは「ガリレイ的言語意識の世界の表現であり」，「単一で唯一の言語の絶対性を認めない．つまり小説は，自己の言語をイデオロギー的世界の唯一の言語・意味的中心とみなすことを拒む」というのです．

　ここではバフチンは，言葉の内的対話化に加えて，社会的な諸方言，職業や世代その他に特有の言語，諸ジャンルの言語その他を芸術的にまとめあげている点，つまり「多言語性」も，小説の大きな特徴であることを強調しています．にもかかわらず，これまでの文学史や詩学はこういった内的・外的双方の対話性を軽視してきており，それがために小説をしかるべく位置づけられずにある，というのです．バフチンによれば，この根本原因は，詩学自体が，あるいはその背景にある言語観そのものがモノローグ的であったことにあります．アリストテレスの詩学にはじまり，アウグスティヌス，中世の教会，デカルト，ライプニッツ，フンボルト等は，それぞれにニュアンスを異にしているとはいえ，社会・言語的，イデオロギー的現実の求心的な力を表現していることに変わりはない，というのです．言語と言語の対話的関係ではなく，「ある支配的な言語（方言）による他の諸言語に対する勝利や，ある言語による他の諸言語の排斥や奴隷化，真理の言葉による啓蒙，文化と真実の唯一の言語への未開人や社会的下層の吸収，イデオロギー的体系の規範化，死せる，事実上単一の言語（死せるものはすべて単一である）を学び教える方法を備えた文献学，多数の言語から単一の祖語を再建しようとする印欧言語学——これらすべてが，言語学的・文体論的思考における単一言語なるカテゴリーの内容と力を規定してきた」というわけです．さらにこの批判は，言語学や文学・芸術研究の範囲外に

も広げられています．

　　意識をモノローグ的にとらえる態度は，文学だけでなく他のイデオロ
　ギー的創造物（芸術，道徳，政治，その他）の領域でも支配的である．
　意味あるもの，価値あるもののすべてが，いたるところで，ひとつの中
　心──担い手──のまわりに集中している．すべてのイデオロギー的創
　造物は，ひとつの意識，ひとつの精神のありうべき表現として考えられ
　受けとめられている．……モノローグ原理の強化とイデオロギー的生活
　の全領域へのその浸透を近代において促したのは，単一で唯一の理性を
　崇拝するヨーロッパ合理主義，とりわけヨーロッパの芸術的散文の基本
　的なジャンル形式が形成された啓蒙期である．

　このようにバフチンは，近代のイデオロギー一般に深く根をおろ
しているモノローグ原理を問題にしていました．これを克服して対
話原理を浸透させることこそがバフチンの狙いであったわけであり，
小説論だけでなく言語学，心理学，哲学，美学，歴史学その他にお
けるモノローグ原理の支配を批判する一方，対話原理にもとづいた
新しい諸学の構築をみずから図ることになります．

対話としての言語

　死の直前の70年代半ばに明らかになりはじめたことですが，バ
フチンはすでに20年代後半に，文学研究方法論や，言語論・記号
論，フロイトの精神分析などをめぐっても書いていました．ただし
当時は，仲間のヴォロシノフやメドヴェジェフの名を借りて公にし
ています．この辺の複雑な事情はここでは略しますが，それらの著
作を見ますと，この時期のバフチンはまず第1に，言葉の真のあり
ようとはいかなるものであるかを問題にしていることがわかります．
　バフチンによれば，「言葉とは，私と他者とのあいだに渡された
架け橋」であり，「片方の端を私が支えているとすれば，他方の端
は話し相手が支えて」いるのであって，「言葉は，話し手と話し相
手の共通の領土」です．言葉をも含む記号一般は間個人的領域にお
いてはじめて発生しうるものである，とも述べています．したがっ
て，こうした対話的関係のなかでこそ言葉をとらえるべきであるの

に，これまでの言語学は，ラングのような抽象的体系を対象としたり，パロールを個人的な発話行為としてとらえており，いずれにせよモノローグ的である，と批判します．これに対してバフチンは，言葉が対話（言語的相互作用）という社会的出来事のなかでもつダイナミズムをとらえていこうとします．そうすることによって，たとえば同一の言葉が賞讃にも罵言にもなりうるというようなアンビヴァレンス（両面価値性）の問題にも取り組めることになります．こういった考えは，のちの言語行為論，ディスクール論などの先駆ともいえますが，バフチンの場合，権力には言葉本来の「多アクセント性」「多義性」を「単一アクセント」「単義」のものに装う傾向があることへの鋭い批判が伴っています．

　また，バフチンによれば，対話は，顔をつきあわせての直接の言語的交通だけでなく，印刷物たとえば本どうしのあいだにすらもありえます．それらは「互いに無関心ではなく，どれも自足してはおらず，互いを知っており，相互に反映しあっている．……それは，先行のもろもろの発話を反駁したり，是認したり，補足したり，それらに依拠したり，それらを既知のものとみなしたり，なんらかのかたちで考慮に入れたりしている」というのです．こうした見方は，バフチンをいちはやく西欧に紹介したクリステヴァを中心に，「テクスト相互関連性（intertextuality）」として活かされていきます．いかなるテクストにも他者がすでに入りこんでいるとのこのバフチンの立場は，具体的には直接話法や間接話法，自由間接話法などのように形式面にも「他者の声」が示されているもののほか，必ずしも形式化されているとは限らないパロディ，様式化，スカース（語り），さらには「隠れた論争」，「隠れた引用」その他の分析となって多面的に展開されています．

　さらには，バフチンによれば，意識もまた言語化されています．つまり，意識とは，対話という社会的交通のなかで生まれてのちに内部に入りこんだ言語，つまり「内言」である，というのです．

他者との対話

　このように 20 年代後半にうちたてた対話的言語論こそが，バフチン的対話原理のその後の展開にいっそうの広がりと深みをあたえることになります．ただ，対話原理そのものの萌芽はすでに 20 年代前半の著作に認められ，たとえば美学に関して，「ただひとりの参加者のもとでは，美的な出来事はありえない．みずからを超越する何ものも持たず，また外部にあって外部から限定するものを何ひとつ持たない絶対的な意識は，美的なものとなりえない．美的な出来事は，二人の参加者があってはじめて実現するのであり，2 つの一致することのない意識が前提となる」として，他者の役割を強調しています．バフチンによれば，この他者は私と一体化するようなものであってはなりません．私と同じことをくりかえすだけなら，それは他者ではないのです．したがって，「感情移入」や「共体験」の美学は「貧窮化理論」として批判されることになります．

　のちに，この基本的立場は，美学以外の分野にも広げられていきます．これは，言語的交通を含め，創造的な行為・出来事のすべてに当てはまるというわけです．たとえば文化研究に関してもいえます．他者の文化をよく理解するには，そこに移住して，自己の文化を忘れ，その他者の文化の目で世界を見なければならないとする考え方がありますが，バフチンによれば，それだけであれば理解もただの複製におわりかねません．

　　理解にとってきわめて重要なことは，創造的に理解しようとしているものに対して——時間的，空間的，文化的に——理解者当人が外部に存することである．自分の外貌さえ人間は当人ではほんとうに全体を目にし意味づけることはできないのであって，いかなる鏡も写真も助けとならない．……他者の文化は，もうひとつの文化に見られてはじめて，みずからをより十全に深く明らかにする．……ひとつの意味はもうひとつの他者の意味と出会い，触れ合うことで，みずからの深みを明らかにする．両者の意味のあいだでいわば対話がはじまるのであり，この対話が意味や文化の閉鎖性や一面性を克服する．

「外在性」がもちうる「余剰」（さらには「責任」）を重視したこの見方は，私たちの内外両面にわたる異文化の理解に重要な示唆をあたえるものと思われます．バフチン自身による具体例としては，全体主義が猛威をふるっていた 1940 年に完成された『フランソワ・ラブレーの作品と中世・ルネッサンスの民衆文化』（1965 年刊）があげられますが，そこでは，公式文化と非公式文化（民衆文化）の対置を独自のカーニヴァル（民衆の笑い）論と絡み合わせることによって，近代のモノローグ的文化観の一面性を根底的に衝いています．これに限らず，バフチンがさまざまな分野で実践してきた対話原理は，既成の文化観や歴史観の変更にすでに十分に寄与してきたといえましょう．私自身の経験でいっても，当のロシアにおいてタブー視されがちであった文化史・精神史上の成果，たとえば前衛文学・芸術を再評価し，さらにはそれらと民衆文化の関係を見直すには，バフチン的対話原理は不可欠のものでありました．

闘争としての対話

　つまるところ，バフチンにとっては，存在そのものが対話にほかなりません．この点では，ブーバーの名を浮かべるひとも少なくないでしょう．いやこれに限らず，バフチンの著作のあちこちには，ブーバーのいう「我―汝」や「出会い」をほうふつさせるような人格主義的側面もうかがわれます．ただしバフチンの対話原理には，ブーバーのいう「永遠の汝」のような最終的答は必要ではありません．「真理が開かれるのは，対等な複数の意識が対話的に交通しうる過程においてである．しかもそれは部分的にしか開かれない．究極の問題をめぐるこの対話は，真理を考え，求める人類が存在する限り，おわり，完結することはありえない．対話の終焉は人類の死にひとしかろう．すべての問題が解決されたならば，人類にはもはやそれ以上生存していくための刺激がなくなるであろう」と，バフチンはいいます．このようにむしろ問題や矛盾を抱えていることに積極的な意義を見いだすバフチン的対話は，日本語の「対話」という言葉がかもしだす調和や妥協といったようなニュアンスを伴って

いません．それどころか，バフチンは「対話」を「論争」「闘争」などと並列させることもよくあります．「理解しようとするものは，自己がすでに抱いていた見解や立場を変える，あるいは放棄すらもする可能性を排除してはならない．理解行為にあっては闘いが生じるのであり，その結果，相互が変化し豊饒化する」のです．また，対等な両者が交わす際限なきものとなっているバフチン的対話は，最終的な答を引きだそうとするヘーゲル的弁証法にも否定的ですし，「真理を知り，所有している者が，それを知らず，まちがっている者に教えるという……教育的な対話」にも批判的です．

　いうなれば，バフチンはきわめてデモクラティックです．もっとも，このように「脱中心化」とか「デモクラシー」，「際限なき対話」などというと，バフチンの対話原理は相対主義の一種に思われてくるかもしれません．しかし，バフチンが強調するところによれば，「相対主義も教条主義も，あらゆる論争，あらゆる真の対話を，不必要とみなしたり（相対主義），不可能とすることによって（教条主義），ひとしく排除して」います．バフチンのいう対話は，これらとはまったく別のものでありました．ドストエフスキイ＝ポリフォニー論への批判に対して，「われわれの視点は，なにか作者の受動性のようなものを主張しているわけではない．……作者はきわめて能動的なのである．ただし，その能動性は特別な，対話的性格をおびている．……それは問いかけ，挑発し，応え，合意し，反対したりする能動性，つまり対話的能動性なのである」と反論しています．要するに，バフチンは「対話的能動性」でもって「対話的真理」を下からきずきあげるべきであると考えているのです．

対話する若さ

　このようなバフチン的対話原理をつらぬくには「若さ」が必要です．バフチンは，小説が他のジャンルとは異なり，唯一，生成中の未完のジャンルであることに着目していますが，その際，小説のように「みずからが生成しつつあるもののみが生成を理解できる」として，既成のジャンル体系に収まりきれない小説の「若さ」，「未熟

さ」をむしろ積極的に評価しています．と同時に，小説の場合の発達とは，「対話性の深化，拡大，洗練にある．中立的にして確固としており（〈石のごとき真実〉），対話のなかに引きこまれていないような要素はますます減少してゆく．対話は分子の深み，さらには原子内の深みにまでも浸透してゆく」とも述べています．つまり，成長とは，心身の隅々にまで対話的関係が浸透してゆくことにほかなりません．

　むろん，これに対しては，現実にはそういった動的関係を能動的に受けとめることは必ずしも容易でなく，むしろそういった関係が疎ましいばかりか抑圧的にすら思えることもあるのではないのかとの反論も考えられます．だがそうだとしても，その一方では，バフチンが1963年版のドストエフスキイ論をしめくくっているように，「現代の科学的意識は，蓋然性の世界という複雑な状況下で自分を位置づけることを修得しており，いかなる不確定性にも困惑しなく」なっていることも事実です．いまや，芸術や学問その他の領域でも，対話原理が受け入れられる素地は，広がってきているわけです．

　バフチン自身は，一貫性に欠けるところも見られるものの基本的には，対話的状況を本源的とみなしているといえます．これに対して，モノローグ状態をこそ本来的とみなして，それを克服するために対話を求める立場もありますが，バフチンの場合はそうではありません．たとえば，ドストエフスキイは「出口なき孤独の文化の一切に対立している．彼は，孤独はありえず幻想であると主張する．人間の（外的，内的双方の）存在自体がどこまでも奥深い交通なのである．在ることとは交通することにほかならない．……資本主義は特殊な型の出口なき孤独といった意識のための条件を生みだした．ドストエフスキイはこの悪循環する意識の欺瞞性を余すところなく暴いてみせた」と述べています．

　ドストエフスキイだけでなくバフチンにとっても，モノローグ状態のほうが幻想なのです．にもかかわらず，近代は，生き方をはじめ，学問や芸術，文化その他あらゆる面にわたって，「他者」をモ

ノ扱いするモノローグ原理を基準としがちでした. このことへの深刻な反省, 強い危機感がバフチンをして可能な限りの諸分野で対話原理の回復を図らしめたといえます.

　その試みは, バフチン亡きあと世界各地で引き継がれていますが, 私たちもまた, みずからを生成・闘争状態において, 既成の学問観や芸術観, 文化観等を対話原理でもって見直してみることです. あるいは, 実際に対話的創造に取り組んでみることも考えられます. もちろん, いずれの試みにおいても, 他者に対する豊かな想像力が欠かせません.

20 世紀この 1 冊!

　　1965 年　ミハイル・バフチン『フランソワ・ラブレーの作品と中世・ル
　　　　　　ネッサンスの民衆文化』(川端香男里訳, せりか書房, 1973 年)

　この本には拙論でも触れましたが, 元になった「リアリズム史上におけるラブレー」は 1940 年に学位請求論文として提出されていたにもかかわらず, 陽の目を見たのはなんと 25 年後でした. 最近明らかにされた当時の審査記録やその後の複雑な経過は, まさにドラマです.「民衆の笑い」や「グロテスク・リアリズム」,「カーニヴァル」を語ることが即「異端」であったわけです. しかしそれと同時に, 本書の異端性はなにもスターリニズムを背景にした場合に限られるものでは決してありません. そこで説かれている「非公式文化」論は, 近代に支配的な文学観, 歴史観の狭隘さへの根底的な批判たりえています.

紫上の運命を縫いつける

『源氏物語』の「語り」と「物」

■

藤井貞和

■物語はわれわれの日常の生にもっともよく似通っています．つまり，そこでは，すべての関係がけっして単一な線型論理に還元できない複雑な様相を呈しているのです．そして，その複雑さを通して，ひとつの運命が鮮やかに浮かびあがってきます．（**K**）

はじめに

たしかに，娯（たの）しみとして物語作品に接することは，ごく一般に行われているところです．しかし，今日という時代がわれわれに強いてくる先端としての《読み》なら，いくつかの問題の群を意図して編み出すことによって，隠されているらしい《物語の論理》を発見するという方法が，大切なそれとなっています．

われわれの生活世界や制度の世界は，物語状にできている，といえるでしょう．会話，電話，会議，言い張ることと言わないでいること，証言と偽証，論争あるいは口げんか，裁定あるいは判決文，講義や広告などの誇大化，荘厳化，卑小化その他，それらはだいたい語り（説得する力のある言語活動）を伴う行動として生きられ，伝説や「昔話」や世間話というかたちをとって現象するということが多くて，普通ばらばらに行われているそれらを，現代の「物語」論はまとめてみることによって，共通してわれわれの人生にどのような作用をそれらがおよぼしているかを知ろうとします．《詩》がどのように現代社会に引用されるかという課題もりっぱに「物語」論の視野にあります．

具体的には古典から現代までの叙事詩や叙事文学を論じ，または詩（歌，呪文……）のなかにすら語りあるいは語りの消滅を見通す作業が現代の「物語」論にほかなりません．本格的な時代の証言と

なっている小説を好んで取り上げるとともに，見せかけの"純"文学めく紋切り型小説が売れまくるという現象なんかをも，通俗性といった問題を立てて貪欲に「物語」論にしたてることができます．

　問題の群として，以上のように，語りの力に関することや，《詩》の引用や，といろいろにありますが，ここでは以下に，会話文とは何か，意図ということ（そのずらし……），物語のなかに制度はどのように創造されるか，表現と表情，記号物としての小道具（あるいは大道具），といったことに注意を向け，さいごに，だいじなこととして，日本語の語りの本来が示す時制や時間について，そして語り手についてもふれてゆくことにします．

　『源氏物語』は大長編ですから，最低でも 3〜4 ページを視野に入れる認識の訓練が必要でしょう．

会話する文とはどういう伝達か

　『源氏物語』の，ある会話文を取り上げます．少納言の乳母（めのと）というひとが会話主で，訪ねてきた惟光（これみつ）という名の光源氏の従者（じゅうしゃ）を聞き手にして，「ものがたり」つまり会話をしています．まず，この会話文の真意についてどこまで考えられるかという課題です．乳母の少納言は，しみじみと，

　あり経てのちやさるべき 御 宿世（おほむすくせ）のがれきこえ給はぬやうもあらむ，ただいまはかけてもいと似げなき御ことと見たてまつるを，あやしうおぼしのたまはするもいかなる御心（み）にか．思ひよる方なう乱れはべる．けふも宮渡らせ給ひて，「うしろやすく仕うまつれ．心幼くもてなしきこゆな．」とのたまはせつるも，いとわづらはしう，ただなるよりはかかる御（おほむ）すきごとも思ひいでられはべりつる．

　〔現代語訳〕年月を過ごしてのちにしかるべき（紫上の源氏の君との）ご縁がまぬがれぬことになり申されるかもしれませぬ．ただいまはけっしてけっして似合わしくないおんことと見申すのに，不可解なことを（源氏の君が）お思いになりおっしゃるのは，ど

のようなお心なのか．思い当たるすべなく混乱するのでございます．今日も，父宮がお渡りになって，「心配のないようにお仕えせよ．思慮浅く扱い申すな。」と，おっしゃったばかりであるにつけても，まことに面倒なことであると，いつもの時よりはかような（源氏の君の）おん好きごとについても思い出されてならなかったところでございます．(『新日本古典文学大系 源氏物語一』「若紫」岩波書店，190 ページ)

と言います．「心幼く」は意味をとりにくくて，「子供扱いすること」を言っているのかもしれません．ここでは「思慮浅いこと」としておきます．

　この会話文は，どうにも歯切れがわるいというのか，何か言いたいことを押し隠した感じがしませんか．乳母は，源氏と紫上とのあいだに「こと」（情事）があったかと惟光に疑われるのを心配して，この会話のあと「嘆かしげにも言ひなさず」（嘆願するような口調もしない）という状態で，惟光はそのために「いかなることにあらむ」（どういうことなのであろうか）と，内容がよくつかめないでいます．これはどういうことでしょうか．つまり表面で言っていることだけではつかめない，言いたいことがさらにこめられている，典型的な『源氏物語』の会話文なのです．惟光に心得がたいこの会話文は，当然，源氏そのひとに伝えられる，という趣向になっています．少納言の乳母は何を源氏の君に訴えたいのでしょうか．

　会話文というものは，われわれの日常においても，まさにそのように，内容をつかみにくくさせられていることがあって，状況下での複雑な人間同士や環境と人との関係を反映してやりとりされます．『源氏物語』の会話が典型的なそれであるとは，物語のうちの，環境や場面と主人公たちとの関係や，人物同士の関係が，みごとに日常の人生をかたどっていることの証拠だ，ということでしょう．

意図と，意図の付加

　物語には環境や場面と主人公たちとの関係や人物同士の関係が克

明にえがかれます．それが日常の人生に似るとは，われわれの人生
そのものが大きな《物語》を編み出していることでもあるわけで，
われわれの日常を物語にたとえる批評が世におこなわれるとすると，
まことにそれは一理あることなのです．現実の物語を読む場合に，
したがって，場面の発信してくる情報が過不足なく読みとられなけ
ればなりません．

　乳母は紫上のしあわせをばかり考えて行動する，という役割を負
っています．その乳母が，源氏との結婚をいまのところ，「かけて
もいと似げなき御こと」と強く拒否している．年齢上，若すぎる，
ということでしょうか．紫上はいま12歳ぐらいでしょう．従来の
説に10歳とある（高校の教科書などに「若紫」巻の彼女の年齢は10歳
と書かれる）のは，光源氏の目に10歳にしか見えないと本文に書か
れているのを，だれかが読みまちがえてはじまった読者の側の誤解
で，実際にはそれより上の，推定ですが，母親が亡くなって十余年
とあるから，12歳には達しています．12歳はまあ結婚を許される
年齢にさしかかるとして，紫上の場合はからだがまだ準備されてい
ない，つまり年齢よりは幼い，ということをいちばんよく知ってい
るのが，ここでの乳母だ，という設定であるらしいのです．

　乳母のことばのなかの，「今日も，父宮がお渡りになって，『心配
のないようにお仕えせよ．思慮浅く扱い申すな．』と，おっしゃっ
たばかりである．」というのは，乳母によるバイアス（bias）がか
かっている言い回しであるはずで，読み飛ばせません．

　昼間に父宮が訪ねてきたことはたしかに事実です．けれどもその
時，「心配のないようにお仕えせよ．思慮浅く扱い申すな．」と父宮
が言ったかどうか，本文にたしかめてみます．原文を省略して現代
語に置き換えると，父宮は「かような（寂しい）所にはどのように
して（紫上は）しばしもお過ごしなのか．やはりあちら（父宮の本
邸）に渡し申してしまおう．ちっとも窮屈な所じゃない．乳母は曹
司（部屋）などを控えの場所にして住むのがよかろう．君（紫上）
は若い異母きょうだいがいるから一緒に遊んでうまくやってゆかれ
るにちがいない．」と言っています．また「……あちらに渡って馴

染みなされ，など（尼君に，あるいは紫上本人に）言ったことがあるのに，むやみに（尼君は）お嫌いになって，あっちの人（父宮の北の方）としても気兼ねがあったようだから，かような（若君が庇護者をうしなう）折も折，何しなさる（継母である北の方を頼りになさる）というのも気の毒で.」とも言い，紫上がものも食べられないほど亡き尼君を慕っているので，「どうしてそんなに思いに沈んでいるのか．……わたしがいるのだから（頼りになされ）.」と言って聞かせて，帰りには，自分も貰い泣きして，「……今日明日，渡し申すことにしよう.」と返す返すこしらえおいて，ようやく出てゆきます.

父宮として，いろいろなおもわくを勘定しながら，娘の引き取りについて逡巡するところで，「こしらえおいて」（原文「こしらへおきて」）とあるように，言い繕いなだめすかしているのです．引き取りたいきもちにうそいつわりはない，というあたりの父宮の心理をうまく描写している，この《描写》こそ『源氏物語』の特徴です.

これだけの複雑な父宮のことばのうち，乳母はどの部分をまとめて，父宮が「心配のないようにお仕えせよ．思慮浅く扱い申すな.」とおっしゃったと言うのでしょうか．究極的には，父宮がそのように言ったと，言えなくもありません．けれども乳母のまとめかたはあまりといえばあまりです．乳母のまとめかたからすなおに受け取れる父親の言は，《紫上を娘として育て，ゆくゆくは結婚させるために，周囲に気をつけて，いいかげんな男が近づかないように気をつけよ.》というほどの趣旨になりませんか.

乳母のおもわくからのまとめかたであることを，こうして読者だけが知ることができました．乳母からの意図がはたらく会話文ながら，究極的な父宮の意図はその極端なまとめかたによってはっきりする．またそうすることによって乳母としては，新たな状況の展開を源氏の君に向けて図りたい，と思っている．物語の状況はそのようにして進展する，つまりここではおもわくが加えられて会話文が次へ伝わるという事情をよくあらわしているのです．そういう書き方のなされているところが，さきに言ったように，われわれの日常もまた《物語》として，まさにそのようであることの，似せ絵にな

っているのです.

疑似結婚のあやうさ

　すこし叙述をさかのぼり，場面設定のひろがりをたしかめます.
紫上は，春から秋にかけて，祖母の尼君にくっついて，京の北山
（僧坊）と京の殿（尼君の自宅）とを行き来するうちに，尼君が亡く
なり，乳母である少納言が今は世話をしています.

　忌み明けに紫上が，京の殿へ帰ってきたと聞き，源氏は訪ねてき
ます. 紫上を引き取りたい，と源氏は以前に尼君に申し出たことが
あって，尼君から，亡くなる直前に，「もし源氏の君の誠意が将来
にわたってずっと変わらぬものなら，紫上が一人前になった時点で,
かならず妻の一人に数えてくだされ.」という遺言をもらったとい
うことがあります. 応対する少納言の乳母は，紫上が，年齢よりは
幼くて，まだ二人が夫婦として立ち並ぶ感じではないことを気がか
りだ，と述べます. 源氏は，取り次ぎを介してでなく，紫上当人と
話しをしたいものです，と言いながら，和歌の一節をくちずさみま
す.

　と，紫上が起き出してきて，「少納言よ，たったいま直衣（のうし）の人が
来ていたらしいというのは，どこにいるの. 父宮がいらっしゃるの
か.」と言って，乳母に寄り添い，すわります. すだれのこちらが
わで，けはいを知った源氏が，「こちらへ.」と呼びかけますと，紫
上は，まずいことを言ってしまったことだと思い，乳母に「さあ行
きましょう，眠たいから.」と言うので，源氏は「なんでこっそり
お行きになるの. 私のひざの上にお寝（やす）みなされ. いま少し近づくよ
うに.」と言います. 乳母は「そんなありさまで……，かように何
もご存じないお年ですから.」と言って，源氏のいるほうへ紫上を
押して寄らせます.

　すだれの下から手をいれて紫上の髪をさぐりますと，自然にふさ
やかな端が源氏の手にふれてきて，美しい女性であることが想像さ
れ，つづいて紫上の手をとらえていると，そぞろにこわくなってき
た紫上が，乳母に「（だから）寝てしまおうというのに.」と言って,

むりに奥へ引き入ろうとする．すると，源氏はついてすだれのなか
へはいってしまう．乳母は「いやはや，ああ困りますよ，いまわし
いことでございますよ．」と苦しげに，からだの準備ができていな
い紫上を案じるものの，源氏は，折しも嵐になりつつある屋外のけ
しきに，自分が宿直人になろう，と言い訳をしながら，帳台にはい
りこみ，わななく若君を肌着一枚にして，一晩じゅう抱きながら，
気に入りそうなことをいろいろに話します．「さあいらっしゃれよ，
絵がいっぱいあって，ひな遊びをするところに．」と．そして翌朝
早く，源氏は「ことあり顔」（情事があったかのような顔つき）をして
出てゆきます．

　ちょうどその日に，前節に見たように，父宮が訪ねてくるのです．
　慕い泣く紫上を見ると，ほろっとして父宮は，今日明日にでも引
き取りにくるから，とこしらえ慰めて帰ります．前節に見たとおり
です．

　その日の夕方もまた源氏はやって来るでしょうか．昨夜，情事が
なかったにしろ，泊まって行ったのですから，疑似結婚のかたちを
とって，第二夜も，そして第三夜も訪ねてくるなら，通い婚となり
《正式の》結婚ということになります．ところが源氏はやってきま
せん．内裏から召しがあったと言って，夕方，代わりに惟光を派遣
します．そして交わされたのが，冒頭から見てきた乳母との会話文
でした．

　この疑似の結婚は，ここに物語作者が苦心して作り出している傑
作の場面であって，物語なら《結婚》という主要な話題をえがくべ
きだという基本に乗って，結婚でありながら結婚ではない，という
あやうくも新しい創造をこころみているところです．

　惟光は一旦戻って，源氏に復命します．源氏としては，紫上を
「ただ迎へてむ」（直接に自分の御殿＝二条院へ紫上を迎えてしまおう）
と思う．乳母の会話を惟光から聞き知っての，源氏の反応は，紫上
を一挙に引き取ってしまおう，ということなのです．「ただ（迎へ
てむ）」であって，現代語の《ただちに》（即刻に）ではありません
から，混線せぬように．この源氏の判断は，乳母の会話文の裏に言

いたかったことを正確に察知した上での反応でしょうか．それとも，乳母の考えるところを越える意外な反応でしょうか．

思う表情の表現

源氏からはさらに何度も手紙があって，暮れるとまた惟光を使いに寄越します．乳母は惟光に，「あした急に父宮がお迎えに来るとおっしゃっていたところだから（原文「あすにはかに御迎へにとのたまはせたりつれば」），心あわただしくて……．（われわれも）この蓬屋を離れるのが心細く」云々，と言葉ずくなに言って，あとは「もの縫ひ」に打ち込んでいます．

さきに父宮が「今日明日，渡し申すことにしよう．」と返す返す言い慰めて出て行った，という箇所をここは惟光に伝えています．父宮はこしらえおいて出て行ったのでした．まあ二，三日以内にまたやってきて引き取りを実行しそうな感じではありました．しかしそれを受けるのに，乳母は「あした急に父宮がお迎えに来るとおっしゃっていたところだから」と言ってのけるのです．ここにも乳母の意図の先鋭化が露骨にあるのではないですか．

乳母は，お仕えする人々たちまでも思い乱れている，とだけ言うと「もの縫ひ」に専心して，惟光あいてにこれ以上何も言いません．このような時の「物」の役割というか，縫い物ですが，注意を向けておかなければならないところであって，ある種の意味が隠されていそうです．これをわれわれが見のがす手はありません．次節に考えることにします．

源氏が左大臣宅へおもむくと，葵上はなかなか迎えに出てきません．和琴を弾いて源氏は「常陸には田をこそつくれ」という風俗歌を口ずさみます．このような《詩》の引用によって紫上を思う源氏のきもちが場面にひろがっていることを読者は知らされます．

惟光がそこへ帰ってきたので，源氏は詳しく報告を受けます．父宮の引き取りが迫っていることを知って，そのまえに自分が引き取ってしまおう，と心に決めます．ここで行動を起こす必要の切迫していることを源氏は知るのでした．惟光は源氏の決行する意志を承

ると，車の準備に向かいます．

　紫上の住む家に来て，お車をしずかに引き入れて，惟光が，妻戸を鳴らし咳払いをしますと，乳母は，惟光であるとわかって出てきます．「源氏の君がきていらっしゃる．」と惟光がいうと，乳母は「幼い人（紫上）はお寝みでいらっしゃって……．どうしてこんな明け方に君はお出でになっているのか．」と，何かのついでに立ち寄りなさったのかと思って言う．この「思って」（原文「思ひて」）は，古文の読み取りとして，「思っている表情をして」という感じでしょう．外面からのようすを言うので，語り手（書き手）が観察する乳母の表情と考えてもいいし，惟光がほの暗闇に見る乳母の表情であってもいい．乳母の内面において本当にそう思っていることが表情に出ているのか，思っている表情をして見せているのか，これだけでは分かりません．このような「思ひ」という語に注目できるようになってくれば，古文の読み取りが深まった，というところでしょうか．

「物」の記号的意味

［源氏］「宮（父宮の邸）へ（紫上を）移しなさるらしいと聞いて，そのまえに（紫上に）申しておこうとて……」

［乳母］「なにごとでござりましょうか．どのようにはかばかしいお答えを申し上げなさるのであろうか．」

　「お答えを申し上げなさるのであろうか．」は原文「御 いらへ聞こえさせ給はむ．」で，「させ給ふ」と熟すのは，一段と高い敬意をあらわす表現であるらしく，お答えし申す紫上への乳母の敬意が高く表明される言い回しだ，と考えられます．

　乳母はそう言って「うち笑ひてゐたり．」（すこし笑って座っている）．源氏が懸案について解決策をだしてくれると考えて，満足げに小さく笑い声を出して座っています．まだ明けやらぬ暗闇ですから，声から源氏は乳母のようすを知ることができるのです．

　源氏が寝室にはいるのを，乳母は止めるわけにゆきません．何心

もなく眠っている紫上を，源氏は抱きあげて起こします．紫上は，
父宮が迎えにいらっしゃっていると，寝おびえつつ思う，そういう
表情をします．源氏は「さあいらっしゃれ，父宮のお使いで参った
ところですぞ．」と，こんな場面にも冗談を忘れません．紫上が，
父宮ではなかったことだとびっくりして，恐ろしいと思っている表
情なので，源氏は「ああつらいことよ，わたくしも同じ人（父宮み
たいな者）ですよ．」とて，かき抱いて出るから，惟光や少納言の乳
母たちは「こはいかに．」（これはどういうことか）と申します．原文
の表記は「たいふ」としかありませんので，大夫（惟光のこと）で
はなくて，大輔という女房かもしれないと古来，理解されています．
そうだとすると大輔という女房や少納言の乳母が「こはいかに．」
と驚く，という場面です．

　大夫（惟光）か大輔（女房）か，何とも確言はできないところで
すが，あとにも先にもそういう侍女は書かれておりませんので，こ
こだけに出てくるのは不自然ですから，「たいふ」とは惟光のこと
だと受け取るのが無難です．とすると，惟光は源氏が紫上を連れ出
しに来たことを知っていながら「こはいかに．」と驚く，つまり驚
いて見せているのであって，同じことが少納言の乳母についても言
える．すなわち，乳母もまた「こはいかに．」と驚いて見せている
ことになります．乳母は源氏が連れ出しに来たことを察知して，他
の事情を知らない侍女たちをまえに驚いて見せる，という次第です．
乳母の期待はまさにその源氏による連れ出しにこそかけられていた
のではなかったでしょうか．

　［源氏］「……つらいことに（父邸へ紫上が）お渡りになる，と耳に
したものだから，……だれか一人，付き添いとして一緒に参られ
よ．」
　［乳母］「今日は都合が悪うございますよ．父宮がいらっしゃった
らどう申し上げればいいのやら．自然に時間が経過してのちに，そ
うなるべき（源氏の北の方になる運命にある）ならともかくも，何も
考えられないとっさの事態でございますから（原文「いと思ひやりな

きほどのことに侍れば」），お仕えする人々が困ることでしょう.」

　［源氏］「仕方がない，あとからでもきっとだれかが参るとよい.」

　侍女たちはあきれて，どうしようかと思案しあいます．少納言は，お止め申す算段がありませんから，昨日の夜，縫っていた，あの衣装類を引っ提げて車に乗り込みます．

　乳母としては，紫上の運命をまさにこの縫い物に縫いつけていたのでした．むろんその縫い物の，場面における，言ってみるなら記号的意味として，具体的に紫上が二条院へ引き取られるときの用意でそれがあったとは，気づきようもなかったことです．「物」が無意識において統率する物語上の役割は，あとからならともかくも，物語の進行途上では，読者だけがよく知ることができます．あとからなら，とは，物語の主人公たちが，あとになってもし物語から抜け出てきてこの場面を読むならば，当然，気がつくことですから，そういう脱出がなされるなら，という意味においてです．

語りの時制と語り手の時間

　すぐ上に，物語の主人公たちが，あとになって物語から抜け出てきてこの場面を読むことは可能か，という趣旨の問題にふれました．ばかばかしい問題を遊んでいる，と笑うひとがいるかもしれません．しかし「物語」論はどこかに遊びの要素があって，それは，繰り返しになりますが，われわれの日常が物語の似せ絵として，遊びやゲームのようなものをまぬがれないことと関係しています．

　もし語り手のいる時間が現在で，語られる内容が過去だとすると，かつて物語の主人公であった者が，いま語り手になって，自分のことを過去のこととして（第三者であるかのように）語ることができます．だから物語の主人公がそとに出てくることはかならずしも不可能でないのです．

　叙事文学というものは，現在から過去を語る，つまり過去の時制として語る世界だ，とこれまで，欧米の文学を基準にして考えられてきました．けれども，極端な話ですが，過去の時制を文法上持た

ないアイヌ語が，厖大な質量をほこるカムイ・ユカラ（神謡）やユ
カラ（謡い物），オイナ（聖伝）を今日に有していることを，どう説
明しますか．世界には，基本的に現在時制で叙述する歌謡や叙事文
学がいくらもあるようで，日本語の場合もじつは，平安時代，9 世
紀以来の書き言葉の物語文学その他が原則としてそうだったのです．

　物語の外枠はたしかに過去です．『源氏物語』の語り始めは「い
づれのおほむ時にか」（どの帝の治世だか）とあり，いまは亡き帝の
時代であるという設定ですから，過去の話ということになっていま
す．しかし叙述は基本時制というか，現在時制というか，現代語で
言うと「である」「ている」「する」「ある」という現在形，つまり
動詞や助動詞など活用のある語を過去にせずに言い切りのかたちで
投げ出すのが原則です．これを歴史的現在と見なすのは姑息な修正
意見でしょう．

　日本語の書き言葉は，現在時制を基本にして作られてきました．

　　門うちたたかせ給へば，心知らぬ者のあけたるに，御車をやを
　ら引き入れさせて，大夫妻戸を鳴らしてしはぶけば，少納言聞き
　知りて，出で来たり．「ここにおはします．」と言へば，「をさな
　き人は御殿籠りてなむ．などかいと夜深うは出でさせ給へる．」
　と，もののたよりと思ひて言ふ．「宮へ渡らせ給ふべかなるを，
　そのさきに聞こえおかむとてなむ．」との給へば，「何事にかはべ
　らむ．いかにはかばかしき御いらへ聞こえさせ給はむ．」とて，
　うち笑ひてゐたり．

　「あけたる」「出で来たり」「ゐたり」の「たり」や「たる」は
「ている」または「てある」という存続，ないし完了したことが現
在に存続することをあらわす助動詞です．「言ふ」は基本形のまま
投げ出されています．これらを日本語として現代語にする場合に，
現在時制にしておくほかはありません．物語はこのように基本は現
在時制で書かれる文学です．また地の文に原則として「はべり」が
使われないことから知られるように，けっして「ございます」や
「です」「ます」ではない，「だ」「である」調で書かれる文章語の文

学です．原則として，とは，語り手があらわに出てくるところ（草<ruby>子地<rt>そうじ</rt></ruby>と言います）では「はべり」がないとは言い切れないからで，これが「物語」論のいちばん面白い問題です．

　以上のことから，物語の《翻訳》において，欧米語に訳する場合に過去の時制にしたり，現代語にする場合に話し言葉にしたりすることには，大きな疑問があることになります．

20 世紀この 1 冊！

　　1949 年　クロード・レヴィ＝ストロース『親族の基本構造』（馬淵東
　　　　　　一・田島節夫監訳，番町書房，上・下，1977，78 年）

　じつを言うとこの本をちゃんと理解しているという自信が私になく，また原本（フランス語）のありかをそのころ知らず，英語版で目を走らせました．「もしかするとこういう内容が書かれてある本なのではないかな？」という勝手な想像が膨らんで，日本社会にもその考えを《適用》（盗用というべきか）できそうに思え，古典文学に見られる結婚の規制をめぐる「タブーと結婚」（1978 年）という源氏物語論を私は書いたことがあります．読み終えた時，机をたたいて「構造は動く！」と私は叫びました（何のことかわかるかなあ）．80 年代にはいってレヴィ＝ストロースその人が『源氏物語』を使って私と同じようなことを論じているのを知ったときにはうれしくなりました．

神話論理から歴史生成へ
文化人類学と成熟
■
山下晋司

■構造は，単なる関係の集合ではない．忘れてはいけないのは，それが
つねに二元的な対立に基礎を置いていたことです．二元的な論理は明
解で鮮やかですが，しかしスタティックです．では，いわゆる「熱い
社会」の多元的なダイナミズムはどうなるのか．そこに問題がありま
す．（K）

はじめに

「構造」について書いてみたいと思います．20年ばかり前，私が
学生だったころは，構造という言葉はフランスの人類学者クロー
ド・レヴィ゠ストロースの名前と結びつきながら，人文諸科学の言
説に新鮮で大きな影響を与えていました．そうした「構造主義ブー
ム」のさなかにあって，当然私もその洗礼を受けました．

　しかし，今，「構造」について語ろうとすると，大きな時代の推
移を感じます．というのも，時代は今「ポスト構造主義」ですし，
私が専門とする文化人類学においても構造主義は研究活動の現場か
ら大きく後退しているからです．私自身も現在「構造」にとくに関
心をもっているわけではありません．ですから，ここでの私の話は，
この20年ばかりのあいだの文化人類学の展開と私自身の「成長」
をふまえて，構造から生成する歴史へと進んでいくことになるでし
ょう．それゆえ，ここでは私は構造とはなにかを概説するのではな
く，20世紀中盤の知のシーンに華々しく登場した構造という概念
が，今，21世紀に向けて経験しつつある旅について書いてみたい
と思うのです．

構造

　はじめに，構造という言葉の出自を明らかにしておかなくてはな

りません．レヴィ＝ストロースの『悲しき熱帯』[1]のなかの自伝的回顧によれば，彼にとって「構造」は地層の断層に心を奪われ，その線を追いかけた子供時代にすでに誕生していたとも言えますし，1930年代のブラジル奥地のインディオの居住地への旅のなかではぐくまれたとも言えます．1949年に刊行された学位論文『親族の基本構造』[2]においても彼の構造主義的な考え方は十分にあらわれています．ですがここでは，「構造」という概念のうえに自らの人類学を打ち立てようとした『構造人類学』（1956年）[3]こそ，彼の構造概念の最も意識的なマニフェストだと考えておきましょう．

　なかでも，この論集に収められている「神話の構造」という論文は，のちに彼が向かった研究の方向からみても彼の構造概念が凝縮したものだと言えます．というより，クリフォード・ギアツが言うように，後の彼の神話研究は，この30ページばかりの論文の膨大な脚注なのかもしれません[4]．この論文で，彼は神話の構造を言語学の成果をバネにして解こうとします．とくに音そのものは意味をもたないが，対立的な音の組合わせによって言語の意味が生成するというローマン・ヤコブソンらの構造言語学の考え方に彼は深く共鳴します．そしてこの考え方を神話の研究に適用するわけです．つまり，かつて考えられたように，神話の要素それ自体が意味を持つのではなく，意味は関係性（組合わせ）のなかで生じる，と考えるのです．こうして，意味は孤立した要素からではなく，要素の対立的な組合わせによってのみ得られる，というのが構造主義者としてのレヴィ＝ストロースの思考のエッセンスです．

　このことを理解するには，エドマンド・リーチが挙げている交通信号の例を思い浮かべるとよいでしょう[5]．自然の色のスペクトルは連続的に無数に存在するわけですが，交通信号においては，赤と緑（日本語では「青」ですが）という補色関係にある色が選ばれ，赤は，緑を「進め」とする対立的な組合わせにおいて，「止まれ」の意味になります．つまり，自然は連続的なのですが，人間の頭脳はそこに非連続性，つまりプラスとマイナス（白と黒，男と女，天と地……）に代表される二項対立的な非連続性を持ち込むことによって，

意味の世界を作りあげようとするわけです．この場合，赤はそれ自身では意味をもちません．なぜなら，例えば青を男性とする組合わせにおいては，赤は女性を意味することになるでしょうし，黒を不吉とする組合わせにおいては，吉祥を意味することになるからです．したがって赤を「進め」にして緑を「止まれ」にしても論理的にはいいわけです．重要なことは，意味は対立的な組合わせから生じるということです．

　ところで，交通信号には赤でも緑でもない色，つまり黄色が使われています．それは止まれでもなく，進めでもない，「注意しろ」をあらわすことになります．この対立する二項（緑：赤＝進め：止まれ）に対する両義的な第三項（どちらでもないもの，あるいはどちらでもあるもの）は二項対立的思考が切り捨てた自然の連続性をあらわしているとも言えます．そしてこれはタブーとなったり，媒介者として機能したりする点で，きわめて重要です．例えば，日本でタヌキやキツネが「人を化かす」とされるのは，これらの動物が人間が住む「里」と自然の世界である「野」のあいだを行き来する両義的な動物だからです．また，この世とあの世をさまようお化けは昼と夜のあいだの両義的な時間であるたそがれどきや夜明けを活動舞台とするのです．というのも，対立するカテゴリーに基づいた分類秩序の横断や混乱こそ，リーチやメアリー・ダグラスが論じたように，タブーやケガレを生むからです[6]．

　ここにみられるような対立的な組合わせによる意味の生成は，レヴィ＝ストロースが，神話研究において精魂を傾けた問題領域でした．レヴィ＝ストロースにとって，神話とは，生と死，男と女，あるいは自然と文化といった基本的な二項対立を調停（媒介）していく文化装置です．北米のチムシアン・インディアンの神話を分析した『アスディワル武勲詩』[7]はこうした視点からの「神話の論理」の見事な例証です．『野生の思考』[8]は主にオーストラリア先住民のトーテミズムを素材としながら「具体の科学」として神話的思考を明らかにしようとしました．そして1960年代から70年代はじめにかけて彼が没頭した『ミソロジック』（神話論理）は，南米および北

米のインディアン諸族の神話を素材にしてこの命題を示そうとした4巻からなる大著です[9].

　いずれにしても，神話を注意深く検討してみると，そこに登場する神々，英雄，動物，植物，事物は文字どおりそれそのものでありながら，同時になにかのメタファーとしても機能して，たんなる「お話」とみえたものも分析してみると，実は意味深い世界を語っていることがわかります．さらにある神話は別の神話と比較することによって，実はより大きな神話の体系の一部を担っていることがわかります．こうした神話の論理の変換をとおして，彼の探究は神話のなかに「人間精神」の闊達な戯れを例証していくことになるわけです．

　さらに，社会全体を構造論的な構図のなかで検討する研究がありました．「象徴的二元論」という名で知られる一群の研究がそれです．この種の研究の塑型は1930年代のインドネシアを対象としたいわゆるオランダ構造主義にさかのぼるのですが，レヴィ＝ストロースの影響のもとにロドニー・ニーダムがインド・ビルマ国境に居住する山地民プルム社会において行った研究はその代表例です[10].
プルム社会には，レヴィ＝ストロースのいう「一般交換」あるいはニーダムが「非対称的縁組」と呼んだ婚姻システムが存在し，社会は妻の与え手，妻の受け手，それに自己の集団と基本的に3つの構造的なカテゴリーから構成されています．この場合，妻の与え手と妻の受け手はたんに社会構造上のカテゴリーであるにとどまらず，男と女，右と左，上と下，優と劣，吉と凶，善と悪といった象徴的な秩序にアナロジカルにもかかわっています．つまり，相互に補完的な一群の二項対立がこの社会の構造原理として存在し，それが社会的であり同時に象徴的であるような基本的な秩序を構成していくことになるのです．

疑問

　レヴィ＝ストロースの構造分析の手法は，このように文化人類学における象徴論的研究を活性化させたばかりでなく，文学，哲学と

いった他の分野の研究者にも大きな影響を与えました．ですが，レヴィ゠ストロースは，構造分析をとおしてたしかに「人間精神」の基本原理をあらわにしたかもしれないけれど，彼の分析がしばしば民族誌的な検証が不可能なレヴェルでなされているといった批判，また彼の関心があまりに主知主義的であるといった批判もなされてきました．例えば，ギアツは述べています．「それ（レヴィ゠ストロースの構想）は歴史を消し，感情を知性の影に追いやり，あるジャングルに住む特定の野蛮人の特定の思考を，われわれすべての中に内在する『野生の思考』におきかえたのである」．あるいは「（レヴィ゠ストロースが師と仰ぐ）ルソーと同じように，レヴィ゠ストロースの探求も，結局，具体的な人びとには少しも向けられていないし，そういう人びとのことはあまり気にかけていないのだ．彼の探求のねらいは『人間』にあり，彼はそれに心を奪われている」[11]．

　私自身は，と言えば，学生時代に構造主義の洗礼を受けた後，一人前の人類学者になるべく1976年から78年にかけてインドネシア共和国，スラウェシ島山間部に住むトラジャの人びとのあいだで最初のフィールドワークを行いました．調査のテーマは，トラジャの「伝統的な」儀礼，とりわけ盛大に行われる死者儀礼でした．その調査結果をまとめていく過程で，構造主義に対する関心は徐々に薄れていきました．なるほど，トラジャの伝統的儀礼のシステムに構造分析を施すことは可能ですし，そのような論文を書いたこともあります．しかし，それは私がトラジャでの調査をとおして見出したものとはどこか違うものでした．

　私が見出したのは，今日における伝統的儀礼の維持のされ方でした．トラジャにはアルク・ト・ドロと呼ばれる伝統宗教があるのですが，今日，トラジャの人々の80パーセント以上がキリスト教に改宗しています．また，多くの人びとはホームランドの村落社会を離れて都市部へ出稼ぎに出ています．さらに，伝統的儀礼，とりわけ多量の水牛を供犠して行われる死者儀礼は，1970年はじめより政府によって導入された観光開発の焦点となっています．したがって，今日のトラジャで行われている伝統的儀礼とは，出稼ぎで富を

上図 インドネシア・トラジャの死者儀礼：盛大に行われることで有名で，観光開発の焦点でもある．写真は村人たちによって葬儀広場の遺体安置小屋に運ばれる棺．**下図 慣習家屋の軒先に開かれたみやげもの屋と観光客．**

得たキリスト教徒が観光客を意識しながら行うある種のパフォーマンスといった側面があるわけです．こうしたコンテクストでの伝統儀礼とは，従来の人類学が扱ってきたような「無意識の慣習」，あ

るいはピエール・ブルデュのいう「ハビトゥス」ではけっしてなく，意識的に操作され，演出され，場合によっては作り出されさえするなにかなのです．

　こうして，『儀礼の政治学』というトラジャ社会についての民族誌を刊行したとき[12]，私はそれに「動態的民族誌」という副題をつけました．これによって私が意図したことは，民族誌をミクロな伝統的な小宇宙の記述に閉じこめるのではなく，都市や国家，さらに今日の世界資本主義システムというマクロなコンテクストを視野に入れた民族誌を書くということでした．私がトラジャで見出したのは，レヴィ＝ストロースの言い方にならって言えば[13]，彼の構造分析が関わってきたような「冷たい社会」ではなく，「熱い社会」，つまり近代の歴史のなかでうごめいている社会だったのです．

構造と歴史

　ところで，レヴィ＝ストロースは彼の「構造人類学」を構築しようとしたとき，歴史をきわめて強く意識していました．『構造人類学』の巻頭論文は「歴史学と民族学」ですし，『野生の思考』の終章は「歴史と弁証法」です．「歴史と民族学」において，レヴィ＝ストロースはマルクスの有名な定式「人間は自分の歴史をつくる，けれども歴史をつくっているということを知らない」を引用して，この言葉は前半の言葉で歴史学を正当化し，後半の言葉で民族学を正当化していることになる，と指摘しました．そして両者は補完的で分かちがたく，民族学（文化人類学）は「社会生活の無意識的要素」を明らかにすることによって，人間の全体的考察に寄与することにある，と述べました[14]．「歴史と弁証法」においては，当時のフランスの代表的哲学者ジャン・ポール・サルトルの『弁証法的理性批判』における歴史主義の優越に対して，レヴィ＝ストロースは，人間が無意識のうちにもっている普遍的な構造を明らかにしようとする人類学の立場から根底的な批判をくわえようとしました．

　しかしながら，エドマンド・リーチが指摘するように，レヴィ＝ストロースは，「歴史なき社会」，つまり自分の社会を不変であると

考えているようなオーストラリア先住民やブラジルのインディオを集中的に研究することによって，神話と歴史の問題を巧みにかわしたとも言えます[15]．しかし，「歴史なき社会」という考え方は，今日の文化人類学においてはきわめて疑問視されています．「文明社会」が「歴史をもち，進歩的である」のに対して「未開社会」が「歴史をもたない，静止的な」社会であるという見解はますます古くさく見えてくるわけで，「孤立的で，停滞的な未開社会」という観念は近代西欧の「発明」だとする見解さえあるのです[16]．

　こうした「未開社会」に対する認識の変化のなかで，マーシャル・サーリンズは，1982 年のワシントンでのアメリカ人類学会において「時代が変われば慣習も変わる──歴史の人類学」という記念講演を行い，レヴィ゠ストロースの仕事を歴史のコンテクストに置き直し，今や構造と歴史を統合する時だ，と宣言しました．この講演は 1985 年に出版された『歴史の島々』[17]に収められているのですが，その本のなかで，サーリンズはハワイやフィジーを例に構造と歴史の出会いを具体的に描き出そうとしています．例えば，1779 年 2 月 14 日のキャプテン・クックのハワイでの殺害を検討しながら，クックの殺害はマカヒキと呼ばれるハワイの新年祭の儀礼的・神話的なコンテクストにおいて理解されるべきだ，と論じています．この新年祭マカヒキには，死んだ神にして伝説的な王であるロノが土地を奪い返すために戻ってくるとされ，ロノは最終的には儀礼的に殺害されます．クックがハワイを訪れた時期は偶然にもこの儀礼の時期に当たっており，クックが乗っていた船のマストに掲げられた白い旗はハワイの人びとにはロノのシンボルであるカパ（樹皮布）のイメージと重なっていたので，クックはロノと重ね合わされ，ハワイの儀礼的コンテクストにおいて殺害された，というのです．

　さらにまた，新年の儀礼におけるロノの自然の再生は，聖婚，すなわち誘拐された彼の妻の探索によっても象徴されていた，とサーリンズは述べています．これは後のハワイを有名にすることになるフラ・ダンス（来訪する神を性的に高揚させるものであったと言われてます）とも深く結びついていたようです．クックの船員たちはこうし

たコンテクストにおいてハワイの女性たちの激しいエロスの洗礼を受けたのです.「女たちは神が存在すると思ってみずからを捧げ,水兵たちはそれを忘れるために彼女らをものにした」[18].

　この外部からやってくる高貴な来訪者と土着の女との結婚というモチーフはサーリンズがこの本のなかで検討している「外来王」(stranger-king) という神話のテーマにつらなるものです.この神話によると,支配者の祖先は,土着の系統ではなく,しばしば海の彼方からやってきたよそ者であり,この外来者が土着の首長の娘と結婚することによって支配首長のクランないし王家が成立します.この種の外来王の神話は,偏差をともないながらも,オセアニアから東南アジアにかけて広く見出されるもので,日本神話の「天孫降臨」や「国譲り」などといった物語もこうした外来王神話の一種だと考えてもよいかもしれません.いずれにせよ,クックによるハワイの「発見」とその地での殺害という歴史的出来事は,ハワイのコンテクストにおいては外来王神話の再現でもあったのです.こうしてここでは,通常考えられている神話と歴史の関係は逆転し,サーリンズの言葉を借りれば,歴史はメタファーとなり,神話が真実となるわけです.

　もっとも,急いで付け加えておけば,サーリンズのこのような歴史のとらえ方に対しては「伝統志向のシュガーコーティングが厚すぎて『べとべとに甘い』」という批判があり[19],また事実としても間違っているという批判もあります.後者は,スリランカ出身の人類学者オベイエセッカーによるものですが,クックを神とみなしたのはハワイ人ではなく,むしろ西欧人が作り出した神話だというものです[20].コロンブスの「新大陸の発見」でも,ニューギニアの「ファースト・コンタクト」でも,西洋人は天や祖先の国からきたこの世ならぬ存在としてとらえられていますが,そうした「西欧人という神」は,征服の,帝国主義の,そして文明の神話だというわけです.であればこそ,ハワイを訪れた神クックという神話は,旅する白人の男と先住民の娘のラブ・ロマンスという物語に姿を変えながら,観光地としての「楽園ハワイ」のイメージの形成に一役買

い，アメリカ・ハリウッド製の「南洋映画」，とりわけ『バード・オブ・パラダイス』（1932 年）や『南太平洋』（1958 年）において大衆的に再生産されていったのかもしれません[21]．

生成する歴史

　歴史と神話の関係については，実はレヴィ゠ストロース自身が「神話の構造」のなかで言及しています．彼は，神話とは歴史であり，同時に非歴史的である，と述べています．つまり，神話はつねに昔起こったこととして出来事を語りながら，過去を生成の一段階としてよりも，無時間的なモデルとしてとらえる，と言います．神話はさらにその無時間性ゆえに同時に過去，現在，未来にかかわる，と言うのです．そしてそのことは，神話の近代社会における代替物である政治——政治的イデオロギーくらい神話的思考に似ているものはない，と彼は述べています——と比較することをとおして明らかになるとして，フランス革命に言及しています．

　つまり，歴史家にとってはフランス革命は過去の不可逆的な出来事としてあるわけですが，フランスの政治家（および彼に従う多くの大衆）にとってはフランス革命はたんに過去に属する出来事であるばかりか，今日のフランスの社会構造のなかに発見されうるはずの無時間的なパターンでもあるのです．そしてそれこそがフランス革命の解釈に手がかりを与え，将来の発展を推理するための手本になるとして，レヴィ゠ストロースは「政治家的な頭をもった歴史家であった」ミシュレのフランス革命についての記述を引用しています．「その日……すべては可能であった．……未来は現在だった．……すなわち，時間以上のもの，永遠の閃きであった」[22]．

　こうして，フランス革命という歴史的出来事は太古から未来を含む時間のなかに積分され，より大きな「真実」のなかに位置づけられるのです．そしてそこには歴史の変動期における権力の再編成と結びついた政治の領域があるわけです．神話と政治はこうして歴史の深層において通底する一つの領域を構成することになります．フランス革命とはたんなる過去の歴史的出来事ではなく，現在も未来

もそこに読みとられるべき神話なのだ，とレヴィ＝ストロースが言うとき，神話は彼が後に心を奪われていったように「人間精神」の闊達な戯れであるばかりでなく，政治権力を歴史のなかで基礎づけ，再編成するために必要とされるものでもあったのです．

　このテーマをレヴィ＝ストロース自身は発展させなかったわけですが，「熱い」歴史の展開のなかに神話の動態をみようとしたのは，オランダの民族学者 G. W. ロッヘルです．1956 年に書かれた「変化する世界の神話」という論文のなかで，彼は，20 世紀前半のオランダ植民地下の東インドネシア・ティモールでは，古い神話が変わりゆく現実を正当化するモデルを提供したと論じ，さらにニューギニアのカーゴ・カルトや千年王国運動，ジャワ戦争（1825-30 年）における反乱側の指導者ディポヌゴロ，あるいは 20 世紀初頭のインドネシアにおける大衆的民族運動組織であるサレカット・イスラム（イスラム同盟）などをめぐって神話，政治，歴史が交錯する事例を検討しています[23]．こうした歴史の展開のなかでは，レヴィ＝ストロースが依拠したマルクスの定式とは異なり，人びとは自らつくっている歴史について大いに意識的であり，大いに語りもします．そこでは，人びとはかつての「無意識の慣習」を，民族主義運動や国民国家の形成，さらには今日の開発政策の展開のなかで，意識的に語り，操作し，場合によっては新しく作り直しさえするのです．

　このような現象のなかに私たちがみなければならないことは，「純粋な」民族文化が消滅していくという物語ではなくて，そこになにか新しい物語が生まれようとしている生成の物語ではないでしょうか．アメリカの文化批評家，ジェームズ・クリフォードによれば，民族誌は「消滅の語り」と「生成の語り」のあいだを揺れ動いてきたと言います[24]．レヴィ＝ストロースの語り口は，『悲しき熱帯』にもっともよくあらわれていますが，典型的な「消滅の語り」です．民族学者として彼の旅はブラジル奥地の，文明によってまだ「汚染」されていない，そしてまだ「研究されていない」インディオへ向かって進められました．それは「失われた世界」を求める旅だったのです．事実，この本の最後で彼は次のように述べています．

「文明の，この分解の過程の最高度の表現を研究することに捧げられた学問の名は，人類学（アンソロポロジー）よりもむしろ『エントロポロジー（エントロピィーの学）』と書かれるかもしれない」[25].

　しかし今の私は，人類学を「エントロピィーの学」あるいは「消滅の語り」ととらえるより，「生成の語り」としてとらえることに魅力を感じます．というのも私は，民族文化を失われゆくものととらえるより，次のロジャー・サンジェクの文化のとらえ方に賛同するからです．「文化は絶えざる創造の過程にある——流動的で，相互に連関し，伝播し，相互に浸透し，同質化し，多様化し，覇権化し，抵抗し，再編成され，クレオール化し，閉じているというよりは開いており，全体的であるよりは部分的であり，越境し，私たちが予期せざるところで持続し，予期するところでは変化する」[26].

結語

　そろそろ話をしめくくらなくてはなりません．レヴィ＝ストロースが取り出そうとした「人間精神」の普遍的構造は，彼のいう「冷たい社会」，自らを不変と考える停滞的な社会という概念に深く結びついていました．しかし，今日の文化人類学においては，このある種の「オリエンタリズム」ともいうべき想定が許されるのかどうか，きわめて疑問です．60年前にレヴィ＝ストロースが歩いたアマゾンの奥地でも，今日，おそらく人びとはTシャツを着て，マドンナを聴き，コカコーラを飲んでいるでしょう．いや，60年前においても，100年前においても，あるいは200年前においても「伝統的文化」は「滅びつつあった」にちがいありません[27].というのも，文化は，さきほど引用したサンジェクが言うように，つねに創造の過程にあるからです．

　繰り返しますが，こうした事態を西洋文明の影響によって伝統的な民族文化が消滅しつつあるのだと私はとらえておりません．パプアニューギニアのある村長は「開発とは自らの親族を発展させ，メンズ・ハウスをつくり，豚を供犠することだ」と語ったそうです．この話に言及しながら，サーリンズは，社会が変化する仕方はその

社会の本来的な価値に深く結びついているので，地球の近代化とは
しばしば地域的な多様性を再生産することになる，と述べていま
す[28]．私たち日本人も，中国製のシャツを着て，インドネシアから
のエビを食べ，ロック音楽を聴き，和洋折衷の家に住みながらも，
実は日本的な価値を再生産しているのかもしれません．

　そうした意味において，今，人類の歴史は生成のただなかにあり
ます．文化人類学者として，「人間精神」の普遍性よりもこの生成
しつつある歴史の多様性にこそ注意を払うべきだ，と私は考えてい
ます[29]．

註

1) クロード・レヴィ゠ストロース，川田順造訳『悲しき熱帯（上，
　　下）』（中央公論社，1977年）．

2) レヴィ゠ストロース，馬淵東一・田島節夫監訳『親族の基本構造
　　（上，下）』（番町書房，1977年，1978年）．

3) レヴィ゠ストロース，荒川幾男他訳『構造人類学』（みすず書房，
　　1972年）．

4) Clifford Geertz, *Works and Lives : The Anthropologist as Author*,
　　Stanford : Stanford University Press, 1988, p. 30.

5) エドマンド・リーチ，吉田禎吾訳『レヴィ゠ストロース』（新潮社，
　　1971年）29-33ページ．

6) リーチ，諏訪部仁訳「言語の人類学的側面――動物のカテゴリー
　　と侮蔑語について」『現代思想』4-3（1976年）68-90ページ，メアリ
　　ー・ダグラス，塚本利明訳『汚穢と禁忌』（思潮社，1972年）．

7) レヴィ゠ストロース，内堀基光・西沢文昭訳『アスディワル武勲
　　詩』（青土社，1974年）．

8) レヴィ゠ストロース，大橋保夫訳『野生の思考』（みすず書房，
　　1976年）．

9) Claude Lévi-Strauss, *Le cru et le cuit : Mythologiques I*, Paris : Plon,
　　1964 ; *Du miel aux cendres : Mythologiques II*, Paris : Plon, 1966 ; *L'ori-
　　gine des manieres de table : Mythologiques III*, Paris : Plon, 1968 ; *L'homme
　　nu : Mythologiques IV*, Paris : Plon, 1971.

10) Rodney Needham, 1958, The Structural Analysis of the Purum Soci-
　　ety, *American Anthropologist* 60, 1958, pp. 75-101. またロドニー・ニー
　　ダム，吉田禎吾・白川琢磨訳『象徴的分類』（みすず書房，1993年）
　　も参照せよ．

11) クリフォード・ギアツ，吉田禎吾他訳『文化の解釈学（II）』（岩
　　波書店，1987年）283, 285ページ．

12) 山下晋司『儀礼の政治学——インドネシア・トラジャの動態的民族誌』(弘文堂, 1988 年).

13) レヴィ゠ストロース, 仲沢紀雄訳「人類学の課題」『今日のトーテミズム』(みすず書房, 1970 年) 220 ページ.

14) 『構造人類学』28-29 ページ.

15) 『レヴィ゠ストロース』75 ページ.

16) リーチ, 長島信弘訳『社会人類学案内』(岩波書店, 1991 年) 15-16 ページ. また Adam Kuper, *The Invention of Primitive Society : Transformation of an Illusion*, London and New York : Routledge, 1988 を参照.

17) マーシャル・サーリンズ, 山本真鳥訳『歴史の島々』(法政大学出版局, 1993 年).

18) 『歴史の島々』23 ページ.

19) 清水昭俊「永遠の未開文化と周辺民族——近代西欧人類学史点描」『国立民族学博物館研究報告』17 (1992 年), 481 ページ, 脚注 25.

20) Gananath Obeyesekere, *The Apotheosis of Captain Cook : European Mythmaking in the Pacific*, Princeton : Princeton University Press, 1992, p. 3.

21) 山中速人『イメージの〈楽園〉』(筑摩書房, 1992 年) 131-132 ページを参照.

22) 『構造人類学』232 ページ.

23) G. W. Rocher, Myth in a Changing World, *Bijdragen tot de Taal-, Land-, en Volken Kunde* 112, 1956, pp. 169-192.

24) James Clifford, *The Predicament of Culture : Twentieth-Century Ethnography, Literature, and Art*, Cambridge and London : Harvard University Press, 1988, p. 19. また, 太田好信「文化の客体化——観光をとおした文化とアイデンティティの創造」『民族学研究』57 (1993 年), 387 ページ以下ををも参照.

25) 『悲しき熱帯 下』357 ページ.

26) Roger Sanjek, The Ethnographic Present, *Man* (N. S.) 26, 1991, p. 622.

27) レヴィ゠ストロース自身が同様のことを言っています. Claude Lévi-Strauss, Anthropology, Race, and Politics : A Conversation with Didier Eribon, In R. Borofsky ed, *Assessing Cultural Anthropology*, New York : McGraw-Hill, Inc., 1994, p. 420.

28) Marshall Sahlins, Goodbye to Tristes Tropes : Ethnography in the Context of Modern World History, In R. Borofsky ed. *Assessing Cultural Anthropology*, New York : McGraw-Hill, Inc., 1994, pp. 377-395.

29) エドマンド・リーチは前掲書『社会人類学案内』の最後の部分 (284 ページ) で, にもかかわらず, 社会人類学は社会システムの静態の研究である, と述べている. そこには「構造主義者」としてのリ

ーチの姿が凝縮されている．この理論と応用，静態研究と動態研究の
関係については稿を改めて考えてみたい．

20世紀この1冊！

1955年　クロード・レヴィ＝ストロース『悲しき熱帯』

　この本は20世紀中盤の知のシーンを席捲した構造主義の「聖典」とい
うばかりでなく，本稿で述べたように，近代化のなかで民族文化が滅んで
ゆくという「消滅の語り」の典型でもあります．そしてこの「消滅の語
り」こそ（21世紀には引き継げないという意味で）20世紀的な民族文化
のとらえ方だという気がします．個人的にはこの本を手にしたときに私の
文化人類学への関心がめざめ，この本を捨て去ろうとしたときに私自身の
文化人類学が始まりました．邦訳は川田順造訳（中央公論社，1977年）
と室淳介訳（講談社学術文庫，1971年［文庫化は1985年］．こちらのタ
イトルは『悲しき南回帰線』）があります．

■交換の論理

市場原理と共同体の問題
商品交換形式を超えるもの

■

丸山真人

■貨幣を中心とした市場社会の原理に対して，互酬という共同体的なもうひとつの交換システムの論理を考えること．それは，社会主義経済と自由主義経済という今では古くなった問題から出発して，結局われわれの未来の経済社会システムを考えることにつながります．（**K**）

社会主義経済計算論争

　史上初の社会主義国家ソ連邦が成立してまもなく，1920 年代から 30 年代にかけて，「社会主義経済計算論争」（以下「論争」と省略）という論争がありました．これは，社会主義体制下の経済が，はたして経済学的に見て合理性を持つのかどうかという問題をめぐって，自由主義の立場に立つグループと社会主義の立場に立つグループとの間で交わされた一連の論争です．

　争点は多岐にわたりましたが，その中でもっとも中心的な位置を占めていたのは，競争的な価格形成市場が存在しない状況のもとで，諸資源の合理的な配分ができるかどうかという問題でした．1920 年に「社会主義共同体における経済計算」という論文を発表して「論争」の口火を切ったオーストリアの経済学者 L. フォン・ミーゼスは，生産手段が公有化されると生産財を交換する市場がなくなり，したがって生産財価格が需給均衡点で客観的に決められず，資源配分が恣意的にならざるをえないと主張して，社会主義経済の論理的な成立可能性を否定しました．

　他方，社会主義的な立場に立つ経済学者たちは，中央計画当局が市場経済の一般均衡論体系を援用して連立方程式を解くことにより，生産手段を公有する社会主義経済のもとでも，さまざまな財やサービスの計算価格を合理的に求めることが可能であると主張しました．

実は，この主張の根拠となった論文は，イタリアの経済学者 E. バローネによってすでに 1908 年にイタリア語で発表されていましたが，「論争」の中でとり上げられることによって，注目を集めることになりました．

　ところで，自由主義者ミーゼスの弟子に当たる経済学者 F. A. ハイエクは，1935 年に『集産主義計画経済の理論』という著作を編集し，それまでの「論争」を整理しつつ，ミーゼスとバローネの議論を比較して，社会主義経済の理論的成立可能性という論点に関しては，前者よりも後者の方が説得的であることを認めています．しかし，現実の社会主義経済においては，莫大な量の統計資料と連立方程式が必要となり，これを解くのは実際上不可能であるとして，社会主義経済が実行可能ではないことを主張しました．

　この後，「論争」は，分権的社会主義モデルを用いて社会主義経済の現実的な実行可能性を提唱する O. ランゲらの経済学者が加わって，複雑な様相を呈するようになります．たとえばランゲは，中央計画当局がすべての価格を決定するかわりに，市場の価格形成メカニズムを適度に取り入れることによって，社会主義経済においても試行錯誤を繰り返しながら均衡価格体系を達成することができると主張しています．実際，第 2 次世界大戦後に成立した東欧諸国の中には，ハンガリーのように自営農民などの小生産者による市場での商品販売を認める地域が出てきますし，ソ連邦においても 60 年代には市場取引になぞらえた利潤概念を導入しています．また，自由主義経済の側においても政府の積極的な経済への介入が福祉政策として行われるようになるなど，冷戦構造というイデオロギー対立の図式とは別に，理論的には，社会主義も自由主義も似通った素材を用いて別様の制度を組み立てるという色彩が強まっていきます．結局，「論争」は，資源配分と所得分配において交換機能をどこまで認め，また政府による再分配機能をどの程度取り入れるかという方向で，議論の高度化精緻化を進めることになりました．

交換・再分配

　ここで，交換および再分配の概念を改めて明らかにしておきましょう．交換とは，さしあたり財やサービスの持ち手同士の間で，互いに自分の所有する財やサービスを相手のものと取り替えることであると考えることができます．この場合，大切なことは，交換によってどちらの取引相手も便益を享受できること，または不利を被らないことです．したがって交換を規制しているのは広い意味での等価概念であると言っていいでしょう．市場においては，財やサービスは商品として現れますから，交換は実際には貨幣による商品の購買として行われます．つまり，貨幣は商品の等価物として商品所有者に支払われることになります．商品価格の形成過程を問わずに，価格はすでに与えられているものと仮定すれば，社会主義経済でも自由主義経済でも，交換の機能にはそれほど大きな違いはないと言ってよいかもしれません．しかし，両者の違いはすでにみたように，価格そのものの決定プロセスにあったのです．社会主義経済では，中央計画当局がシミュレーションを用いて価格を設定し，実際の市場の動きを見ながら価格の修正を行うことになるのですが，自由主義経済では，市場そのものに価格の形成を任せてしまうわけです．また，再分配については，社会的な剰余を中央権力が集積し，これを社会の成員にあらためて分配することであると考えられます．そうすると，すでに述べたように，再分配は社会主義経済においても自由主義経済においても程度の差はあれ行われていることになります．

　さて，以上のように問題を整理した上で，これから考えてみたいのは，資源配分に関して，商品交換や再分配とは異なったパターンがあるとすれば，それはどのようなものであり，それに注目することによって「論争」ではほとんど展開されなかった新たな論理がどのようにして構築可能になるかということです．

ポランニーの社会モデル・互酬

　1920 年にミーゼスが「論争」の口火を切ったことは前に述べましたが，このときにミーゼスが発表した論文に対して，既存の社会主義者とは異なる立場から徹底した批判を加えたのが，後に経済人類学者として有名になったカール・ポランニーでした．ポランニーは 1922 年，「社会主義における計算」という論文をあらわし，自由主義とも，中央集権的な社会主義とも異なる観点から，地域分権的な共同社会を想定しました．それをポランニーは「実証的な社会主義経済理論の創造」という試みの中で展開していきます．この共同社会は，基本的には国家よりも小さな単位から成り立っており，さらにその中に，社会の最高権力を体現する生産諸団体とコミューンという 2 つの組織が与えられています．生産諸団体は生産者の集団を表しており，コミューンは消費者の集団を表しています．ポランニーは，同じ共同社会の成員から成り立っている 2 つの集団の間で価格をめぐる交渉を行うことは可能であり，そうすることによって市場メカニズムを用いなくとも合理的に資源を配分することができると考えました．

　ポランニーの批判に対して，ミーゼスは直ちに反論を展開します．すなわち，ポランニーの社会モデルには結局のところ最高決定機関が存在せず，生産諸団体とコミューンとの間に紛争が生じた場合には，決着がつけられないのではないかというわけです．これに対してポランニーは，1924 年にふたたび「機能的社会理論と社会主義の計算問題」という論文を書き，自説を補強します．ポランニーは，生産諸団体もコミューンもそれぞれ別個の利益集団や圧力団体ではなく，生活者の集団としての共同社会における生産と消費という 2 つの側面を機能的に分割したものであり，この 2 つの集団に属しているのは実は同じ人びとなのだから，決着のつかない紛争はなく，依然として自分のモデルは有効であると主張します．ミーゼスはミーゼスで一歩も譲る気配を見せず，またポランニー説を支持する経済学者も現れることのないまま，両者の間の論争はやがて後者が

「論争」から撤退することによって打ち切られてしまいます．そして，この後の「論争」は，ポランニーの問題提起を省みることもなく，先に述べたような経緯をたどることになります．

　いったい，ポランニーと他の論者との間にはどのような視点の相違があったのでしょうか．この問題を考える上で注目されるのは，ポランニーの「交換」に対する独自の捉えかたです．もともと，ポランニーの社会モデルに影響を与えたのは，イギリスのギルド社会主義でした．19世紀から20世紀にかけての世紀の変わり目に，イギリスでは出版業者など小規模の生産者が同業者による互助組織をつくり，資金融通や生活保障など相互扶助を行いました．すなわち，組織を構成する同業者の間で，必要に応じて資金・財・サービスを相互に融通していたわけです．この場合，財やサービスの持ち手の変換は，貨幣を媒介にすることなく，一種の贈与交換に近い形式をとることになります．ギルド社会主義は，こうした非貨幣的な交換，あるいは互酬による取引をさまざまな生産部門に拡張し，また，部門間取引も互酬によって行うことで，市場交換を前提にした生産の方法を超えられると見ていたのです．

　ポランニーは，こうしたギルド社会主義の考え方を参考にして，生産者集団と消費者集団の間をも互酬関係で結ぶことによって，共同社会の経済を統合することができると判断するに至ったと思われます．ポランニーの考え方の基本は，諸集団間の協議を通して合理的な資源配分や所得分配が可能になるというものでしたが，その根底には，ここで述べたような互酬関係が想定されていたと見てよいでしょう．しかも興味深いのは，ポランニーのモデルでは，生産者集団も消費者集団も機能的に役割を分担しており，現実には生産活動と消費活動の両方にたずさわる生活者としての人間は，どちらの集団にも属しているということです．通常の経済学のモデルでは，生産と消費とは，それぞれ「企業」と「家計」という別々の経済主体に割り当てられ，「企業」間，あるいは「企業」と「家計」の間の財・サービスの交換は貨幣によって媒介されることになっています．市場経済においては，このモデルをもとにして市場を組織した

り，マクロ的に経済活動を調整したりしているわけです．

　ここでもし，人間が生産者としての自らの存在を自覚し，自分の労働力を資本家に売り渡すのではなく，自ら生産する財やサービスを社会に提供するという立場に立つとどういうことになるでしょう．「家計」は，労働力を提供し消費財を購入する基地としてではなく，生産活動を行う人間が生活する場所としてあらためて捉えられることになります．また，「企業」も，労働力を売り渡した人間が賃金を得るために働く場所ではなく，生活の場の延長として，社会が求めているものを生み出す場所として再認識されることになるでしょう．すなわち，「家計」と「企業」とを別々の経済主体として捉えるのではなく，むしろ，実際には，農民や自営業者などの生活空間，つまり生産と消費とが一体となった「完全な家」（das ganze Haus）のような生活単位に備わる2つの機能として考えることが可能になります．

　近代的な社会関係に馴染んだものの目からみると，このような社会モデルは時代錯誤的に見えるかも知れません．共同体から市民社会への移行を近代化の条件と見る限り，「完全な家」のように封建時代の残滓とも見られる制度を復活させることは歴史を逆転させることになるのではないかというわけです．実際，「論争」においてポランニーの主張が重視されずに忘れられていった背景には，こうした近代的な社会観による共同体的諸制度に対する否定的評価があったと思われます．そしてそれは自由主義者にも社会主義者にも共通して見られたことでした．

　「論争」から撤退したポランニーは，次第に非市場社会の歴史と現状に関する幅広い研究へと進んで行きます．そしてその過程で，名著『大転換』が生まれます．初版が1944年の発行ですから，ポランニーが「論争」に参加してからちょうど20年が経過したわけです．『大転換』は，市場社会に始まりと終わりがあることを，該博な歴史的知識を駆使して説いた一種の文明論といえますが，その中で彼は，マリノフスキーの『西太平洋の遠洋航海者』を引用しながら，互酬を通して生産と分配の秩序を保障する原始社会について

言及しています．互酬という行動パターンそのものは，アリストテレスの時代から「アンティペポントス」（antipeponthos）として知られており，特に目新しいものではありませんが，それが人間の社会における経済統合パターンの1つとして認識されるためには，何と言っても第1次世界大戦中にマリノフスキーによって行われたトロブリアンド諸島でのフィールドワークを待たねばなりませんでした．

　すでに述べたように，「論争」において機能的社会理論を提唱したときのポランニーは，事実上，互酬が経済統合パターンの1つであることに気づいていたと思われます．しかし，その時にはまだ，互酬はギルド社会主義の実験を通して想定された，理論的な可能性として捉えられていたと言ってよいでしょう．ところが，経済人類学あるいは社会人類学による原始社会の調査が進むにつれて，互酬は現実の様々な非市場社会に共通してみられる経済統合の主要パターンであることがわかってきたのです．『大転換』の初版が出版された年の終わりにはポランニーはすでに58歳になっていましたが，その後1964年に77歳でなくなるまでの20年間，彼は弟子たちとともに原始社会や古代社会の経済生活に関する比較研究をすすめることになります．そして，この研究の中で，互酬が交換や再分配とならんで，人間の社会における経済統合の主要な3つのパターンの1つであるという立場を貫いて行きます．

　では，互酬をこのように経済統合のパターンの1つとして明確に位置づけることによって，われわれの経済に対する理解にはどのような変化がもたらされるでしょうか．このことを知るために，ここでは貨幣を取り上げてみることにしましょう．

貨幣

　一般に，貨幣は交換手段であり，交換を媒介する機能をもとにして，さまざまな付随的機能が生まれると考えられています．本章の冒頭で交換概念の説明をしたときにも，このことは所与としてきました．ところが，人類学者たちによる原始経済の分析がすすむにつ

集会所に立てかけられた石貨　　　　　　　　　　　大きな石貨と小さな石貨

れて，市場取引とはまったく異なるコンテクストの中で貨幣が用い
られていることがわかってきました．たとえばミクロネシアのヤッ
プ島の石貨は，主として，種々の儀礼における贈与，あるいは紛争
の調停，祈禱，医療，家屋の建造など島内の各種のサービス行為に
対する支払として用いられていますが，島内で生産された産物を除
き，商品交換の手段としては使用されません．交換手段としては，
米ドルが用いられています．ここで大切なことは，原始社会が市場
社会に劣らぬ複雑な交換組織を持っているということです．われわ
れの社会では，冠婚葬祭のような儀礼においても，交換手段として
の貨幣をそのまま用いますが，原始社会では，儀礼的交換，あるい
は贈与交換において支払のために用いる手段と，商品としての財や
サービスの交換に用いる手段とを区別していることが多いのです．
たまたま，市場が未発達であるという理由で，ある地域には交換が
存在しないと判断すると，とんでもない誤りを犯すことになります．
　もっとも，非市場的なコンテクストの中で特定の目的にのみ用い
られる手段をはたして貨幣と呼んでいいのかどうかという疑問は残
ります．先ほど紹介したマリノフスキー自身は，交換機能を持たな
い貨幣は貨幣ではないと考えました．しかし，財やサービスが商品
として交換されるか，それともそれらが儀礼的に贈与されるかの相
違を明確にわきまえてさえいれば，市場の有無を問わず財やサービ
スの持ち手間の移動の手段として用いられるものを総称して貨幣と

石貨銀行

呼んでも差し支えないでしょう．むしろ，そうすることによって，原始社会に対する先入観を取り払うことが可能になります．しかも，こうして貨幣の多様性を認めておくことによって，逆に貨幣が存在すれば必ずそこに市場があると仮定する経済学的なバイアスをも排除することができます．

　互酬を経済統合の主要パターンとする社会には交換手段としての貨幣とは別に支払手段としての貨幣が存在するという知見は，また，貨幣の単線的な発展段階論に対して再検討を求めることにもなります．一般に，貨幣は物々交換の不便を解消するために考案されたものであり，最初は特定の物品が交換手段として使用されていたが，次第に貴金属によって代表されるようになり，ついには信用貨幣へと発展したのであると信じられています．しかし，この仮説においては，互酬的関係の中で用いられる貨幣を説明することができません．ヤップ島の石貨など，贈与交換の手段としての貨幣は，決して物々交換の不便を解消するために用いられたのではありません．石貨には一つ一つ固有の歴史があり，それによって各々の価値が異なっており，しかも，贈与の繰り返しの中で新しい歴史がつけ加えられていくため，価値を固定的にとらえることができません．石貨の価値は標準化されていないのですから，商品の購買手段としてはそもそも不適切と言えます．また，石貨は小さいものでも直径が数十センチあり，大きいものでは2メートルを超えますから，とても財

布に入れて持ち運ぶわけにはいきません．したがって，建物の周囲
や集落の決まった場所（石貨銀行と呼ばれている）に展示したまま，
個々の石貨の所有権だけが移転するということになります．

　このように，贈与交換専用の貨幣は，交換手段用の貨幣とは異な
った使用の起源を持ち，別々の社会的コンテクストの中で用いられ
るものであると考えられます．伝統的な共同体から市民社会への移
行が，もし，互酬から交換へと経済統合のパターンの変化を伴って
行われたとしたら，その場合には互酬のための貨幣は交換のための
貨幣に進化したのではなく，後者によって前者が駆逐されたものと
理解するべきでしょう．また，逆に，交換を主要な経済統合のパタ
ーンとする社会において互酬的な交換システムを作ろうとしたら，
交換手段としての貨幣とは別に，互酬用の貨幣を新たに創造する必
要があるでしょう．

内部貨幣──LETS

　現在，カナダやイギリス，それにオーストラリアやニュージーラ
ンドなどにおいて，LETS（Local Exchange/Employment and Trad-
ing System）という実験が行われていますが，これなどは現代社会
の中で互酬的な統合パターンを再生させようとする好例であると言
えます．すなわち，LETS では，同じ地域に住むメンバーが，それ
ぞれの技能を生かして財やサービスを生産し，メンバーの間でそれ
を分配するのですが，このとき，メンバーの間でのみ通用する内部
貨幣を用いて財やサービスの交換がなされます．この内部貨幣のや
り取りは，通常 LETS のセンターにあるコンピュータの中の帳簿
の付け替えによって処理され，現金のように持ち運ばれることはあ
りません．また，現金との交換は認めていませんので，この内部貨
幣を外に持ち出すことはできません．LETS での取引によって得た
貨幣は，LETS での取引のために支出するほかないのです．LETS
での個々の取引は商品交換と類似していますが，交換を媒介する貨
幣の働きは，むしろ石貨銀行に滞留する石貨に近いと言えます．事
実上，LETS のメンバーは内部貨幣を仲立ちとして互いに財やサー

ビスを贈与し合っているのです.

　現在，世界に LETS は 500 組織ほどあると言われています．しかし，個々の LETS はせいぜい数百人のメンバーから成り立っているにすぎませんので，これを 1 つの社会における経済統合のパターンとして位置づけることは困難かもしれません．にもかかわらず，LETS の実験は英語圏を中心にして今後さらに広がる勢いを示しています．これは，現代社会においても商品交換や再分配だけでは満たされない領域というものが存在しており，互酬パターンの導入によってはじめてそれが満たされうることを示唆しているのではないでしょうか.

　ポランニーが晩年に取り組んだ経済人類学の研究は，このように現代社会の中で光の当たりにくい領域を照らし出すための道しるべとしての位置を占めています．そしてまた，共同体的な制度に現代的な意味を読みとることをも可能にしてくれます．たとえば，「村八分」は非民主的な封建遺制として今日では否定的な評価が与えられていますが，かつては地域で共有の資源を維持し管理するためになくてはならない制裁手段でした．地域の資源を共同で管理するためには，個人による資源の勝手な使用を制限する必要がありますが，資源の使用（権利）と資源の保護（義務）を互酬パターンに従わせることによって「入り会い」のような慣行が生まれ，違反者には「村八分」が適用されることになるわけです．念のためにつけ加えておけば，このように述べたことによって「村八分」のすべてが正当化されるわけではありません．ここで論じているのは，「村八分」が適用されるべきコンテクストの内においてその意味が正しく評価されなければならないということなのです.

　1980 年代の末から 90 年代の初めにかけてのソ連や東欧諸国の相次ぐ崩壊と，その後のそれらの地域における市場経済の急速な導入によって，今や世界中が商品交換のパターンによって統合されようとしています．また，学問の世界を見渡してみても，商品交換形式をモデル化した形式的経済学が追い風を受けて，ますます幅を利かせてきているように見えます．かつての「社会主義経済計算論争」

には，少なくとも交換原理を相対化させようという対抗勢力が存在していましたが，いまではそのような勢力すら衰退してしまっています．はたして知の世界は退化を始めたのでしょうか．それとも，新しい知を求めて模索が始まっているのでしょうか．私自身は後者であってほしいと願っています．そして，以上で述べてきたような交換をめぐるささやかな論考を通して，商品交換形式を超えるような新しい論理の展開をさらに進めてみたいと思っています．

20 世紀この 1 冊！

1944 年　カール・ポランニー『大転換』（吉沢英成他訳，東洋経済新報社，1975 年）

　大学院時代にはじめて読み新鮮な驚きを覚えました．カナダ留学中に原書で読みもう一度感動しました．大学の教員になってからは毎年講義の準備をするたびにあちこち読み返しています．何回読んでも新しい発見があり飽きることがありません．20 世紀最大の古典の 1 つと呼ぶにふさわしい名著だと思います．

　なお，「機能的社会理論と社会主義の計算問題」は，ポランニー『経済の文明史』（玉野井芳郎他訳，日本経済新聞社，1975 年）に収められています．同書には，ポランニーの「貨幣使用の意味論」という論文も収録されています．さらに詳しいことを知りたい人は，ポランニー『人間の経済』（I・II，玉野井芳郎他訳，岩波書店，1980 年）を参照してください．なお，経済人類学そのものを知りたい人は，山内昶『経済人類学への招待』（筑摩書房，1994 年）および同著『経済人類学の対位法』（世界書院，1992 年）が手ごろです．ハイエク（F. A. von Hayek）による「社会主義経済計算論争」の整理については，ハイエク編『集産主義計画経済の理論』（迫間真次郎訳，実業之日本社，1950 年）を参照してください．「完全な家」に関しては，ブルンナー（Otto Brunner）の『ヨーロッパ――その歴史と精神』（石井紫郎他訳，岩波書店，1974 年）を参考にしてください．マリノフスキー（Bronislaw K. Malinowski）の『西太平洋の遠洋航海者』は，『世界の名著 71：マリノフスキー，レヴィ＝ストロース』（増田義郎他訳，中央公論社，1980 年）に収録されています．互酬についてさらに詳しく知りたい人は，モース（Marcel Mauss）の「贈与論」が参考になります．「贈与論」は『社会学と人類学』I（有地亨他訳，弘文堂，

1973 年) 所収. また, サーリンズ (Marshall Sahlins) の『石器時代の経済学』(山内昶訳, 法政大学出版局, 1984 年) も一読の価値があります.
ヤップ島の石貨については, 牛島巌『ヤップ島の社会と交換』(弘文堂, 1987 年) を, また, LETS に関しては, 槌田敦・室田武編『循環の経済学』(学陽書房, 1995 年) 所収の拙稿「経済循環と地域通貨」を参照してください.

カオスとはなにか
複雑系の科学へ

■

金子邦彦

■微小な差異が予測不可能な大きな差異を生む——あらゆるダイナミズムの根本がこれです．一意的な決定性を逃れるが故に省みられることのなかったこうした論理が，自然科学で大きく取り上げられはじめています．文科系と理科系の知性が出会うべき新しい境界領域でもあります．**（K）**

カオスの発見まで

　最近，カオスということばをしばしば耳にするかと思います．むろん，カオスという考えは決して新しいものではありません．多くの神話には現れるものですし，ギリシア哲学の中ではアナクサゴラスやエピキュロスの考えの中に今日のカオス研究と照らしても興味深い断片が見られます．また，『荘子』の中にある「渾沌の死」の話は有名でしょう．渾沌という目鼻のない王様にお世話になった王様たちがお礼をしようとして感覚器に対応する穴を1日に1つずつあけていったら7日目で渾沌が死んでしまったというものです．ここでは渾沌を人間のあさはかな，分析的な知で捉える試みの限界が語られています．

　カオスについて議論していく上でまず，力学系的な世界観ということを考えましょう．この世界観の基本には自然の変化のしかたには何らかの決まった規則があるということがあります．状態の変化を支配する法則があって今の状態を知ればその法則によってこれから先の状態の変化は決定できるというものです．これがもっとも典型的にあらわれたのはニュートン方程式であり，それは例えば天体の運動の予測で見事な成果をおさめたわけです．こういった自然観はラプラスによって，「もし今の状態をすべて知ればこれからの状態はすべて予測できるもの」として表現されています．ただし，ラ

プラスはこれを確率論を構築する本に書いたのであって，われわれは全知全能でないからその無知の部分を確率で表現する，と続いていくのです．それゆえ天体の運動は予測できても同じようにニュートン方程式に従うサイコロやルーレットはデタラメなもの，従って確率で表現すべきものの代表選手とされているわけです．はたしてこういった二分法は本当に正しいのでしょうか．さらに初期の状態さえ決めていればあとは決定されるというのであれば，いったい自由意志とかあるのだろうかという疑問は当然湧いてきます．結局，われわれは初期状態と法則を完全に知り得ていないから自由意志という幻想を抱いているだけなのでしょうか．

　カオスはそういった問題に新しい視点を提供するのですが，現代的な意味でカオスということを最初に認識したのはポアンカレでしょう．彼は天体の3体運動の研究の中で今日ではカオスと見られる軌道を理論的に見出していましたが，『科学と方法』の中で偶然について次のように述べています．「我々の目にとまらぬ程の小さな原因が我々の認めざるを得ないような重大な結果を引き起こすことがあると，かかる時我々はその結果は偶然に起こったという……．（中略）……最初に於ける小さな誤差が後に莫大な誤差となって現れるであろう．かくて予言は不可能になってここに偶然現象が得られるのである……」．ここには初期条件の小さな差の増幅によって決定論と確率論を結びつけるという現在のカオスの視点が既に表現されています．このあとでポアンカレは小惑星の運動，気象，ルーレット，トランプの切り方などの例を挙げていますが，それらは皆，現代的な意味でカオスとされているものです．

カオスの発見と特徴

　さてカオス研究には上のポアンカレをはじめ様々な先駆者たちがいるのですが，最近の発展の上で画期的な寄与をしたのはローレンツの1963年の論文です．気象学者のローレンツは大気の熱対流運動を非常に簡単化した微分方程式を考えました．これは大気の温度や流速に関係した状態 x, y, z の変化を表わす式で

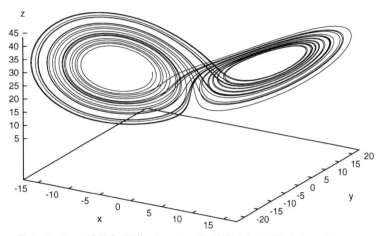

図1　ローレンツ方程式の軌道. (x, y, z) が描く軌跡をある時間にわたって描いたもの.

$$dx/dt = a(y-x), \quad dy/dt = -xz+rx-y, \quad dz/dt = xy-bz$$

$$(a, r, b \text{ は定数（パラメータ）})$$

のように表わされます（微分方程式は難しいという方は，単にちょっと先の時間で状態がどう発展するかを決めた規則だと思って下さい）. 彼はこの方程式を数値計算した結果，周期的でない，不規則な運動があることに気づきました. 状態の変化を見るにはその変数のなす空間（今の場合だったら (x, y, z) の3次元の空間）に軌道を描いていくとよくわかります. ローレンツの例では (x, y, z) の変化は図1のように左右の目玉のまわりを回っていくのですが，どっちを何回まわったら次に移るといった規則性はないのです. さらに彼はこの軌道が初期条件をほんの少しだけずらすとその差がどんどん指数関数的に（鼠算のように）増幅していって大きくなってしまうことに気づきました. 図2に初期条件を 0.000001 だけずらした2つの場合について実線と点線で y の変化を書いてみました. 初めは区別のつかない2つの軌道の差が急に増加していく様子が見えるでしょう.

　なぜこのようなことがおこるのでしょうか. まず空間をある断面で切ってみます. そして軌道が断面をあるときに横切って次にどこに移るかを考えてみます. するとある2次元面の中で点を順番に写していくことになります. こういった2次元面での点の変換の規則

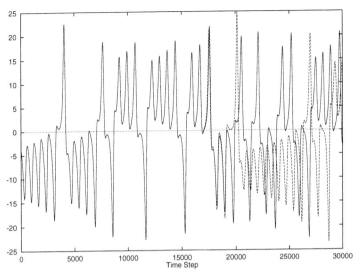

図2 ローレンツ方程式の y（縦軸）が時間とともにどう変化するかを描いたもの．点線は実線の場合から初期の y の値を 0.000001 だけずらしたときの変化．

の本質的な部分は図3で描かれたような変換で与えられます（これは，スメールの馬蹄型力学系といわれるものです．ただし，ローレンツが考えた方程式ではこのように簡単にはならないのですが，ここでは本質的な構造のみに着目することにします）．図の長方形 ABCD の上の各点から出発した軌道の束は1周回ってくると図の A′B′C′D′ にやってきます．つまり，軌道は伸ばされて折り畳まれるのです．この伸ばすということで初期条件の小さな差が（指数関数的に）増幅されるというカオスの性質が説明されます．図では1周回ってくると2つの初期状態 X_1, X_1' の差は約2倍になります．そこで何度も回っていく間には2倍2倍に増えていくので小さな差は指数関数的に増えるわけです．このような伸ばして折り畳むというやりかたはわれわれがパンやパスタやそばやうどんを作る際にやることと同じです（上の変換では1周回ってくると ABCD の面積が減っていますが，むろんパンをこねる場合には面積は減りません．しかし，この場合も本質的なところは同じです）．こういった人類古来のカオスの"利用"は，実はカオスが軌道の点をよく混合するという性質をもつことに基づいて

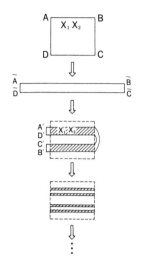

図3 スメールの馬蹄型力学系.（ABCDの長方形が，1周軌道を回ってくると A′
B′ C′ D′ に写されます．いま長方形の中に着目して，これを繰り返していくと
無限個の，無限に縦縞模様が描かれます．カオスの軌道（例えば図1）を断面
で切って見ると，このように無限の細部構造があります．ここで2つの点（例
えば X_1 と X_2）の距離は1周回ってくるごとに約2倍に広がることもわかりま
す．それが図2で見たような，初期条件の差の増幅をうむのです．）

いるわけです．

　では，カオスの軌道は幾何学的にはどんな図形を描くのでしょう
か，もし周期的な運動であれば，軌道は変数の空間の中（ローレン
ツの例では (x, y, z) の3次元空間）で，ある閉じた1本の曲線の上を
回っています．さらに「うなり」とかで体験したことのある，2つ
の周波数をもつ振動の重ね合わせの際には軌道は2次元の面，例え
ばドーナツの表面をくるくる回っています．ローレンツが見出し，
その後，様々な系で確認された軌道はこのどちらでもありません．
軌道は限りなく細かく続く，いくつもの2次元面の上にあるように
見えます．断面を切ってみると，図3のようにほぼある曲線の集ま
りにみえますが，それを拡大するとまた，たくさんの曲線の集まり
があり，それを拡大するとまた，というような無限の細部構造をも
っているのです．さらに，この構造の一部を拡大するとまた，大体
同じような細部構造を持つという，自己相似とよばれる性質があり

ます．このことは先程の ABCD から A′ B′ C′ D′ への変換を繰り返していったときに残る図形が無限に細かいスケールまで繰り返される線の構造になることから想像できるでしょう（この幾何学的性質はフラクタルと呼ばれています）．

　ローレンツの研究は 10 年近く注目されなかったのですが，70 年代になって評価され，流体の乱流をはじめ様々な系でのカオスの研究が進み，カオスの発生機構，カオスの性質の記述法，カオスの情報生成過程などが明らかにされるとともに多くの物理化学現象でカオスが見出されてきます．生命現象ではもともと個体数の変化をあらわす式でカオスは調べられており，例えば麻疹の患者数のデータなどからも調べられていますが，近年では心臓のリズムや脳波などでカオスの存在が調べられています．特に，脳波との関連ではカオスが記憶の生成，記憶の探索，自発的な連想などに関係するのではないかという研究が現在行われています．

　注意しなければならないのはカオスが決して特殊な現象でなく，それどころかカオスが起こらないのがむしろ特別な状況であるということが認識されてきたことです．以前には無意識のうちにカオスが出ないような実験のみを選択していたのです．たいがいの線型でない方程式では適当なパラメータでカオスが起こるのです．ですから，経済・社会現象でもカオスが重要な役割を果たしている可能性は高いでしょう．また，カオス即予測不能というのは一面では正しいのですが，しかし多くの場合は統計的な予測は可能であるということです．つまりローレンツの例では右の目玉にいる割合が何％かといった確率的な予測はできるということです．1 本の軌道の予測不能性と統計的な見方をつないでいるのがカオスともいえます．

対立図式の止揚としてのカオスの意義

　ここまで見てきたようにカオスは決定論の枠内でありながら，その限界を示しているともみなせます．初期条件のどのように小さな差でも大きな差へと増幅されてしまうから，われわれが無限精度の観測を行えない限り，決定論でありながら確率論を導入せざるをえ

なくさせてしまうのです．こうして決定論か確率論かという二者択一的な対立はカオスの中に止揚されたと考えられます．実は上のような対立はいろいろなところで姿をあらわしています．生命現象では遺伝によってプログラムされているのか外界からの予測できない影響で左右されているのかという対立は老化の問題をはじめとして多く見られます．また工学でも，プログラムしておくという立場と外界からのコントロール不能な影響を重視する立場の対立はしばしば見られます．その典型的な例は，現在のコンピュータの基礎をつくったフォン・ノイマンとサイバネティックスの創始者のウィーナーの立場の対決にみられます．フォン・ノイマンがいかにエラーを除去してプログラム通りに動かせるかを計算機設計で考えていくのに対し，ウィーナーはむしろ雑音と共存するという視点があるようです．カオスのようにプログラムされた世界から「雑音」が発生するという事態はこの両者の立場の対決を違う次元に止揚してしまうわけです．

　カオスが何故われわれのものの考え方に大きな変革をもたらしたかということの理由に，このような２つの相反するような立場の止揚ということがあると思います．上のは決定論対確率論でしたが，この他に，秩序対乱れ（ランダムネス）ということがあります．カオスは元来コスモスに対する言葉だったためもあって，まったく乱れたものという印象を与えがちです（カオスという言葉を採用したのがよくなかったのかもしれないのですが）．実際は乱れと秩序をともに含んでいるというのが正しい見方でしょう．カオスの運動の中から秩序的な部分をとりだすこともできますし，乱れた部分をとりだすこともできます．そしてそれぞれの度合は対象とするカオスによって異なっているのです．カオスという捉え方を知ったが故に今まで雑音だとしか思えなかったデータに何らかの法則性が見出されたということも多々あります．実際，カオス研究の曙の頃には「失敗だと思って机の奥にしまっていたデータをとりだしてみたら，何と……」という話がよくきかれました．このようにカオスは乱れ対秩序という二分法自体を無効にしてしまったのです．

近年，還元論の限界というようなことがよく言われたりします．むろん「素粒子がわかればすべての自然現象がわかる」とか「DNA がわかればすべての生物現象がわかる」といった原始的な要素還元論の立場は批判すべきものですが，還元論一般を安易に批判して今までの科学は駄目だというのはかなり危険です．カオスで重要なのはある意味では還元論的な枠から出発してそれ自体の限界をつきつけた点なのです．例えばカオス研究で出発点にしている方程式は多くの場合，科学者の扱っている中では相当，単純なものに属しているでしょう．ローレンツの例などはその典型です．たった 3 つの変数しかないわけですから．

　一方，カオスがあればどんな小さな差も増幅されるのでミクロとマクロの単純な分離を不可能にします．われわれはマクロな現象を見る時にそこで，マクロな運動のレヴェル（例えば大気の運動のしかた）とミクロな運動（分子の運動）は分離して考えたいわけですが，カオスがあるとつねにミクロな揺らぎは大きく増幅され，マクロなレヴェルにつながってしまうのです．

　還元論の底には全体は要素を足し合わせればわかるということがあるわけで，実際われわれはいろいろな運動を簡単な運動の足し合わせとしてとらえるということに慣れています．典型的な例は運動を周期的な運動の重ね合わせとして捉えることです（例えば音をいろいろな周波数の混ざったものとして扱うことなどです）．こうした重ね合わせは線型な系，つまり影響と応答が比例している場合には成り立ちますが，非線型の場合には成り立ちません（これは難しいことでなく，単に $k(x+y)=kx+ky$ だけれども，例えば $(x+y)^2 \neq x^2+y^2$ ということを言っているだけです）．実際，たった 3 つの変数で動くローレンツ方程式を周期運動の足し合わせで記述しようとすると無限個の周波数を用意しなければならなくなるのです．かくて要素の足し合わせで記述する試みはかならずしもうまくいかなくなってしまうわけです．カオスを記述するのにはなんらかの形で全体をとらえることが必要になってきます．このようにカオスは還元論対全体論という対立図式をも乗り越えることをよびかけているのです．

われわれはカオスを研究していていろいろな統計量をはかってそれを記述し分析的研究を行っています．しかしそれだけでは，カオスの軌道を追っかけてみた面白さを伝えきれていないというもどかしさがいつも残ります．このことは1本の軌道対統計量という決定論対確率論の対立，そして少数の統計量に還元することの限界を示しているわけです．いいかえるとわれわれはこの節で挙げた対立図式の克服をめざしてまだ冒頭の『荘子』の掌の中でもがいているというわけです．

複雑系の科学に向けて

　僕自身はカオスを出発点にして動的に複雑な系の見方を作っていきたいと考えています．複雑系の科学をいかに作っていくかには様々な視点がありますが，ここでは3つの点に簡単に触れます．

　まず多くの要素が互いに関係しながら変化しているようなシステムを考えてみましょう．こういう例は物理現象でも見られますが，生命現象そして社会システムや経済現象に典型的な例が数多くあるでしょう．ここでカオスがあれば一つの要素が小さな変動を受けるとその差は拡大して他の要素に伝わっていくので，その結果，弱い因果連鎖が大きな差異をもたらしていきます．そこで多くの要素が強く関係を持ち，さらにその関係が動的に変動している状況をとらえる必要性が生じてくるのです．

　カオスを示す要素が空間に配置され互いに影響を及ぼしているCMLというモデルでは，空間のある一点に小さな乱れ（ないし入力）が入ると，次第に大きな差となって遠い点まで伝わっていきます．その結果きれいなパタンが形成されることもありますが，またカオスによりパタンが崩壊され，そして次のパタンが形成されるということが続いて起こったりします．カオスを示す要素がネットワーク上に配置されている場合には振動のしかたの関係性が形成され，そろって振動するクラスターが形成されたり，またその関係がこわれたりもすることが見出されています．

　こういった多くの要素の間の関係性のダイナミクスといった見方

の必要性は生物のネットワーク系では広く見られるものです．脳の問題では，最近，神経集団間の活動電位の同期の変化によって関係性が形成，変化することが注目されています．特にカオス要素の結合系では相互作用によって同一の要素が違った振舞いをするように分化することは生態系の多様性の起源や細胞の分化に重要な意義があるでしょう．また，生態系の中の多くの種の個体数の変動による関係性の変化とその生態系の安定性といったことがカオスネットワーク系の視点から議論され，そこでは弱いカオスによる安定性維持機構として「ホメオカオス」という概念が提唱されています．そしてこのような視点は経済現象，社会組織にも重要になっていくでしょう．

　第2の点はカオスを引き金とした新しい性質やレヴェルの生成です．生命，社会現象ではあらかじめ個々の要素（エージェント）の中にあらわに組み入れられていない性質が自発的に生成され（て見え）るということがあります．このような性質はポランニー（マイケル）にならって「創発」としばしば呼ばれていますが，もしプログラムが完全にコントロールされていれば起こりそうにありません．これに対してカオスの持つコントロール不能性によってプログラムで書かれた記述以上に複雑な振舞いが現われる可能性があります．進化を通して新しいレヴェルの性質が現われてくる「起源の問題」（生命，真核生物，多細胞生物，性，社会性，言語などの起源）はよくわかっていないことが多いのですが，こういった問題にカオスがかかわってくる可能性があるでしょう．

　第3は複雑系のモデル化の問題です．カオスでは何らかの全体的記述が要求されるわけで，現象に1対1に対応した描写的なモデル化には限界があります．そこで複雑な系のモデル化に当たっては新しい方法論が必要です．最近，「構成型」のモデル化が提唱されていますが，これはコンピュータの中に仮想世界を構築することで複雑なシステムを理解していこうとするものです．かつて小松左京が（SFをなぜ書くかについて）「フィクションの形でしか告げられない真実がある」と述べていますが，複雑系の研究では，現実とは「虚実皮膜」のようなつながり方をした仮想世界を作っていく必要があ

るのではないかと考えています．特にこういうアプローチは生命系や社会のような歴史性をもった系には必須なのではないかと考えているのです．

参考文献

『荘子』内篇（岩波文庫）．

ポアンカレ『科学と方法』（岩波文庫）．

　カオスの教科書は今やたくさん出ています．日本語訳のものでは，ベルジェ，ポモウ，ヴィダル，相沢洋二訳『カオスの中の秩序』（産業図書，1992年）など．短い解説ではクラッチフィールドらによるもの（Scientific American；日本語訳，サイエンス1985年9月号）．

　カオスを基に脳の働きを考えようとする試みについては，津田一郎『カオス的脳観』（サイエンス社，1991年）．

　複雑系について，金子邦彦・津田一郎『複雑系へのカオス的シナリオ』（朝倉書店，1995年秋出版予定）（後半は専門的ですが，第1章はかなり一般向けに書いたつもりです），『日経サイエンス』「複雑系の科学」特集（1994年5月号），『数理科学』「複雑系の科学」特集（1992年6月号）など．

20世紀この1冊！

　カオスでも自然科学一般でも1冊を挙げるのはほとんど不可能と思います．自然科学では論文の集積として研究は進んでいくことが多く，かなり影響を与えた本だとしても，「1冊」とするのにはためらいが感じられてしまうからです．量子力学にせよ，ゲーデルの不完全性定理にせよ，フォン・ノイマン，チューリング等にせよ1冊を挙げるのは困難です．もしカオスで1篇論文をと言われれば，反論が（特に数学者から）多いでしょうが，僕はE. N. Lorenz, "Deterministic Nonperiodic Flow", J. Atmos. Sci. 20 (1963) 130-141を挙げたいと思います．どの分野でもそうだと思いますが，最初の突破口を開いた論文には，その後のその分野の可能性が詰められていることが多いのです．

　複雑系の方はこれからどう発展するか期待と不安の入りまじった段階です．分野上，「1冊」とはなりにくいでしょうが，あと5年の間に「20世紀このn冊」（n≧1）が現れるのではないかと思います．個人的には，日本の現在の複雑系研究の熱気の中から，そのようなものが生れてくると（期待をこめて）思っています．

歴史のなかの論理
他者の論理・創造の論理

■

可能性の限界まで押し広げられた論理空間の中に，複雑さに対応する記述の論理が星雲として渦巻く．いってみれば，そういった，時間をもたぬかのような宇宙の中，私たちの行為と関係は，どこに現れるのでしょうか．この第IV部であつかわれているのは歴史です．その長さはたかだか数千年，それも全てはこの小さな星の上のこと．しかし私たち人間の行為と関係は（ポンペイの「不倫」はもちろんのこと），全て，歴史という場処に，時間という性質を帯びて立ち上がるのです．その歴史の時間性はこの近代においては「進歩」と呼ばれる，ある俳人のことばを借りれば，私たちを貫く棒の如きもの，でありました．ここの6本の文章に書かれているのは，その近代の歴史観の変容であり，具体的な解体の方法です．そして，変容し解体されるのは，書割りのように私たちの背に立っている歴史，そんなものではなく，私たち自身の持つ，他者への行為と関係性という「歴史」なのです．（**F**）

フィクションとしての他者
オリエンタリズムの構造

■

丹治　愛

■他者と出会う——それは，口で言うほど簡単ではありません．われわ
れはしばしば，みずからの共同幻想を通じて他者を捏造してしまいが
ちです．自分の幻想の論理を押しつけることで，他者から言葉を奪い，
他者を「沈黙」と「わめき声」のうちに押し込めてしまいます．(**K**)

序

　この章では〈自己〉と〈他者〉とのかかわりを，いまからちょう
ど1世紀まえの前世紀末（1899年）に発表されたジョウゼフ・コン
ラッドの『闇の奥（*Heart of Darkness*)』の部分的な読解をつうじて，
〈オリエンタリズム〉という観点からながめてみたいと思います．
〈オリエンタリズム〉というのは，もちろん第一義的には，西洋が
歴史をつうじて，あるいはとくに18世紀末以降，東洋にたいして
投射してきた共同幻想的東洋像を意味しています．しかし，結局の
ところ，それは，あらゆる民族が行ってきた〈他者〉構築の典型的
なかたちのひとつにほかならないのではないでしょうか．私たちは
そのようなものとしての〈オリエンタリズム〉の構造を，あるいは
〈オリエンタリズム〉のなかで生じている〈自己〉と〈他者〉の関
係を，エドワード・サイードの『オリエンタリズム（*Orientalism*)』
（1978年）あるいは『文化と帝国主義（*Culture and Imperialism*)』
（1993年）を参照しながら考えてみることにします．

帝国主義批判

　『闇の奥』は，世紀末（レーニンによれば1897年）においてクライ
マックスに達したと言われている西欧の帝国主義，より具体的にい
えばコンゴにおけるベルギーの帝国主義的支配をあつかった小説で

す．主人公にして語り手のマーロウというイギリス人が物語るのは，彼がなん年かまえにアフリカの奥地へコンゴ川をさかのぼったときの体験です．コンゴをベルギーの植民地とすることに大いに力のあった H. M. スタンリー『暗黒大陸横断記（*Through the Dark Continent*)』（1878 年）のタイトルが示しているとおり，アフリカは当時文明の光の射さない「暗黒大陸」として形象化されていましたから，「闇の奥」というタイトルは，第一義的には「暗黒大陸」たるアフリカの奥地を意味していると考えていいでしょう．

ところで私たちにとっては否定的な意味をはらんでいる帝国主義という観念は，前世紀末においてはいまだかならずしも否定的なものではありませんでした．たとえばヨーロッパのアフリカにたいする帝国主義的支配は，アフリカの「闇」に文明の「光」をもたらすという啓蒙主義的理念によって正当化されていたのです（「啓蒙」は英語では Enlightenment といいますが，それは文字どおりには「光で照らす」という意味です）．非道な植民地経営によりしばらくのちに悪名をはせることになる当時のベルギー国王レオポルド 2 世自身が，『闇の奥』発表の前年（1898 年）の時点で，「国家の代理人たちがコンゴにおいて果たすべき使命は，気高い使命である．彼らは赤道アフリカの奥地における文明の発達を継続しなければならない」と堂々と述べていました．

コンゴにおけるベルギーの残虐な帝国主義的支配を批判する作品として評価されてきた『闇の奥』は，実際，そのような啓蒙主義的な観念の下に横たわる帝国主義の真実の姿をはじめからしっかりと見抜いているマーロウの視点をとおして，帝国主義批判のテーマを明確にうちだしています．たとえばマーロウは，アフリカに発つ直前にアフリカ行きの口添えをしてくれた伯母をたずねたときのことを，つぎのように回想しています．

> 光の使者のようなもの，幾分安手の十二使徒のようなもの．そのころはそんなふうなたわごとがたくさん印刷され，口にされてもいたので，このお偉い伯母もすっかりそうしたたわごとの波にもまれて，足元をさらわれていたかたちだった．彼女は，「無知蒙昧な土民大衆を，その恐る

べき生活状態から救い出す」とかおっしゃった．とうとうぼくは居心地のわるい気分になったほどだった．そこでぼくはあえて，あの会社は営利目的で動いているんですよ，とほのめかしてみた．

　帝国主義の目的が，「光の使者」「幾分安手の十二使徒」として「無知蒙昧な土民大衆を，その恐るべき生活状態から救い出す」という道徳的使命にあるのではなく，暴力の行使による「営利」の追求にある——マーロウはそのような帝国主義の真実をしっかりと見通しています．「この地上の征服というのは，よくよく見れば美しいことなんかじゃない．それはたいていの場合，自分たちと異なった肌の色をし，自分たちよりわずかに鼻の低い人間から彼らのものを奪いとることなんだ．それをつぐなうのは観念だけだ．征服の背後にある観念だけだ」——このように述べるマーロウの反帝国主義的な態度は，そののち彼がアフリカにおもむき，そこでのアフリカ人にたいするヨーロッパ人の暴力の行使を実地に観察することによっていよいよあきらかになっていきます．

　たとえばアフリカ到着後，コンゴ川河口からしばらくさかのぼったところにある最初の出張所において，彼は，「犯罪者と呼ばれ」「ひとりひとり首に鉄環をはめられ，それがたがいに鎖でつなぎあわされて」いる黒人たちが，まことに過酷な奴隷労働を強制されているのを目にします．そして木立の陰には，そのような労働の果てに病気と飢餓にさいなまれた黒人たちが，じっと死を待って横たわっているのも見ます．帝国主義の美しい理念の陰に隠されているこのような醜い真実を語るマーロウの口ぶりには，帝国主義にたいする人道的な批判がまぎれもなく存在していると言えるでしょう．

〈他者〉としてのアフリカ

　しかしマーロウがほんとうに帝国主義的理念から完全に自由であったのかについては，実を言えば，かなりの疑義があります．たとえば彼のアフリカ観を少しながめてみましょう．すぐに気づくことは，彼の語るアフリカのイメージはつねにヨーロッパの対極に位置づけられている，ということでしょう．たとえば，文明化したヨー

ロッパが「光」をあらわすのにたいして，原始的なアフリカは，「闇の奥」というタイトルが示唆しているとおりの「暗黒大陸」であり，「闇」によって表象されています．また，ヨーロッパが「足元の堅い舗道」によって敷きつめられ，「ふたつの錨でつながれた船のように，ふたつの立派な所番地によってしっかりつなぎとめられ」た区画化された土地と化しているのにたいして，アフリカは柔らかい「泥」の世界——「河岸がくさって泥となり，水が濁って軟泥となっている」，「泥の臭い，原始の泥の臭いが鼻をつく」——そういった世界として呈示されます．すなわちそれは，水と土がその境界を失っている柔らかく無定形の未分の大地なのです．

　アフリカのイメージとしてさらに重要なのは，「沈黙」（silence, stillness）と「狂乱」（frenzy）というふたつの相矛盾するイメージでしょう．「この土地の沈黙——その神秘，巨大さ，そしてその奥に秘められた生命の驚くべき真実——それはひしひしと心の奥底にせまってきた」．アフリカの自然が示す，「神秘」を内包する「沈黙」といったこのようなイメージは，アフリカ人たちが示す「不可解な狂乱」としての「わめき声」というもうひとつのイメージと，テクストのなかで並存しています．「川筋をやっとの思いで曲がると，重たげに垂れたまま動かない茂みの陰から，とつぜん，〔中略〕爆発するようなわめき声が聞こえたり，手を打ち，足を踏み，全身を揺すぶり，眼をぐるぐる回している真っ黒い肉体の躍動が見られたりしたものだった．船は黒い，不可解な狂乱の間近をゆっくりと進んでいった」．

　「沈黙」と「わめき声」というこのイメージは，一見たしかに相矛盾するものでありながら，ヨーロッパ人にとってともに「神秘」「不可解」であるという点においては，じつはひとつのものであるとも言えます．すなわち両者はともに，ヨーロッパ人が己れの言語をとおして理解することのできない，ヨーロッパ的言語の対極にあってそれをこえたなにものかなのです．したがって，このアフリカ的な「沈黙」あるいは「わめき声」の対極にあるのは，混血のイギリス人と混血のフランス人の息子として「ヨーロッパ全体が集まっ

て［彼を］つくりあげていた」と語られている理想的ヨーロッパ人としてのクルツという人物の「言葉」です．マーロウにとっては「なんらかの行為」としてではなく，ただ「声として」存在していたクルツ——「問題は彼が天才であり，しかもその才能のなかでとくに際立っているもの，真の存在感をそなえているものが，彼の会話の能力，彼の言葉——彼の表現の才であった」と語られているクルツです．

　まとめるならば，「闇」「泥」「沈黙」「わめき声」というイメージをあたえられているアフリカは，「光」「堅い舗道」「言葉」というイメージをあたえられているヨーロッパの完璧な対極として呈示されているのです．あまりにも完璧な対極——ここにマーロウがほとんど無自覚のままとらわれている〈オリエンタリズム〉の構造があらわれていると言ってもいいでしょう．すなわちアフリカとはヨーロッパの対極的な〈他者〉として，ヨーロッパの〈自己〉像からはみ出したさまざまな否定的イメージが投射されているごみ捨て場として存在しているにすぎないのです．彼のアフリカ像は，おそらくはアフリカの実体——もしもそのようなものがあるとすれば——をリアリズム的に反映したものであるというよりも，〈自己〉が自分のものとは認めない否定的なイメージを彼方に投射することによって織りあげる共同幻想的フィクションとして存在しているにすぎないのです．

〈進歩〉のイデオロギー

　しかもヨーロッパとアフリカの対極的イメージは，啓蒙主義以来の西欧を支配していた大きなイデオロギーのなかに，これもまたほとんど無自覚のうちにからめとられています．それこそが，あらゆる民族は原始の闇から文明の光へとつづく決められた一本道を一歩一歩歩むよう定められているという〈進歩〉のイデオロギーにほかなりません．そのなかには，それぞれの文化にはさまざまに固有の道がありうるという文化の相対性という観念はみじんもありません．したがって〈進歩〉のイデオロギーのなかでは文化の相違は文明化

の程度における優劣の差として理解されざるをえないわけです。こうしてアフリカは人類史の初期の段階、そしてヨーロッパはそのもっとも進んだ段階に属していると見なされるにいたるのです。

　たとえばコンゴ川をさかのぼりつつあるとき、マーロウは、「その川をさかのぼることは、この地上に植物がおい茂り、巨木が地上の王であった原始の世界へと帰っていく感じだった」と述べています。アフリカの「闇の奥」へと進んでいく空間的な旅は、マーロウにとって、進歩の過程を逆にたどって「巨木が地上の王であった」原始時代へといたる時間的な旅（タイム・トラヴェル）となるのです。そして、「ぼくたちは先史時代の地球、まだ未知の惑星といった様相を帯びている地球における放浪者だった。[中略]ぼくたちは原始の夜、とうに過ぎ去り、あとにほとんど痕跡も、そしていっさいの記憶すら残していない原始の夜を旅していた」と述べるマーロウは、アフリカの黒人たちをいささかのためらいも見せずに「先史時代人」と呼び、「いまだに時間のはじまりに属している」彼らにたいして自分たちヨーロッパの白人は、「果てしない年代をへだてたこちら側」にいるものと考えるのです。

　要するにマーロウにとってのアフリカとは、ヨーロッパと同時代的に存在するもうひとつの大陸などではなくて、「先史時代」においてヨーロッパがそうであったもの、しかし「果てしない年代」を経過するうちに、ヨーロッパがついに「ほとんど痕跡も、そしていっさいの記憶すら残」さずに克服した（と思いこんでいる）なにものかにほかなりません。いまはそうでないにしても、かつては自分そのものであったがゆえに、いっそう激しく否定せざるをえないもの——そういうものとして、アフリカとはヨーロッパの否定的〈自己〉であり、ユングのいわゆる「影」にすぎない存在なのです。

　前世紀末のイギリスにとって〈進歩〉のイデオロギーのスポークスマンといえば、それはハーバート・スペンサーだったと言っていいでしょう。「進歩——その法則と原因」（1857年）のなかで彼は、「進歩」を「同質的なものから異質的なものへの前進」として定義しています。とするならば、マーロウのテクストのなかのアフリカ

はたしかに「同質的なもの」を表象し，ヨーロッパはたしかに「異質的なもの」を表象していると言えるのではないでしょうか．

　なぜならば，世界が「光」のなかで「異質的なもの」の秩序を具現化するのにたいして，「闇」のなかではいっさいが形をもたない混沌（「同質的なもの」）にもどるわけですし，「泥」というのは，固体（土）と液体（水）というふたつの存在のありようの中間にあって，その両者の差異を解消する「同質的な」無定形の存在であるはずです．また，「沈黙」と「わめき声」は，いっさいを差異化＝「異質」化することによって成立する言語の世界をつきくずす「同質的な」存在にちがいありません．混沌がより複雑に差異化していくことによって世界が前進していく──マーロウのアフリカ観が，このようなスペンサー的な「進歩」観のなかにからめとられていることは，あらためて言うまでもないことだろうと思います．そしてそれが帝国主義者のアフリカ観となんら相違するところがないものだということも．

〈オリエンタリズム〉の解体

　おそらくヨーロッパが己れを「光」と見なすことと，アフリカを「闇」と見なすこととは，光が影の闇をつくりだすのに似て，同時に進行していく相互依存的な出来事なのでしょう．そしてその同時進行的に生じてくる「光」と「闇」のメタファーの体系が，「光」による「闇」の征服という，同時代的な啓蒙主義的〈進歩〉のイデオロギーによって方向性と運動性をあたえられるとき，そこに帝国主義的イデオロギーが成立してくることは容易に見てとれることだろうと思います．もう一度レオポルド２世の言葉を思い起こしてみてください．こうしてヨーロッパは，〈オリエンタリズム〉の構造がつくりあげた共同幻想──「闇」としてのアフリカ──につき動かされるかたちで，文明化の「気高い使命」という名の帝国主義的侵略を展開していったのではなかったでしょうか．

　しかし『闇の奥』にもどるならば，この作品のもっともすぐれたところは，マーロウが無自覚のまま抱いていた〈オリエンタリズ

ム〉が否応なく解体していく瞬間をえがいている部分なのかもしれ
ません. マーロウは思います.

> もっともたちの悪いこと——それは,〔アフリカ人たちも〕人間的でな
> いことはないという疑念だった. それは徐々に訪れてきた. 彼らはうな
> り, とびはね, くるりとまわり, そしてすさまじい形相をした. しかし
> ぼくらを慄然とさせたのは, 彼らもまたぼくらと同様, 人間だというこ
> とだった. この狂暴で情熱的な叫びと自分とのあいだにはるかな血縁が
> あるという考えだった. 醜悪だ. そう, それはたしかに醜悪だった. だ
> が, 君たちにしてほんとうに勇気があるというなら, いやでも承認しな
> ければならないと思うのは, 現に君たちの胸の奥にも, あのあからさま
> な狂騒に共鳴するかすかな痕跡がたしかにある, しかもその狂騒のなか
> には, これほど原始の夜から遠くへだたっている君たちにも理解するこ
> とのできるなんらかの意味がある, というぼんやりとした疑念なのだ.

　マーロウが「先史時代人」と呼ぶアフリカ人が「狂暴で情熱的な
叫び」をあげること, それはヨーロッパ人にとってなんら衝撃的な
ものではありません. それはたんに, ヨーロッパ人が抱いている
〈オリエンタリズム〉に見事に適合する一事例として, むしろ彼ら
のヨーロッパ中心主義をくすぐるものでしかないからです. マーロ
ウにとって衝撃的だったのは, アフリカ人が「ぼくら〔ヨーロッパ
人〕と同様, 人間」であるという認識であり, そしてそれ以上に,
「原始の夜から遠くへだたっている」はずのヨーロッパ人のなかに,
アフリカ人の「あからさまな狂騒に共鳴するかすかな痕跡」があり,
彼らとの「はるかな血縁」があるという発見なのです.

　このときマーロウは, アフリカという〈他者〉に投射されるかた
ちでヨーロッパ人の〈自己〉のなかに抑圧されていた「影」として
のもうひとりの〈自己〉に出会っていたのだろうと思います. 彼は
アフリカとして理解されていた〈他者〉が, ヨーロッパが進歩の過
程のなかで克服しさった存在などではなく, 現在も無意識へと抑圧
されながらも〈自己〉のなかに厳然と存在しているかもしれないこ
とを, おぼろげながら発見しているのではないでしょうか. こうし
て見てくると『闇の奥』という小説は, たんに帝国主義的支配の残
虐さを批判した作品というより, 帝国主義を可能ならしめそれを正

当化すらしていた〈オリエンタリズム〉の構造を明確に言語化した
テクストだと結論づけることもできるでしょう．またそれは，〈オ
リエンタリズム〉という共同幻想がつくりあげた〈自己〉と〈他
者〉のフィクション性を暴露し，そのイデオロギー的力を奪うこと
を促しているテクストだとも言えるのではないでしょうか．

〈オリエンタリズム〉の構造

　私たちが『闇の奥』の部分的読解をつうじて見た〈オリエンタリ
ズム〉の構造を最後にもう一度確認しておきましょう．

　あらゆる民族は〈自己〉を世界の中心に据えています．そして中
心に置かれた〈自己〉は，世界の周縁に位置する未知の世界にたい
して，往々にして（つねにではないにしても）否定的なイメージ――
たとえば〈自己〉の内部にあってほしくないもの――を投射し，そ
の周縁的世界を〈他者〉として構築しながら，それと同時に，その
〈他者〉と対立するものとして多かれ少なかれ肯定的な〈自己〉像
を獲得していくのではないでしょうか．つまり，ある民族のなかで，
〈他者〉像を構築することと〈自己〉像を獲得することとは相互に
補完的なプロセスであるわけです．たとえばある民族は，自分たち
の言語を用いない異邦人――ギリシア人は彼らを barbaros と呼び
ましたが――を〈他者〉として一括し，〈自己〉を「理性」的存在
と定義するのにともない，それからはみ出さざるをえない「野蛮
（barbarous）」のイメージを〈他者〉へと投射するかもしれません．

　したがってその場合に，指摘しておかなければならないことが少
なくともふたつあるように思います．ひとつは，〈他者〉のうえに
投射されるイメージは，〈自己〉と対極的補完的な関係にある否定
的な〈自己〉イメージとして，実際は〈自己〉の無意識的な内部な
り深層なりに抑圧されているイメージかもしれないということです．
その意味でそれはユングのいう「影」にほかなりません．

　もうひとつは，以上のような私の言い方のある部分は，〈自己〉
とか〈他者〉が客観的実体であることを前提としているように聞こ
えるかもしれませんが，たとえ〈他者〉がなんらかの客観的実体と

して存在しているとしても私たちがそれを認識するのは解釈という行為をつうじて，すなわちテクストとして以外にはない，ということです．すなわち私たちにとって〈他者〉はあくまで構築される像あるいは織りあげられるテクストとしてしか存在しないのです．したがって〈他者〉像を一枚一枚剝いでいったところに真の〈他者〉があらわれるかというと，かならずしもそうではない．その意味でそれは中心に核が厳然として存在するアプリコットというよりも，皮を剝いだあとにはなにも残らない玉葱のようなものと考えるべきかもしれません．

　空白の核のまわりに織りあげられるテクストとしての〈他者〉は，したがって〈他者〉の実体をリアリズム的に映しだすものではなく，やはり実体を欠いた〈自己〉からはみ出さざるをえない否定的イメージのごみ捨て場として，ほとんど恣意的に構築されるフィクションにしかすぎません．別言すれば，〈自己〉が己れのアイデンティティーを獲得するためにつくりあげる否定的〈自己〉として，〈他者〉は，〈自己〉からはみ出したさまざまなイメージをとりこみながら，それを織り糸にして織りあげられる恣意的なテクストにほかなりません．なんらの実体を反映することなく恣意的に——しかし恣意的であるからこそそれは，いかなるイメージをどのような配列のなかで用いるかという点において，ある地域・ある時代の文化のイデオロギー的磁場の影響を容易にうけないわけにはいきません．ちょうど世紀末の西欧が，啓蒙主義的イデオロギーの影響下にアフリカを，みずからの「光」と対照的な「闇」として定義したときのように．

　そしてそれぞれの地域・時代のイデオロギーのなかで織りあげられる〈他者〉にたいするフィクションは，いったん成立すると，今度はそれ自身が強力なイデオロギー的力を帯びるものになるかもしれません．少なくともそのようにして西欧は，「光」による「闇」の征服という「進歩」の観念のもとに，アフリカにたいする自分たちの帝国主義的征服を正当化したのではなかったでしょうか．しかしそのようなことは，おそらく人間の歴史をつうじて行われてきたことにちがいありません．私たちの世紀にしても，帝国主義の最盛

期のなかでの幕あけ以後，ナチのユダヤ人虐殺（わざわざ外国の例を
もち出す必要もないのかもしれませんが）をはじめとする多数の〈オリ
エンタリズム〉的症例をもっているのではないでしょうか．しかし，
にもかかわらず，私たちはいったいどれだけ〈他者〉が実体ではな
く構築されたフィクションにすぎないことを意識し，そのような共
同幻想のもつイデオロギー的力に対抗しえているのか──おそらく
いまだ覚束ないと言わざるをえないでしょう．

20世紀この1冊！

1978年　エドワード・サイード『オリエンタリズム』（板垣雄三・杉田
　　　　英明監修，今沢紀子訳，平凡社，1986年）

1994年11月13日の朝日新聞に，「知識人サイード希望を語る」と題さ
れたインタヴュー記事が載っていた．「自分たちのアイデンティティーを
守るために他を排除する性格をもってい」る「アイデンティティーによる
支配」にかわる，「民族や人種や宗教の違いを超えて，多様な文化を認め
あうような思想」の必要性──それをサイードは語っていた．そして彼は
そのような思想をつくりだす「知的な作業」に「未来の希望」を託してい
た．オリエンタリズムが血なまぐさい問題として存在している20世紀末
の世界各地の現状を思うとき，「知的な作業」にたいする彼の「希望」は
あまりに楽天的に見えるかもしれない．しかしオリエンタリズムがもっと
も血なまぐさい形をとってきたパレスチナに生まれ育った彼が，なおも
「知的な作業」の可能性に絶望することなく「オリエンタリズム」の思想
の形成にむけて努力を重ねていることに，われわれはもっと感動すべきな
のかもしれない．

剣闘士のエロティシズム
歴史のなかに欲望を読む

■

本村凌二

■人間のなかには，生と死，勝と負，聖と卑など，対立的なふたつの極を
　一致させ交錯させるという，魅惑的でもあり，不気味でもあるような極
　限化の論理が存在します．歴史のなかに埋もれていたひとつの史料か
　らそんな生々しい現実が浮かび上がってくるスリリングな展開．**(K)**

　古代都市ポンペイの巨大な遺跡．その集落の東南端に2万人の観
衆を収容する円形闘技場があります．そこから西に向かって10分
ほど歩くと，大劇場と小劇場が並んでいます．その大劇場の舞台の
裏手を眺めると，四角広場を列柱廊で囲む建物が目に入ります．剣
闘士を収容し訓練するための宿舎の跡です．

　紀元79年8月24日早朝，突然，ベスビオ山は大音響とともにす
さまじい噴火を始めました．またたく間に，町は火山灰と火山礫の
下に埋もれてしまいました．不幸にも逃げ遅れた人びともたくさん
いました．剣闘士宿舎を発掘してみると，18体の遺骨が発見され
ています．彼らは武器を保管する部屋に閉じ込められていたようで
す．なかには，足かせのために逃げようもない者が数体もありまし
た．

　これらの遺骨のなかには，驚くべきことに，女性のものがひとつ
だけ見つかりました．しかも，金銀宝石で身を飾った貴夫人なので
す．遺骨の周囲には，エメラルドの首飾り，2つの腕輪，指輪など
が散らばり，宝石箱のなかにはカメオが入っていました．いったい
彼女はどうしてこんな所にいたのでしょうか．彼女の姿は遠く隔た
ったわれわれ現代人の想像力を刺激せずにはおきません．もしかし
て，彼女は剣闘士の組員に群がるグルーピーの一人だったのでしょ
うか．

古代都市ポンペイの円形闘技場

　ローマの諷刺詩人が描く世相のなかには，剣闘士の一団に同伴してエジプトまで行ってしまった元老院議員の妻が登場します．キリスト教徒の非難はこうした剣闘士や俳優に身も心も捧げる人々に集中しました．少数のきまじめな人々が眉をひそめても，剣闘士はひときわ目立っていました．

　歴史を溯れば溯るほど，民衆の声はかき消されます．まして古代であれば，その痕跡をたどるのはほとんど絶望的なのです．でも，ポンペイは稀な例外でした．火山灰と瓦礫の下から姿を現した遺跡のあちらこちらに，多くの落書が残っていたのです．それらの落書のなかから，剣闘士に熱い視線を注ぐグルーピーの姿が浮かび上がってきます．

　　「娘たちがため息をつくトラキア闘士ケラドゥス.」
　　　　　　　　　　　　　　　　　　　　　　　　（*CIL* IV 4342）

　　「娘たちの人気者であるトラキア闘士ケラドゥス.」
　　　　　　　　　　　　　　　　　　　　　　　　（*CIL* IV 4345）

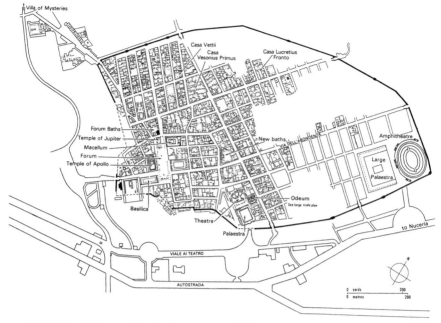

古代都市ポンペイ（Atlas of Classical Archaeology, p. 127.）

「網闘士エクレスケンスは少女たちの癒し手.」（*CIL* IV 4353）

「網闘士エクレスケンスは少女たちの御主人様.」（*CIL* IV 4356）

　剣闘士たちは様々なスタイルで戦います. それらは戦闘の場面で使う武器や装備に因んで名付けられました. トラキア闘士, 網闘士のほかにも, サムニウム闘士, 重装備闘士, 魚兜闘士, 追撃闘士などの多彩な剣闘士がおりました. こうした者たちは娘たちの心をときめかせ, とりこにします. 少女たちはあこがれの切ない声援を送ったことでしょう.

　それにしても, 剣闘士はどうしてこんなにも若い女性たちの心をとらえたのでしょうか. そればかりか, 熟女の貴夫人たちも冷静ではなかったように見えます. すぐれた剣闘士は闘技場という舞台の大スターでした. でも, 身分としては奴隷にすぎなかったのです. いったい彼らの魅力はどこにあったのでしょうか.

そもそも，奴隷とはどのような存在だったのでしょうか．古代の作家は，農場の道具を3つに分類しています．はっきりとものを言うもの，あいまいにものを言うもの，そして，まったくものを言わないものに分けられます．それぞれ，奴隷，家畜，そして，鋤鍬の類を意味するのです．奴隷は人間ではなく，ものであり，動産のひとつにすぎません．医師や教師のような専門知識をもつ高級な奴隷もいますが，大多数はみすぼらしくおどおどした労務奴隷でした．ポンペイにある食堂の落書には，こんなものもあります．

　　「足を水で洗って，奴隷に濡れた足を拭かせろ．」（Geist G21）

　ささいなことにも命令が下され，奴隷は主人の意のままに動かされるのです．黙々と従い，言いなりになるほかはありませんでした．もし主人の意に逆らう者があれば，厳罰が待ちかまえています．かりにも主人を殺す奴隷がいれば，その家の奴隷全員が処刑されるのです．それが法の掟でした．無実であっても，主人の殺害を防げなかったという理由で死罪に値したのです．ある奴隷は，殺人犯に脅迫されて声を出せなかった，と弁解しました．でも，やはりこの奴隷は皇帝の裁定で処刑されました．というのも，奴隷としての務めは自分の命を犠牲にしても叫び声をあげることだったのです．要するに，奴隷は人間ではなく，ものにすぎません．かりに人間として扱われたにしても，卑しい存在であり，汚れた不浄のものでした．
　剣闘士もその多くはこのような奴隷身分にありました．ひとたび剣闘士として見込まれると，実戦のための訓練があります．厳しい監視下に置かれ，苛酷な刑罰が科されました．養成所の生活は衛生状態も悪く，快適であったわけではありません．しかも，彼らに残された日々は当てもないものでした．それでも，幸いなことに，彼らの健康状態についてはある程度の配慮がなされていたようです．十分な食事が与えられ，傷の手当をする専門の医師もいました．彼らが鍛え抜かれ十分な力を発揮できるように，周囲は気を配ったのです．剣闘士こそは真の意味でプロフェッショナルでした．
　このようなプロの戦士の格闘は人びとを熱狂させます．その熱狂

図1 　(*CIL* IV 10237)

　ぶりをうかがうのに，壁に残された落書ほど雄弁に語るものはあり
ません．ポンペイの都市周壁には8つの門があります．その南東部
にヌケリア門があり，門外の道路沿いにはたくさんのお墓が並んで
います．そのひとつに刻まれたのが，上の絵の落書です．左手の人
物たちは4日間の剣闘士興行の主催者の似顔絵でしょう．右手の笛
を吹く人びとは楽団です．試合の間は演奏が行われ，観衆を活気づ
けます．そして真ん中で戦っているのが二人の剣闘士です．左側の
剣闘士はおそらくサムニウム闘士でしょう．その頭上には次のよう
に書かれています．

　　HILARUS NER(onianus) (pugnarum) XIV (coronarum) XII
　　V(icit)
　　「ネロ養成所のヒラルスは14戦して栄冠12回，そして勝利し
　　た.」

　この落書の解釈は難しいところがあります．剣闘士ヒラルスは
14回目の戦いに臨んだようです．これまで13戦して12勝をあげ，
1度ほど負けています．しかし，敗北したときにも，助命が認めら
れたのでしょう．この14回目の戦いでは勝利して，13勝目をあげ
ました．XII という文字が二本線で訂正されているのは，そのため
でしょう．おそらく試合の結果がわかった者がその勝利数を直そう

図2 (*CIL* IV 10238)

としたのです.

　右側の剣闘士はおそらく魚兜闘士と思われます. その頭上にはつ
ぎのようにあります.

　　CREVNUS (pugnarum) VII (coronarum) V M (issus)
　　「クレウヌスは7戦して栄冠5回, そして助命された.」

　剣闘士クレウヌスはこれまで6戦5勝で7回目の戦いに向かいま
す. この戦いでは負けてしまいましたが, 幸いにも助命が認められ
ました. しばし命を永らえたわけです.
　ところで, この落書のそばに, 上のような絵の落書も見つかって
います.
　左の剣闘士はトラキア闘士, 右にはサムニウム闘士が相対してい
ます.

　　M ATTILIUS T (raex) V (icit)
　　「トラキア闘士 M. アッティリウスは勝利した.」
　　HILARUS NER (onianus) (pugnarum) XIV (coronarum) XIII
　　M (issus)
　　「ネロ養成所のヒラルスは14戦して栄冠13回, そして助命さ
　　れた.」

　この落書ではヒラルスは敗北者です. 彼の経歴はこれまで14戦

図 3 (*CIL* IV 10221)

13勝でしたが，15戦目の試合でヒラルスは敗北を喫しました．し
かし，幸いにも助命が認められたようです．

　といっても，剣闘士の対戦では，敗者がいつも助命されたわけで
はありません．上にあげる落書は，敗北者の苛酷な運命を物語って
います．

　左の魚兜闘士は倒れ，右の剣闘士は勝ち誇っています．

　　AURE [li] US IUL (ianus)　MIRMIL [l] OP (eriit) -
　　[Iuli] ANUS NASI [ca] PRIMIGE (nius)　V (icit).
　　「魚兜闘士アウレリウス＝ユリアヌスは死んだ．ユリアヌス＝
　　ナシカ＝プリミゲニウスは勝利した．」

　敗者のユリアヌスが戦傷で死んだのか，助命を認められなかった
のか，ここでは明らかではありません．助命が認められなければ，
勝者は敗者の喉元を切るように命じられました．とどめが刺される
と，カンロと呼ばれる役人が額をたたいてその死を確認します．死
体は釣鉤をかけて外へ引きずり出されるのです．死体を運び出す専
用の通路があり，そこは「死者の門」と呼ばれていました．

　ところで，剣闘士の運命はどれほど苛酷であったのでしょうか．
この戦闘競技で死亡する剣闘士はどれくらいいたのでしょうか．そ
れを知るのは容易ではありません．でも，ある推測はできるかも知

図 4　(*CIL* IV 1474)

れません.

　剣闘士の興行はふつうは数日間続きます. そのような興行の試合
において剣闘士が死亡する確率はどれくらいだったのでしょうか.
紀元 1 世紀に関する史料を調べると, 次のように言えます. エーゲ
海北部のタソス島の事例では 7 つの対戦中に敗者 1 人の喉切りが記
されています. ポンペイの記念碑では 2 戦中に敗者 1 人, 8 戦中に
敗者 2 人の喉切りが見られます. イタリア中西部の町ヴェナフルム
の碑文では 5 戦中に敗者の死亡はありませんでした. ティベル河畔
の浮彫では 2 戦中に敗者 1 人が殺されています.
　このような事例はポンペイの落書からもうかがわれます. ただし,
その場合にはいささか注意が必要です. 落書は現実を忠実に反映す
るわけではありません. 想像の世界で遊ぶこともできるのです.
　上図の勝者と敗者にはそれぞれ以下のような落書が見られます.

　　SPICULUS NER(onianus)　TIRO　V(icit).
　　「ネロ養成所の新人スピクルスは勝利した.」

　　APTONETUS LIB(e)R(tus)　XVI P(eriit).
　　「解放奴隷アプトネトゥスは 16 勝して死んだ.」

16 勝の歴戦の勇士アプトネトゥスに勝利したのは，初出場のスピクルス．この男はネロ帝時代の有名な魚兜闘士でした．ネロ帝から高額の贈り物をもらったり，ネロ自害の介添え役として所望されたほどです．おそらくこの落書はこの剣闘士の強さを誇らしげに描くあまり，熱狂的なファンが往時を誇張したものでしょう．というのも，敗者アプトネトゥスは自由人身分にありながら雇われた剣闘士であり，おそらくよく知られた人でした．落書はそれほどの剣闘士を初戦で片付けた新人の強さを強調したかったのでしょう．そこで，この落書は誇張か想像の産物ということができます．こうした歴史的背景に留意しながら事例を点検してみると，8 戦中に 1 例しか死亡を確かめることはできません．

　そこでこれまでの事例を総計しますと，32 例中に 6 例の死亡という結果が得られます．言い換えれば，100 組の対戦で 19 人が喉を切られて殺処分されたということになります．さらに分かりやすくすると，5 組の対戦があれば 1 人が喉を切られたのです．10 人の剣闘士が闘技場の舞台に出ると 1 人が殺されたわけです．もちろん，これらの数値がそのまま現実を反映しているわけではありません．しかし，鵜呑みにしなくとも，ある程度の目安にはなります．そこから剣闘士興行の実態について，いささか具体的な様相を描くことができるのではないでしょうか．私見では，想像するほど多数の死者が出たようには思われません．剣闘士の試合はそれほど陰惨で血なまぐさいものではなかったようです．ただし，ここで言及した史料はすべて 1 世紀のものです．地中海をめぐる広い地域に安らぎが訪れ，「ローマの平和」と呼ばれる時代でした．この繁栄した時代に人びとが熱狂した剣闘士の試合は必ずしも淫靡な死臭のただようものではなかったようです（〔補論〕参照）．

　だからといって，剣闘士の試合が真剣味のないものだったわけではありません．巧みに武器をさばき，敵に立ち向かう勇気を見せなければ観衆は満足しませんでした．無力で臆病な人間には民衆は喉切りの処分を求めるのです．おそらく剣闘士たちの間では暗黙の了解があり，相手の致命傷になるような痛手を負わせないようにしてい

たようです．しかし，彼らの戦いはあくまで必死でした．力を尽くし徹頭徹尾戦うこと．それが彼らに残された唯一の生き残る道でした．それは悲壮なまでに激しく懸命な戦いだったに違いありません．

　世の男性たちにとって，勇ましく戦う剣闘士の強さは彼らの心を熱くするものでした．円形闘技場の周りには，彼らに声援を送る落書がたくさん残されています．

　「トラキア闘士ファビウスよ，がんばれ．」(Geist B 22)

　「魚兜闘士ミヌキウスよ，がんばれ．」(Geist B 23)

　その反面では，気に入らない剣闘士もいたようです．

　「バルカよ，くたばってしまえ．」(Geist B 24)

　こんなふうにして，男たちはひいきの剣闘士に声援を送り，気に食わなければ罵倒しました．剣闘士たちの強さこそが男性たちの心を引きつけたのです．剣闘士はなによりも強くたくましくなければなりません．それが男たちが剣闘士に求めたすべてでした．

　ところで，女性たちは剣闘士をどのように見ていたのでしょうか．彼女たちにとっても，剣闘士の強さは心を奪うものだったのでしょうか．もちろん，それを否定することはできません．強くたくましい剣闘士は，女性たちにとっても，ある種のあこがれだったでしょう．しかし，それだけが彼女たちの心をとらえたわけではありません．彼女たちは剣闘士の姿になにか言いようもない魅力を感じていたように思われます．それはいったいどのようなものだったのでしょうか．

　古い時代になればなるほど，女性たちは歴史のなかに自らの痕跡を残していません．ローマ帝国の時代においても，彼女たちの声を生身の形で聞くことはまずありません．まして，彼女たちが心の奥底でなにを欲していたかを知ることはほとんど不可能です．しかし，歴史のなかにはときおりポッカリと隙間が空くことがあります．剣

闘士の姿を浮き彫りにしていくと，そこに映し出された欲望の形が見えてきます．しかも，それはまぎれもなく女性たちの心の奥にひそむもののような気がします．

　ネロ帝時代の悪漢小説『サテュリコン』のなかで，次のような文章に出くわします．これを語るのは，ある下女になっています．

　　「じつは，あんたが自分を奴隷だとか卑しい身分だと吹聴しているので，それでなくてもあんたに燃えている人の欲情をさらにあおっているというわけです．じっさい，婦人の中にはかえって汚らわしい男に熱をあげる人がいるのです．彼女らは奴隷を見たときとか着物の裾をまくりあげた下男を見たときだけ，情欲を刺激されるのです．また砂場の剣闘士に情欲をあおられる女もいます．あるいは埃まみれの驛馬曳きとか晒し者として舞台に引き出された役者にあおられたりします．あたしの奥さんがこの型の女です．奥さんときたら，劇場で元老院議員の貴賓席から騎士席に移ると，その後ろの民衆席に眼をやって最下層の民衆の中にお気に入りを探すのです．……あたしは今日まで奴隷なんかになびいたことなど一度だってないわ．あたしが抱いた男が磔刑にされるなんて，そんなことがあってたまるものですか．鞭打ちの傷跡に口づけなさる奥方はどうぞ御勝手に．あたしはたとい下女であっても騎士の膝にしか座りませんわ．」(126 国原吉之助訳)

　厳然とした身分秩序の社会にあって，奴隷は卑しく汚らわしい存在でした．高位の身分にあればあるほど，奴隷は蔑むべき対象にしかすぎません．しかし，それは原則であって，そこに生きた人びとの生身の声ではありません．奴隷を見る目は多様であり，高貴な婦人たちほど因習に縛られなかったのかも知れません．彼女たちのなかには，この卑しむべき身分にこそ自らの欲情をそそるものを見出していた人がいました．多くの女性たちにとって，泥まみれの奴隷は触れるだに汚らわしいものであり，禁じられたものでした．しかし，それだからこそ禁断を破って近づいてみたかったのでしょう．

　こうした奴隷のなかでも，おそらく剣闘士は最高級の禁断の木の実であったように思われます．彼らの運命は定めなきものであり，明日をも知れないものでした．自らの刃で相手を倒すか，相手の刃

に傷つくか，どちらかしか残されていません．勇敢に戦わなければ，喉を切られて殺されるのです．まさしく命を賭けた戦いでした．その悲壮なまでの勇姿が，女性たちの心をときめかせるのです．それは剣闘士が死と隣り合わせにいたからにほかなりません．死はいかなる人間にとっても免れがたい事実であり，厳然たる宿命です．それが余りにも絶対的であるために，死にはすべてを浄化する聖なる力が備わっているのです．死はどこか近寄りがたいところがあり，人間の世俗を越えた彼岸の世界にあります．この聖なる死に立ち向かう奴隷戦士，それが女性たちの目に映る剣闘士の姿でした．

　卑しむべき奴隷が聖なる死に臨むのです．汚らわしき男の背後から崇高なる輝きがもれています．汚辱された神聖さ，犯しがたい卑俗さが漂っています．それはこの世の対極にあるにもかかわらず，剣闘士の現し身のなかではひとつに溶け合っているのです．その姿を目にするとき，女性たちは恐れおののくとともに，そっと指で触れたくなるのです．その魅力は抗しがたいところがあり，たじろぎながら手を差し伸べるのでした．この世の対極にある相反する力が，女性たちの心を引き裂きます．しかし，そこにはえも言われぬ衝動が湧いてきます．たとえようもない至上の快楽が待ち受けていました．それこそエロティシズムそのものでした．

　詩人 G. バタイユはエロティシズムの歴史を考察しています．彼にとって，エロティシズムは逆説的なものであり，相反する力の結合であります．両極に引き裂かれたものがひとつの存在のなかで結び合うのです．両極端の一致こそエロティシズムの本質なのです．継続と断絶，魅力と恐怖，禁欲と放縦，そして聖なるものと俗なるもの．汚れた売春婦はエロティックではなく，聖なる貴夫人もエロティックではありません．これら対極の心像が置置されるとき，ひとつの緊張が生まれます．それがエロティックな力なのです．剣闘士はまさしくこのエロティシズムの逆説条件にかなう者でした．売春婦と貴夫人とを合わせ持った女性は男性にとってエロティックな魔力をもっています．それと同じように，下劣さと崇高さを備えた剣闘士は，女性にとってエロティックな魔力をただよわせていたようです．

さらに，もしこれらの剣闘士が見目麗しい美男子であったとしたら，どうでしょう．ただでさえ剣闘士はエロティックな雰囲気を与えていたのですから，美形の剣闘士の魅力はただならぬものがあったのではないでしょうか．実際，修辞学者セネカは「最も優れた，最も価値ある剣闘士は美形の者である」と言っています．また，ある碑文（*CIL* II 6278）は剣闘士の等級を区別して，「凡庸なる群れ，未熟者，上級者，最上級者，端麗者」（promiscuamultitudo, gregarii, meliores, summi, formonsi）の順に挙げています．ここからも，美男の剣闘士がなによりも人気を博したことが推察されます．強くてたくましくてハンサムな剣闘士は男性のあこがれの的であり，大スターでした．女性にとってはそれ以上のものがあり，そのエロティックな魅力はかけがえのないものだったようです．

　古代の円形闘技場の風景は，現代人であるわれわれにはもの珍しいものに映ります．ある人びとにとっては，人間と人間が生死を賭けて戦う情景はただおぞましいの一言にしかすぎません．しかしそれは審判者の目で見た歴史であり，理解者の描く歴史ではありません．まずは古代の社会に生きた人びとの心を理解することが肝要です．少なくとも筆者はその立場から円形闘技場に集う人びとの気持ちの一端をくみとろうとしました．とりわけ，そこに足を運ぶ女性たちの姿は注目に値します．彼女たちが剣闘士に注いだ眼差しには，心の奥底にひそむ欲情がちらほら映し出されます．歴史の舞台にはそこに生きた人びとの痕跡がどこかに残っていることがあります．それを掘り起こすことができるかどうか，それはひとえに歴史家のセンスにかかわっています．その意味で，歴史はまだまだ創造されているわけです．

　ポンペイの剣闘士の宿舎に残った貴夫人の遺骨から，円形闘技場の観客席で見つめる女性の心が伝わってきます．彼女はある剣闘士のエロティシズムに心を奪われ，その男を愛してしまったのでしょう．宿舎まで彼を尋ね，幸福なひとときを過ごしていたに違いありません．あるいは戦いで傷ついた身体にやさしい手を差し伸べてい

たかも知れません.

　「鞭打ちの傷跡に口づけなさる奥方はどうぞ御勝手に.」

　下女ならそう叫んだかも知れません. でも, そこには歴史の闇に
ひそむエロティシズムが鮮やかに開示されているのです. ベスビオ
山の大噴火は剣闘士と貴夫人の愛を葬り去ってしまいました. しか
し, そのおかげで, われわれは円形闘技場で戦う剣闘士のエロティ
ックな姿を垣間見ることができるのです.

　[補論]　本論で述べたことは1世紀の実情を物語っています. そ
の後の200年ほどの間に, 剣闘士試合において敗者が死ぬ確率が大
きく変わっています. 受賞者の名簿には勝利ではなく戦闘が記録さ
れています. まるで勝つことは生き残ることであるかのようです.
ローマのボルゲーゼ美術館に残る4世紀のモザイクでは, 敗者のす
べてが喉を切られて殺されています. 敗者に対する喉切りの制裁が
通例となっていったのかも知れません. とくにローマの南方に位置
する町ミントゥルナエの碑文 (*CIL* X 6012) は重要な手掛かりを与
えてくれます. この3世紀半ばの碑文のなかで, 興行主は敗者のす
べてを喉切りさせたことを自負しているかのようです. 4日間の興
行で11組の戦いがあり11人の喉が切られたと記されています.

　いったいそこにはどのような変化があったのでしょうか. 民衆は
どのような目で剣闘士の戦いを眺めていたのでしょうか. 1世紀の
ころまでは, 敗者は必ずしも殺されるわけではありませんでした.
しかし, それ以後の時代になると, 剣闘士の試合はもはやスポーツ
としての意味を失っていったような気がします. そこには正真正銘
の危険をともなう決闘がありました. 血なまぐさい決闘を見ながら,
剣闘士の一方が追い詰められていく場面に観衆は心を躍らせたので
しょうか. 敗者の運命は興行主に委ねられ, 死刑を言い渡される人
間の表情に観衆は注視します. 喉を切られる人間を見ながら, 民衆
はえも言われぬ楽しみをいだいたのかも知れません. そして, それ
はまさしく死骸を見る楽しみでもあったわけです. 興行主の側から

すれば，喉切りは剣闘士の損失でした．しかし，彼らは競って多く
の死体を民衆に提供したようです．なぜなら多ければ多いほど興行
主の気前のよさが民衆に伝わるのですから．出し惜しみはケチ臭い
と見なされていたのです．

　こうした解釈はヴィルという学者によるものですが，おそらく剣
闘士の歴史を分析するときに重要な問題を提起しているように思わ
れます．しかし，それを掘り下げることは，また別の課題に直面す
ることになります．

碑文史料

CIL : *Corpus Inscriptionum Latinarum.*

Geist : *Pompeianische Wandinschriften*（München, 1936）.

参考文献

C. A. Barton, *The Sorrows of the Ancient Romans : The Gladiator and the
　　Monster*（Princeton, 1993）.

F. P. Maulucci Vivolo, *Pompei : i graffiti figurati*（Foggia, 1993）.

G. Ville, *La gladiature en Occident*（Rome, 1981）.

Th. Wiedemann, *Emperors and Gladiators*（London, 1992）.

G. バタイユ，湯浅博雄・中地義和訳『エロティシズムの歴史』（哲学書
　　房，1987 年）.

20 世紀この 1 冊！

1949 年　フェルナン・ブローデル『地中海』（浜名優美訳，藤原書店，
　　　　1991-95 年）

　この大著の原題は『フェリペ 2 世時代の地中海と地中海世界』．学問は
精緻で実証的であるとともに，ひとつの思想でなければなりません．そこ
には歴史を貫く論理とともに，自然環境，人間集団，戦争と平和，そして
人生が語られています．「文明は構造である」「文明は生き方である」「文
明は戦争であり憎悪である」，目を見張るような洞察力を散りばめて，ブ
ローデルは魅了します．本書の初版が出版されたとき，フランス本国のみ
ならず欧米の歴史学界に大きな感動を与え，アナール派の頂点でもあり端
緒ともなりました．この待望久しい名著の邦訳（全 5 巻）が完成しました．
この豊かな巨匠の営為をたっぷり味わってもらいたいものです．

■型の論理

「型」の日本文化論
対話を通して身体を見る

■

ドゥ・ヴォス, パトリック

■論理はなにも言語的なものばかりとは限りません．人間の文化にはア
ナログ的な「形」の論理，イメージの論理もあります．これまでの紋切
り「型」の日本文化論を批判しつつ，身体というより広い一般性のもと
で日本の「型」の論理を再考しようとする外国人研究者の論考．**（K）**

「指は指でさせぬ」

　A　私の国には「目は目で見えぬ」という諺があります．これは
きっと，自分で自分のことを知るのは難しい，という意味ですよね．
外からの視点に頼るなら別ですが．私たち日本人が，外国人が自分
たちについてなんて言っているかをこれほど気にしているのは，そ
のせいかもしれません．

　B　本当に他の国の人たちより気にしているんですかね．もしそ
うでも，その諺が，そうした関心を説明していることにはならない
ですよ．たしかに「目」は，はるか昔から，少なくともプラトン以
来，認識の譬え，真理に近づく精神の譬えとして使われてきました．
しかしあなたの言う諺は，こうしたものとは全然別のものですよ．
それは，紋切り型，通念，臆見にすぎません．それは耳を通して入
ってくるんです．そして，みんなが言っているというだけの理由で，
本当のことになってしまう．もちろんその内容を証明することもで
きる．でも譬えとしてはそうではない……．それに，この諺には続
きがあるのはご存知ですか．

　A　「指は指でさせぬ」ですか．

　B　そう，私はこっちの譬えの方が好きですね．もっとはっきり，
行為についての観念を与えてくれますから．それにこの諺は真理に
有効性があるとしたら，それは本質的に実践的なものだということ

を思い起こさせてくれますよ.

A　そんな逆説でどうしようというのかわからないけれど，とにかく意見を変える気にはなりません．別の文化からやって来た人は，その視点の外在性のおかげで，私自身が属する文化が何かについて，そしてその中に浸っている私には見えないものについて，きちんと見えているものなんです.

B　でも，その視点の客観性を保証するものが何もないことは，あなたも認めるでしょう．第1に，視点の数だけ意見も違っていて，それが食い違う．それに，外からの視点自体があらゆる種類の前提や偏見に侵されているのです．もちろん，私の視点自体も，その一つですけどね．いずれにせよ，こうした対話のキー・ポイントは，客観性でなくてわれわれのあいだにある差異のほうなのですよ．そして差異については，それがどんなものか，前提なしに考えなくてはいけないんです.

A　そうかもしれない．でも私としてはその差異を通して自分の文化，つまり自分自身の一部を客観化できるという利点を見たいんです.

B　しかし，客観化が，他者の想像的な投影の域を超えないという可能性も，認めなくてはいけないんじゃないですか．とくに，それが西洋思想からきているような場合には，なおさらね．アイスキュロスにまでさかのぼるような昔から，西洋が東洋について作り上げてきた，とても雑多な，あのいわゆるオリエンタリズムとかいう表象のことは，あなたのほうがよくご存知でしょう．そこで言う東洋とは，ほとんど一つの捏造であって，もしなんならイデオロギー的と呼んでもいい，そんな一連のディスクールの産物ですよ．フーコーの言葉を借りて言うなら，西洋的理性の普遍性にとって，東洋は今日ではもはや，「西洋がそこで形成された端緒の闇夜」などではないでしょう．西洋にとっての「自分でないあらゆるもの」でありながら，自分の「原初的な真理をそこに探し求めていかねばならない」，そんな「闇夜」ではない．西洋思想はしばしば，自分自身の限界について思考するため，自分自身から解放されるために，そ

して近づくことができない他者に身をゆだねるために，東洋を取り込もうとしてきたように思います．この傾向は私たちのごく身近にも見つかります．というのは，あなたもご存知の現代の作家たちにおいても，という意味ですが．

日本文化と「形式化」

A　あなたはきっと，バルトとあの有名な『記号の帝国』のことを考えているんですね．あの本は，すでに自分の国で探していたものを日本に来て発見した，西洋の記号論者の夢想でしかない，彼にとって日本は，自分自身や他人，ものや言語に対するある種の存在のあり方のおかげで，意味やシニフィエ，つまりあなたが超越と呼ぶものの支配から解放してもらえる場だったんだ，とこういうわけですね．彼の「空虚な記号」という概念は正確には，意味の欠如へのこうした呼びかけの中でしか意味をもたないのであって，しかもその呼びかけは，バルト自身のファンタスムに属しているだけだと．

B　そう，例えばそういうことですね．なんにせよ，想像的投影といっても，具体的規定（東洋は，女性的で受動的で神秘的で恐ろしいもの，等々）を避けられることがわかります．イメージや特殊な内容なしに，論理や行動のシステムにだけかかわることもできる．だから警戒しなくてはいけないまた別の危険もあるんです．つまりあなたが高く評価している外からの視点は，ファンタスムやイデオロギーの効果ですらなくて，認識上の，たんなる反射的な反応かもしれない．未知の対象の前では，人は当然，多少ゲシュタルト主義者になる傾向がありますしね．未知のものの上に，いつも使っている関係の形式や認識上のシェーマを投影してしまうんです．外国文化が，しばしば形式的に，さらにはより形式主義的に見えるのは，きっとそのせいなのでしょう．ここで私が感じている困惑もまさにそれなんです．というのも，あなたは日本の文化について，私に質問しようとしているわけだけど，逆に私のほうがあなたに聞きたいと思っていたのは，その日本文化がある種の形式主義に与えている位置についてだからです．ほら，日本の「スノビスム」に関するあの

有名な註，コジェーヴがその膨大なヘーゲル論につけた註のことは知っているでしょう？

A　あなたたち西洋人が，いずれは日本化する運命にある，というあれですね．実際あれにはびっくりしました．なるほど，やっとあなたの不安が理解できますよ……彼はこう言っていましたね，「現在すべての日本人は，例外なく，完全に形式化した諸価値に従って，即ち"歴史的"な意味で"人間的な"内容をまったく奪いさられてしまった諸価値に従って生きている」[1]．その続きはちょっと読むに堪えない．なにしろ，「原則としてあらゆる日本人は，純粋なスノビスムによって，完全に無償の自殺をすることができる」というんですから．これじゃ説得力もなにもありませんが……．

B　これは1959年という非常に特殊な歴史的状況，つまり戦後というコンテクストの中で日本を旅行した後に書かれたものだからですよ．そのことはまあいいでしょう．私に興味があるのは，彼が日本に来てひらめいたスノビスムのモデルです．それは人間に対し（彼の言う人間とは「ポスト＝歴史的」人間のことです），「"形式"からその内容を切り離し，［……］純粋な形式としての自分を，どんなものにせよ"内容"としてとらえられた自分自身や他者に対立するようにさせる」といったものなんです．よきヘーゲル主義者として，コジェーヴは矛盾の原理を維持しなくてはならないわけで，そのせいで主体は客体に「対立する」とされているのですが，それはもはや客体を変容していくためではないんです．そうではなく，それは自分を形式として構成するため．しかもその形式は，どんなものでもかまわない，内容からは独立したものになってしまっているんです．これは驚くべき考え方です．というのも，それ自体として，それ自体のために価値をもつこうした純粋な形式は，創造というまったく無償な身振りとして芸術の中にだけ存在するものと普通は思われているんですから．つまり，こう考えていくと究極的には，日本人はみな芸術家であり，その倫理の基礎となる価値は最終的には審美的なものだということになります．コジェーヴにおけるヘーゲル主義と，その背景にある歴史哲学を捨象してみましょう．すると残

るのは，これら「内容なき純粋な形式」が，概念の，あるいは概念的思考の喪失を確認する1つのやり方だという事実です．

　私が思うに，バルトが「空虚な記号」という記号学者の言い方で言っていたのも，これと似た何かだったのでしょう．この二人が，意味の喪失あるいは欠如の中に見ていた，あるいは望んでいたのは，どちらの場合も，西洋的理性の終末，あるいは西洋的理性の外部なんです．ここにあるのは，日本における形式・形式化について否定的な仕方で考えることだと思うんです．そして，そうじゃなくて，どうしたらこの形式化を（もちろんこの形式化の直観がちゃんとわけのあるものだという条件でですけど）それ自体のために，ポジティヴに思考することができるでしょうか．どうしたらそれが，欠如とか，意味の喪失を前にした誘惑といった視点以外から肯定されるのか．どうしたらその肯定性を，再発見された感覚的世界への幸福な出口とか，概念の外への，バルトが言っていた「記号支配的理性」の外への出口という以外の形でとらえられるのか，それが私の問題なのです．

　A　言いかえるとあなたとしては，こんな仮説を証明してみようというのですね．つまり，この「形式化」なるものが——それはまだきちんと定義されていないわけですが——概念や記号の上に基礎づけられた思考のたんなる裏返しではなく，もう一つ別の道，世界との関係を生きかつ考える別の様態を提示しているのだ，と．とすると問題は，この様態についてもっとよく知ること，いやおそらくはまず，この「形式化」について私たち日本人自身は考えているのか，考えているならどんなふうになのかを知ることでしょう．この「形式化」を，コジェーヴは能や生け花，茶道の中に見出し，バルトはほとんどいたるところに見ていますね．俳句や文楽だけでなく，それより高貴でもないあらゆる実践，料理や暴力のあり方についてもそうです．さらにその「形式化」は，しばしば日本文化の特徴として記述される儀式化の傾向の中にも組み込まれるわけですが，まず第1になすべきことは，こうした「形式化」に，私たちの言語が説明を与えているかどうかを調べてみることでしょう．あなたたち

が言う form という言葉は，さまざまな語義があるわけですけれど，私としてはこの語の訳になるような多くの言葉を，ここですべて数え上げようとは思いません．その膨大なリストの中であなたに特に関係があるのは，最も単純でかつ土着的な「カタチ」と「カタ」の二語だと私は思うんです．たぶん，特にあなたの関心を引くのは「カタ」の方でしょうね．この言葉はいろいろなしかたで，あなたがたの西洋の言葉に訳すことができます．なにしろ現代語でも，この語の用法はとても広いものですから．これに対応する英語の表現をあげるだけでも，form, type, archetype, style, pattern, model, shape, mould, convention, tradition といった具合です．

　B　たしかに訳しにくい言葉というのは，真の問題を示す指標かもしれませんけど，でもやっぱり指標にすぎません．可能な翻訳のすべてを考慮してしまうと，私たちが目指している特殊性から逸脱して，一般性や抽象性に陥ってしまう危険があるんです．それと，教えていただきたいのは，あなたがたがこの形式化をどう思考しどう理論化しているかということよりも——いやそもそも，それが思考され理論化されているのかどうか，私は確信がないのですが——，この言葉がどういう具体的な現実をカヴァーしているのかということなんです．

「カタ」の論理

　A　それは，いわゆる伝統芸術の諸領域からなるとても広い範囲ですね．すでにあげたもの以外に，書道，作法，製陶，工芸一般，それにおそらく詩歌も入るでしょう．それから大切なのは，弓術や相撲を含めたいろいろな武術です．とは言っても，「カタ」という言葉がこれらすべての分野で使われているかどうか，あるいは常に使われていたかどうか，私にはわかりませんが……．

　B　その言葉自体でなくても，それに近い概念はあるんじゃないでしょうか．そしてそれらはみんな，一つの同じ論理に収斂するものだと思います．これはまだ出発点の仮説に過ぎませんが．

　A　一つの論理，とおっしゃるんですか．

B　もちろん論証的な論理のことを言っているのではなくて，実践的な論理だと思いますが．というのはつまり，もし当たり前のことを言ってよければ，これらの分野の大部分は，「知」ではなく「製作行為」を分節化する実践だからです．ヴァレリーは詩的創造の過程を定義する「製作行為」（faire＝作ること，ギリシャ語の poïen ですが）の次元を強調するために，ギリシャ語の poïétique（形成的）を用いていました[2]．おそらくこの「行為」は知の一形態，経験から生まれそれを導いていく，経験に結びついた知を含意しているのでしょう．それはしばしば，意識されるかされないかの境目のところにあるんですが，ノウ・ハウの習得へとつながっていくものなんです．フランス語ではこのノウ・ハウを，savoir-faire，言わば「製作知」というふうに言うわけですけど．

　A　ものや作品，あらゆる種類の効果を生み出す能力であるノウ・ハウですね．だとすると「製作行為」というのは，ある目的，結果を目指しているわけです．観客を感動させるとか，敵を懐柔するとか，なにかの目標に到達するとか．そこが本質的なんじゃないでしょうか．

　B　私の印象で言いますと，今話題にしているような諸分野では，現実のあり方としては，外在的な目的ではなく，「行為」それ自体に重点が置かれていると思うんです．「形態」，「カタ」が，「組織化する」という本質的な役割を果たすのはこうした水準ででしょう．私が言いたいのは，「カタ」とは，その力学と，時間の中での存在様態に従って考察されるべきであって，「物質」の「形成された形式」としてだけ考えられるべきではないということなんです．別の言い方で言うと，「カタ」の「形態」を，「製作行為」の産物を規定するたんなる造形的・技術的な規則に還元してしまってはいけない．陶工の器の形式的完成はおそらく造形的な原理に従ってはいるでしょう．しかしそれはまず第1に，器を作る所作の形式的完成の中に組み入れられているんです．おわかりになるでしょうが，私たちが解きあかそうとしている実践的論理はすでに，身体の次元を含意しています．あなたが挙げたすべての分野に，身体は遍在しているん

ですよ．「カタ」は経験のメカニズムに目を向けさせるのです．その「行為」を行いつつある実行者と，そして特にその身体面でのエネルギー充当を考慮にいれるよううながすものなんです．

　Ａ　そうかもしれませんが，だからといって，これらすべての実践の中で作用している心的次元を無視していいということにはなりませんよ．

　Ｂ　その２つの次元の連結部分，問題の中心はおそらくそこにあるんです．身体面でのエネルギー充当は必ず，同じくらい強い——あるいはもっと強い——精神面での充当を伴っているんですよ．世阿弥なら「動十分心，動七分身」[3]と言うでしょう．この点には後でもう一度戻らなくてはなりませんが，それにしてもあなたは，まだあなた自身の日本舞踊の経験について話してくれていませんね．

　Ａ　『詩学』の中のアリストテレスの言葉があれほど真実だと感じたことはありませんでした．彼は「人間はあらゆる動物の中で最もものまね好きであり，人間がその知識を獲得するのはまねをしながらである」と言っているんです．最初に学ぶのは大したことではありません．正しい挨拶のしかたを習うだけ．その後実際に曲を習いはじめるんですが，それは，先生がまねるべきモデルをしてくれるのを見ているだけでいいのです．それから同じように10回も20回も繰り返し，動作のつながりを記憶するまで繰り返すんです．位置やリズムを間違えることなく踊れるようになるまで繰り返す．偶然にまかされるものはなにもないので，すべてコード化されているわけです．

　Ｂ　周縁部も含めて，実践の領域全体を規定するのが「カタ」の第１の性格なんですね．だからこそ，挨拶や，その領域の限界をしめす諸形態が重要性をもってくるわけです．限界というのは，境界線ではなく，移行の空間なんですけど．だから，すべてをコード化することになるわけです．これは当たり前とも思えますが，注意しておかねばなりません．すべてをコード化するというのは，まるで第二の自然を創造するようなものですよ．そして，コード化と複雑化において常にもっと遠くへ行こうと努めることになるわけです．

茶道の形成がよく示しているのは，それが常により大きな，より微細で複雑なコード化へと向かっていったという点です．「作法」の時間的な構造から，その空間，建築，所作，道具，言葉遣い等々にいたるまでそうなのです……．未決定の領域を残しておくことには意味がないということでしょう．役者がわりあい自由にしていると思えるところでさえ，やっぱりコード化があるんです．だからこそ弓道にとって，弓を引く動作を構成するいくつかの所作をコード化するだけでは十分ではない．弓の発射そのものに先立つ，試合場に入ってくる瞬間にまでさかのぼる過程を，一連の所作や振り付けによって複雑にしなくてはなりません．だからこのコード化は，その過程全体をおおっていく傾向をもつわけで，最終的には少なくとも見かけ上，行為者に自由な余白を全く残さないところにまでいくんです．なぜならこのコード化は，行為者に属するのではなく，すべての人に属する，あるいは誰にも属さないものですから．それはこうしたものとして与えられ，受け取られているんです．

　A　でも歌舞伎ではこれと全く逆に，「カタ」はなにがしか固有名詞によって署名されています．歌右衛門のカタ，芝翫の，菊五郎の，團十郎のカタ，というふうに．

　B　ええ，でも実際上，こうした表現が用いられるのは，ある「カタ」が伝統に属し，既に一つの家系の——つまりは一つの社会的組織，ある団体の——共有財産となっている場合に限られています．あなたのとなえる異議は結局，私の意見を支持するものなんです．たしかに役者の社会＝職業的組織と，ある血統への帰属は，「カタ」の流通を決定し限定することがあるかもしれません．でもだからといって，「カタ」が一つの社会的形態であって，またそうしたものとして受け取られていることにかわりはないんです．さらに歌舞伎には，表現としての価値という次元では本当の意味をもっていないけれども，にもかかわらず拘束的な力をもった「カタ」がいくつかあって，それらは，こうした社会的次元が，とても本質的であることをわからせてくれます．

　私は，役者が仁木弾正の役を演じるために左のこめかみに描くホ

「伽羅先代萩」仁木弾正・七世松本幸四郎
（早稲田演劇博物館蔵）

クロのことを考えて言っているんです[4]．ホクロはこの役について，
いかなる情報，いかなる意味を付け加えることもないし，ただある
役者の身体の特徴を引き合いに出しているだけなんです．その役者
というのは五世松本幸四郎ですが，かつてこの役で名演を見せ，自
分の身体のこの細部を，役の演技にみごとに組み入れてみせてしま
った．極端な言い方をすれば，過去の役者への参照は，まったく矛
盾したものにも見えます．だって明らかに，ホクロは，別の身体の
上に置かれたら，表現の次元では同じ意味や効果をもちえませんか
ら．五世幸四郎の場合は，ホクロは，シラノのような突出した鼻の
顔貌にも似た一大特徴をなしていたのですが，このカタを別の役者
がやり直す場合，彼固有の「現実の」身体に，フィクションとして
の役柄を統合していく過程が必要になってくるわけです．これは明
らかに極端な例ですが，「カタ」における社会的なものの優位をよ
く示していると思います．いや，それ以上かもしれません．つまり，
この社会的次元というのは，「自然」の次元に対立するどころでは
なく（「ホクロ」は「自然的」な所与とみなされるわけですが），それを
統合し，いうなれば社会化してしまうのです．だからこそ私はさっ
き「第二の自然」という観念を提案してみたのです．

でも，先程の「署名をもった」カタにもう一度戻ると，あなたの言う「菊五郎」とか「幸四郎」というのは，正真正銘の固有名詞というわけではなくて，なによりもある連鎖の中の一つの環を表しているということは，あなたも認めると思うんです．それはまるで，これらが，真の始まりや絶対的起源ではないことをしめしているかのようです．あなたは創造の過程をそこにもっていこうとしているように見えるのですけれど．ましてあなた自身，歌舞伎には，あなたのおっしゃるような「署名」をもたない，同じくらい多くのカタがあることをご存知でしょう．それらの大部分は非常に一般化しているもので，歩き方や，それぞれの役の「タイプ」に従ってさまざまな感情を表現するやり方等々といった具合です……．で，日本舞踊の稽古では，あなたはどんなふうに進歩していったんですか．

　A　進歩したという感覚は，どういったらいいか，本質的に主観的なものなんです．新しい服に，日に日に少しずつ慣れていく，ちょっとそんな感じです．例えば柔道みたいに，技能を習得したことを評定する客観的な「段」といったものはありません．

　B　柔道はかなり新しい武術ですし，明治の頃，おそらくは西洋風の思想の流れと接触して，かつての実践を大幅に合理化しているんです．もともとの「カタ」の論理は，おそらく修正されてしまったのでしょう．ましてそれは，西洋に最もすみやかに輸出された日本的ノウ・ハウなわけで，そのことがそれをさらに攪乱したんだと思います．

　A　日本舞踊では逆に，先程言ったまねというのが，稽古の唯一の方法のようです．根本的な要素を分析的に分解してみることもないし，厳密に秩序立った進歩といったものも，本当には気にかけられてはいません．おそらく人が習う最初の曲は原則として，技術的により簡単で，またより短いものではあるでしょうが．でも，驚くべきことですね．なぜなら，最も単純なものから最も複雑なものまで，さまざまな要素に分解することが可能だ，と私にははっきり思えますから．

　B　例えば西洋のバレエではそうなっていますね．ポジション，

ステップ，フィギュアというのが区別されている．それらは，厳密に設定された進歩の段階に従って身につけていくべき要素なわけです．だから割合早くに——きっとそうだと思うんです，この分野のことはよく知らないんですけど——，こういう純粋に技術的な要素，つまり意味をもたない要素を組み合わせることで，個性的なダンスの「フレーズ」を作っていけるようになります．そしてこの「フレーズ」が，意図や意味を表すことになるわけですね．逆に日本舞踊においては，意味は，あるいは表現と言ってもいいですけど，はじめから存在しているんです．水準として区別されていないのです．それらの水準は，互いに自立したものではなくて，混ざり合っている，あるいは互いに内在的だと言った方がいいかもしれません．

　A　動作・動きは，たしかに歌と切り離せないものです．歌の中に，踊りが明示するべき表現の意図，その意味が，別のしかたで現れている．こうして私たちは，身体と精神の関係という問題に戻ってきたことになりますね．私にもわかってきましたよ．カタの論理とは，この2つの次元の相対的な自立性を前提とするようなものでは全然なくて，それらを互いに，複雑な相互作用の戯れの中でからみあわせているんだということが．

　B　おそらく言い表すのが一番難しいのは，このからみあいなのです．まねによって覚えるという方法は，最初に総合を置いてしまう方法であって，実行者に全体的なエネルギー充当を要求します．分割のできない連続体として与えられている諸々の形態を，飽くことなく繰り返す中で，彼は彼の主体性を否定しようとしてカタが押しつけてくるあらゆる身体的・精神的抵抗を乗り越えなくてはなりません．さらにそれだけでなく，いうなればそこで自分を解体し，一種の無条件同意の状態に達しなくてはならないのです．彼はカタそのものになり，カタに対して総体的に現前しなくてはなりません．これは膨大な習練が要求されるでしょう．もちろん分野によって，そこで働く心的，情緒的，あるいは想像的能力はずいぶんと違うのでしょうけれど，この出発点となる原理は同じようなものだと思うんです．

A　出発点となる原理，ですか．

今後の課題

B　というのは，私たちはまだ，この論理の最初の局面，ようやくカタの中に入っていくところまでしかきていないからです．あるいは，伝統的に三段階からなるとされる過程「守・破・離」のうちの最初の段階にいる，と言ってもいいです．それに私たちは，身体の心的次元との相互作用といったテーマについては，軽くふれることしかしませんでしたが，この分析は，本当ならもっと深めるべきものでしたね．そのためには今度は，「カタ」が，種々の感情を誘導するような状態を，引き起しかつ調整することができる，という発想から出発することになると思います．でもこれは，役者たちは直観的によく知っていることなんですけれど（社会学者のP．ブルデューが「身体はそれが演じるものを信じている．悲しみをまねる時身体も泣くのだ」[5]と言うとき示唆しているのも，このことなんです）．また形と「礼」とを重視していた，江戸時代の哲学者山鹿素行は同じことを，「身は心の王，心は身の用」[6]というふうに定式化していました．わたしたちはまた，他の社会的実践にも観察の領域を広げて，カタの論理がもっている外国の文化的実践を取り込む力を調べることもできたでしょう．「現代」演劇から登山や農業にいたるまで，この論理は，象徴的体系への無条件的同意という同じ原理に従って，取り込んでしまうのですから．そして扱うべき最も重要な問題はなんといっても，この論理がいかにして，生成と再創造の要因となるのかでしょう．今度は形が，柔軟になり消滅していくんですが，これがどのようにして可能なのか．これが「真・行・草」というもので，これは否定や矛盾のモデルに従っているのでなく，常に開かれた，偏差による差異化に従って進むのです．課題は広く，かつ多くの問題点をはらんでいるのです．そんな多くの問題を前にして，今日のところは，私はただ，身体の実践的な知のこうした局面や，あなたの文化がそれに課した特殊な論理，そして特に，これらの知を理解しようとする時に要求される思考の複雑さについて，あなたが少し

でも敏感になってくれたらいい，と願っておきたいと思います．

　A　約束しましょう．私もまた，このことについてもっと具体的
な研究を続けてみようと思います．しかし薄暗い廊下の奥の方では，
この家の主が静かに，しかし厳しい眼差しで私たちの到着を待ちか
ねているようなので，残念ながら今はもうお別れしなくてはなりま
せん……．

註

1)　A. Kojève, *Introduction à la lecture de Hegel*, Gallimard, 1968, p. 437
　　（上妻精・今野雅方訳『ヘーゲル読解入門』247 ページ，国文社，
　　1987 年）．
2)　P. Valéry, *Première leçon du cours de poétique, œuvres I*, Bibliothèque
　　de la Pléiade, Gallimard, 1957, p. 1342.
3)　『花鏡』．
4)　「伽羅先代萩」．
5)　Pierre Bourdieu, *Le Sens pratique*, Minuit, 1980, p. 123（今村仁司・
　　港道隆訳『実践感覚』1，みすず書房，1988 年）．
6)　小島康敬による引用．「近世日本思想史における「心」と「形」」源
　　了圓編『型と日本文化』（創文社，1992 年）．

20 世紀この 1 冊！

1980 年　ジル・ドゥルーズ／フェリックス・ガタリ『千のプラトー』
　　　　　　（宇野邦一他訳，河出書房新社，1994 年）

　超越的主体や表象のヘゲモニー，人間諸科学と自然科学の知の領域区分
をめぐる 19 世紀的な支配からの解放と解体を思考し，実現させることに
おいて，もっとも優れて，刺激的な成功を収めたこの本が，僕にとっての
この 1 冊である．まるで今まで耳にすることができなかった世界を創造す
る音楽のように……．この哲学の 1 冊は，芸術的とさえいえる 20 世紀的
な創造の讃歌であり，その傑作のひとつだ．しかし，「いずれ，この世紀
はドゥルーズ的なものになるだろう」とフーコーが予言したように，これ
は決して 20 世紀を回顧する 1 冊ではない．あくまでも私たちに見える地
平線の彼方に広がっている無限のプラトー／大地をめざして．

■産業の論理

フォーディズムと日本的経営
変容する労働観を追う

■

松原隆一郎

■産業社会において，経済のシステムが社会的なシステムまでを巻き込んでしまっています．ここでは，われわれの現実の大きな部分を規定しているこの産業の論理を，アメリカ的なフォーディズムと日本的経営を対比しながら明らかにし，その今日的な限界を論じます．（K）

産業社会について

　今世紀の支配的な思想といえば，かつては社会主義を挙げる人が大半だったでしょう．ところが1980年代の末に，冷戦は突然に終わりを告げました．ソ連の反体制知識人によるスターリニズム批判やレーガン政権による軍事力の増強競争という挿話はあったものの，冷戦は最終的には民主主義や軍事戦略によってではなく，経済力の差によって決着がつけられました．

　しかし，とはいっても，単純に資本主義が勝利したのだとはいえないでしょう．激しい景気の変動があり，また国によって，あるいは階層によって貧富の差が存在する，といった点はしばしば指摘されますが，なにより資本主義は一義的な内容をもつ体制ではないからです．経済思想家のF. A. フォン・ハイエクは，市場とは価格や利潤を指標として，より有効な取引機会がどこにあるのか，さらにそれを生み出す企業組織，社会制度がどのようなものなのかを指し示す装置なのだと指摘しています．ひとくちに資本主義といっても，世界中のどこでも共通の性格をもつ市場だけによって構成されるのではなく，その自律性，自己調整性を補強するような独特の経済制度が国や地域，組織ごとに歴史の中で培われているはずだ，ということです．そして世界市場が示したのは，今世紀の初頭から70年代頃まではアメリカの持つ経済制度がもっとも有効であり，80年

代以降（少なくとも 90 年頃まで）は日本のそれが優勢だった，ということでした．

イタリアのマルクス主義者 A. グラムシはすでに 1930 年前後に獄中ノートで，「アメリカニズム」を自動車会社フォードの生産様式とのかかわりから考察するアイデアを提起しています．また戦後の日本社会を総括する言葉として，近年，日本的経営，ないし会社主義が用いられることもあります．これらに共通するのは，産業を編成する論理が（良かれ悪しかれ）社会の主軸ともなっている，という観点を打ち出していることです．このことは，今世紀を代表する思想として，産業を中心に社会を編成する論理を挙げるべきだということを示していると思います．逆にいうと，社会主義はそうした論理として成熟しえなかったということなのでしょう．

さて，産業社会（industrial society）とは，産業革命以降に工業が経済の中心を占めるに至った社会をさすのが通例です．経済は発展するにつれて産業構造を高度化させ，第一次産業（農・漁業等）から第二次産業（鉱業，製造業等），さらには第三次産業（流通・金融業，サービス業等）へと重心を移動させていくという傾向がみられますが，これは発見した人および統計的に定式化した人にちなんで「ペティ＝クラークの法則」と呼ばれています．この法則にしたがうならば，ある程度まで発展した経済は必然的に産業社会であることになり，さらに産業社会は成熟ののちに第三次産業中心社会，すなわち D. ベルのいう脱工業社会に移行することになります．実際のところ先進国は 70 年代以降に，情報産業化，消費社会化，サービス産業化などの特徴をもつに至ったとされています．その意味では，すでに先進国は先に述べた狭義の産業社会ではなくなっていることになります．

ここでいう狭義の産業社会を論じたものとしては，すでに60年代にアメリカで一世を風靡した一連の著作，すなわち W. ロストウの『経済成長の諸段階』（1960 年），C. カーラスの『インダストリアリズム』（1960 年），D. ベルの『イデオロギーの終焉』（1960 年）が知られています．これらは西欧諸国が農業社会から離陸して大量消費社

会を実現するに至る発展の経路を段階モデルで描いたり，その各段階で必要とされる人口増加，核家族化，都市化，巨大組織の発生，官僚主義化，世俗化などの条件を示したり，また産業社会の成熟した姿を福祉国家やイデオロギーの終焉によって規定したりしたものでした.

　これらの書物が著された背景には，当時，発展途上諸国が工業化を進めるために社会主義体制をとったことがあります．当時の産業社会論は，こうした傾向に対抗するための論理という性格を併せ持っていました．つまり，それは工業化を進め，それを通じて豊かな社会を築くための体制として資本主義の方が優越していることを主張するという体制選択論でもあったのです．ちなみにロストウの書には，「非共産党宣言」の副題がつけられていました．社会主義の経済体制がソ連や東欧において崩壊し世界史から退場を余儀なくされたという現時点での後知恵からいうと，その限りでは60年代アメリカの「産業社会論」の目論見は成功していたといえます.

　けれども今世紀の産業社会は，今もなお変貌し続けています．工業中心社会においてもそこに生じた様々な矛盾を取り除くために，株式会社制度やケインズ経済政策，最低賃金制度，社会保障制度などの諸制度が発生し，その後に現れた脱工業社会における第三次産業はこれらの制度をも含む形で拡充されました．つまり第三次産業は，前近代的な第一次産業中心国においても存在する商業などとは異なったものに進化しているのです．製造業においても，情報関連のハイテク商品が作成されたりしています．つまり，昨今では一次・二次・三次といった産業の区別がなし崩しにされつつあるわけです.

　それゆえ，本章では脱工業社会と呼ばれるような社会も広義の産業社会に属するとみなすことにしましょう．第何次産業に重心を置くかといったもの以外に，産業社会の定義を求めようということです．そこで，産業社会とは企業を生産活動の主体に据えつつ生産性の向上をはかろうとするような社会のことだ，という定義を採用してみます．企業が主体ですから，そこでは分業や投資，技術革新な

どの手段によって生産性の向上が目指されています.

　ところで，生産性の向上が目標とされているというのは，それによってもたらされる「豊かさ」が社会の共通目標になっているからです．もちろん「豊かさ」が物的なそれにとどまってよいのかという疑問は，E. バークの保守主義やショーペンハウアーから M. ハイデガーに至る反近代主義，さらには支配的になったライフスタイルからの脱出を今世紀の 60 年代頃より唱えているコミューン主義など，産業社会の幕が切って落とされた直後から形を変えつつ連綿と続いており，それはイデオロギーの左右を問わず生じています．日本でも 70 年代後半以降は「物の豊かさ」よりも「心の豊かさ」を求める傾向が，総理府の調査などにおいても顕著に現れています．

　けれども，物質的豊かさの過度の追求を批判する動きがあったとはいえ，物財生産を基調とする生活からのラディカルな離脱までが社会において承認されたかというと，そうはいえないでしょう．むしろ，産業社会の内部にありながら「心の豊かさ」を実感させる方向が模索されているというのが，ほとんどすべての先進国における現実です．その結果，80 年代以降の日本において特に顕著なように，「少品種大量生産」の方針に代えて商品のイメージ的な差別化によって非物質的な価値が追求されるという「多品種少量生産」の現象も生じています．

　したがって産業社会について考える際に重要なのは，それが豊かさは実現するが精神生活を荒廃させているという矛盾を指摘したり，極端にはそれを拒否すべきだという論陣を新たに張ることではないということです．むしろ，産業社会は矛盾を孕みつつもそれを解決しようとする回路もまた内蔵しているという事実に注目すべきでしょう．つまり産業社会の論理は，先に挙げたいくつかの反産業主義からの批判に応じ，しかも消費者の豊かさへの渇望や，労働者の創造への意欲をもそれぞれ満たそうとしつつ変貌をとげるようなものなのです．次節では，今世紀に現れたそうした論理として，フォーディズムおよび日本的経営を取り上げてみましょう.

分業について

　社会思想史をかえりみると，労働，すなわち「作ること」をもっ
て人間の特性だと考えた思想家たちの系譜があることが分かります．
労働が人間を動物から区別すると初めて考えたのは D. ヒュームだ
という説がありますが，労働をその経済－社会思想体系の鍵概念に
まで高めたのは A. スミスです．彼は『国富論』(1776 年) において
労働にかんして本格的に考察を進め，重商主義者が富の価値の源泉
を外国貿易で得た金銀などの財貨に求めたのを批判して，国民が
年々消費する生活上の必需品や便益品こそが富であり，それを作り
出す「労働は富の唯一の原因である」と述べて，労働への注目を訴
えました．

　スミスによって喚起された労働への関心は，『資本論』(1867 /84 /
95 年) に結晶することになる K. マルクスの一連の著作に受け継が
れ，さらには我々が単純に労働として一括している行為を活動・仕
事・労働の 3 つに仕分けしてマルクス的な労働論を批判的に発展さ
せた H. アーレントの『人間の条件』(1958 年) などに貫かれていま
す．また，T. ヴェブレンも『有閑階級の理論』(1899 年) において，
個人的な利害を越えて真にすぐれた商品を作り出そうとする人間の
本性を「製作者本能」と呼んで，これが資本主義経済の「金銭的競
争」によって汚される様子を描き出しています．

　こうした労働論のひとつの焦点は，分業 division of labor をどう
評価するかにあります．産業社会は生産性の向上を絶えず求めるも
のですから，職人の独力による商品製作には飽き足りず，生産のた
めの組織を生み，その中で分業を進めるでしょう．

　アーレントは，分業が組織的になされるようになる近代より以前
の職人たちの仕事において，労働のあるべき姿を見ています．彼女
は「私たちはあるイメージ，たとえばあるベッドの『イデア』を自
分の心の眼の前に思い浮かべることなしにベッドを作ることなどで
きない」というように，(労働でない)「仕事」は，各人が頭の中に
抱くイメージを独力で製品として結実させることだ，ととらえてい

ます．その意味で，職人的な作業による仕事は，一種の芸術的な活
動です．

　さらにアーレントは，製品が完成したならば，職人は他人に自分
の仕事の成果の価値を値踏みしてもらおうとするだろう，そこで仕
事場での独居をやめて製品を携え市場に出向き，製品が卓越してい
ると評価されたなら，その製品は永続する価値を得，職人は名声を
獲得するだろう，と述べています．スミスは人間を動物から区別す
るのは「一つのものを別のものと取引し，取り換え，交換する傾
向」だといいましたが，アーレントはこの「交換性向」を，たんに
収入を得ようとする個人的な欲求でなく，交換を通じて他人から自
分の作品を評価してもらおうという社会性ある欲求だととらえまし
た．

　つまり本来ありうべき仕事は，芸術性と社会性をもつものだ，と
いうのです．その両者をそなえた作品の価値は，消費された後も人
びとに記憶され，失われない．しかしそんな仕事は，組織内での分
業において変容を迫られ，単純な「労働」となったといいます．1
本のピンを作るのにある人が針金を伸ばし，次の人が切り，また次
の人が尖らせ，さらには先端を磨き，頭部をつけ，光らせ，紙に包
み，……と順次18もの工程をもつピン工場を観察したことのある
スミスもまた，こんなことを述べています．「分業が発達すると，
労働によって生活する人びと，つまり人民の大多数の仕事は，少数
のごく単純な作業に限られる．ところが，大部分の人びとの理解力
というものは，日常の仕事によって必然的に形成されるものである．
一生涯少数の単純作業を繰り返している人は，人間として可能な限
り，愚かで無知になり，感情も荒れ，私生活上の日常の義務や国の
利害についても正しい判断がもてなくなる」．

　どこにでもあるようなピンの生産高を高めるために，分業を取り
入れて職人的な仕事を単純作業に変えてしまうこと，これはまさに
アーレントが堕落だと危惧したことです．ところがスミスは，その
分業について別なことも述べています．「労働の生産力における最
大の改善と，どの方向にであれ労働をふりむけたり用いたりする場

合の熟練，技能，判断力の大部分は，分業の結果であった」．これはまるで，分業が仕事を専門化させることはすなわち卓越性をもつことだ，と逆のことをいっているかのようです．実際，分業のもとでの断片化された作業でも，ハイテク商品についての手作業仕事のように，アーレントのいう芸術的なまでの仕事も存在するはずです．「オタクと専門家は紙一重」ということです．

このように分業は，労働に生産性と単純性，卓越性と単調性を持ち込むといった具合に，矛盾を孕んでいます．こうした矛盾を解こうとする努力が，アメリカおよび日本における産業の論理，すなわちフォーディズムと日本的経営でした．

フォーディズムについて

スミスがピン工場で見た古典的な分業は，100 年あまりを経た 19 世紀末になって，F. W. テーラーの編み出したいわゆる「テーラー・システム」によって限界にまで精緻化されました．テーラーは，労働生産性を高めるために，2 つの課題に答えようとしました．

ひとつは，自分のペースで仕事をする労働者を経営者の指図に従わせる，というものです．そのために労働者から仕事上の熟練や判断力などの自律性を奪い，それを経営側に集中させました．これは「構想（精神労働）と実行（肉体労働）の分離」と呼ばれ，それによって肉体労働者は精神労働ないし頭脳労働から解放されましたが，同時に仕事から自律性・主体性が失われました．ふたつめは，未熟練の労働者にも即座に取りかかれ，しかも作業速度を上げるように，単純動作を練り上げることです．そのために，テーラーは工場における作業工程を細かい動作に分解し，不必要なものを省いて再構成しました．こちらは「科学的管理法」と呼ばれています．要するにテーラーの発想は，どこの出身の誰にでも通用するような普遍的な知識によってマニュアルを作り，それによって未熟練労働を効率的に管理しようとするものでした．

ところが世紀の転換期における市場は，次第に変貌を遂げつつありました．テーラー・システムのように労働生産性を高める技術革

新が大量生産をもたらすとしても，それに見合うだけの有効需要は用意されませんでした．価格や賃金による需給の調整が働きにくくなっていたのです．そこで賃金を低く抑えても生産物が売り切れず，利潤が伸び悩むという現象が現れました．こうした折りにフォード自動車会社が施行したのが，従来では考えられなかった逆転の発想，高賃金分配方式でした．

　フォード社の創設者 H. フォードは，前世紀までは一部の資産階級の乗り物であった自動車を大衆車・T 型フォードとして普及させることを唱えて，まずは自社の労働者にも購入できるように，ベルトコンベアを用いた流れ作業の形でテーラー・システムを導入し大量生産によって価格を引き下げ，また生産性の上昇に賃金をスライドさせて（インデクセーション賃金），労働者の所得を引き上げることを実行しました．

　のちに大恐慌に直面した J. M. ケインズは，公共投資など財政政策によって有効需要を引き上げることを提案しましたが，フォード社的な高賃金策は消費の拡大につながり，ケインズ政策と同様の効果をもつことになります．ここで労働者はたんなる生産要素ではなく，大量消費の主体として社会の前面に浮上することになりました．大量の生産物は消費および投資の対象として需要され，そこで生まれた所得の増加は，新たに規模の経済により費用を低減させ，生産性を上昇させます．

　グラムシはフォードによって構想されたこうした経済の循環を「フォード主義」と呼んで，20 世紀アメリカを象徴する思想とみなしました．また，レギュラシオン学派（M. アグリエッタ『資本主義のレギュラシオン理論』（1976 年）等）は，この循環をマクロ経済システムとして定式化し，「フォーディズム」と名づけてとくに第二次世界大戦後から 70 年代までの先進諸国の経済成長の説明に用いました．その論理を循環図で示しておきましょう．

　ここで注意したいのは，前節で述べたような分業が持つ矛盾にフォーディズムがどう応じたか，という点です．テーラー・システムにおいては，労働は限りなく単純化をほどこされ，生産性を高めま

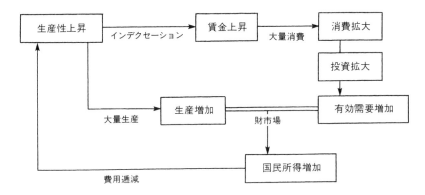

した. しかしそうした卓越性・精神性の欠如したベルトコンベア式の単純労働は，チャプリンの『モダンタイムス』にも描かれたように，人間性に著しく反するものでした. 作業は極めて退屈になり，賃金は限界まで安く，その上，労働者はたび重なる不況のもとで，失業におびえねばなりませんでした. それゆえテーラー・システムは，単独では普及しませんでした. 資本家が利潤追求のために導入しようと試みても，労働者からの抵抗があまりにも強かったからです.

ところがフォーディズムでは，科学的に管理するだけでなく高賃金も提供されています. 資本家はその分，利潤率を減らしましたが，労働者はテーラー・システムを受け入れました. 労働者は仕事によっては自己実現を果たすことはできませんが，その代わりに向上した所得によってかつては上流階級のものだった高度な消費生活，たとえば自動車を手にすることができたのです. 労働は消費という目的のための手段となったのでした. フォーディズムは，生産の論理であるのみならず，大衆消費社会の到来を説明する論理となっています.

日本的経営について

70年代以降，さしものアメリカ経済も長期低落傾向にさいなまれています. その原因としては，財政・貿易の双子の赤字やそれをもたらしたレーガノミックスの失敗，さらにはブレトン・ウッズ体

制の崩壊などが挙げられるでしょう．けれどもここでは，戦後の先進国経済を成長に導いて来たフォーディズムの効力の限界に注目しておきましょう．それはとくに，80年代になって世界経済において台頭した日本との関係でも要点となるところです．

　日本経済の特徴としては，一般に，①企業間における長期継続的取引，すなわち系列や企業集団，②企業―政府間における規制を介した関係，すなわち産業政策や行政指導，③企業内における協調的な労使関係，すなわち終身雇用・年功賃金・企業別組合（「三種の神器」）が指摘されます．本節で関心があるのは，③を総称していう，いわゆる日本的経営です．

　日本的経営は，具体的には宮本光晴がまとめたように，柔軟な職務編成や幅広い職務概念，長期的視野のもとでの頻繁な職務間移動や内部昇進，意志決定における下部への権限の委譲（ボトムアップ），さらには企業内福祉が挙げられます．これらはフォーディズムを下敷きに形成されたアメリカの雇用制度とは対照的です．アメリカにおいては，分業によって職務（ジョブ）は限定されその等級も厳密に規定されており，内部移動や昇進は同一職種間で行われ，意志決定の権限は上部に集中され，福祉は公的に施行されています．

　おおざっぱにいって，日本では工場の現場に立つ労働者に意志決定の権限すなわち自律性が認められているのが特徴的です．企業は労働者にQCサークルや提案制度を通じて創意工夫させ，社内研修やOJTによって現場での熟練を促し，職務のローテーションによって幅広い技能を身につけさせ，権限を委ねることで責任感を植えつけます．要するに，日本的経営とは，テーラー・システムが行った「構想と肉体の分離」も科学的管理法による作業工程の細分化も，最小限に抑えようとする分業の仕方なのです．アメリカの労働者は共通のマニュアル的な知識を習得して現場に当たりますが，日本の労働者は現場にある具体的な知識をみずから発見し修得しつつ勤務しています．

　では，こうした方式はどうして採用されてきたのでしょうか．それには日本文化の特有性や偶然の時代背景もさりながら，フォーデ

ィズムが示した限界が関係しているようです．それは，第1にはテーラー・システムが行き詰まったということです．たとえ高賃金によって豊かな消費生活を享受しうるとしても，生活時間の大半を占める労働がそのための手段でしかなく，熟練を深めず判断力も要しないということでは，労働者は生活を空虚に感じてしまうでしょう．その結果，アメリカにおいてさえ管理の徹底が図られるにつれ60年代の後半以降は疲労や病気から欠勤・離職が増え，労働意欲が減退してサボタージュが目立ち，さらにはストライキも頻発するに至りました．ここに，消費においてのみならず労働においても自己実現しようとする労働観が復活したのだと見ることもできるでしょう．この意味では，労働者に意志決定の権限を与え現場での熟練を促すような日本的経営が，優位にあるわけです．

第2には，消費社会の成熟があります．フォーディズムは，商品の品目を少量に絞りそのぶん大量生産して，価格を下げれば需要されるはずだと前提していましたが，所得が上がった後もひたすらに安価な商品を大量に購入するという消費行動をとる人は稀でしょう．そこで，多品種を少量生産するという傾向が先進国に現れました．このことは，労働編成にかんしては次のような含意を持っています．つまり，工場の現場において多品種が同じベルトコンベアを流れてくるために，労働者はそれらに逐次対応しうるだけの幅広い熟練をなしとげていなければならないということです．それには現場における熟練労働者の判断力に期待する日本的な労働編成が適していた，といえます．

第3に，商品の多様性は，新製品の開発によって，さらにその幅を加速的に押し広げつつある，ということがあります．いわゆる「商品の差別化」です．

従来，先進国においても欲望の対象はさほど多様なものではありませんでした．ところが最近になって，商品の差別化が加速し，機能ではなくイメージ（パッケージやネーミング，広告）によって需要されるような傾向まで見られるようになりました．その結果，利潤につながる大衆の欲望の有様が調査の対象となり，マーケティン

グ・リサーチが産業として成立するようにさえなりました．また，商品イメージの差別化を図るような新商品の開発にかかわる技術は基礎的なものではなく応用に属していて，どれを選択すべきかは需要との関係から決まることが多くなっています．

　ハイエクは，市場とは具体的な知識を発見するプロセスだといいましたが，その理解にしたがえば，消費欲望はもっぱらホワイトカラーによってマーケティング・リサーチを通じて発見され，応用的な生産技術はそれとの関連からブルーカラーの勤務の現場において発見されているのだといえるでしょう．日本的経営が80年代いっぱい好調だったというのは，欲望と技術を時と所を限って具体的に発見し，それによって商品開発を行うのに日本企業の組織形態が適していたということなのだと思われます（この点については，拙著第十章に述べておきました．参考文献参照）．

　具体例を挙げておきましょう．たとえば，人びとが従来の苦いビールに代わる新しいビールの登場を求めているとしても，「どんなビールを飲みたいか」という尋ね方では消費者にいくら問いかけても答えが得られないことがほとんどです．消費者は自分の欲求するものを適切に表す言葉を思いつかないからです．そこで消費者調査の過程においてビールの味を表現する形容詞を取捨選択した某社は，大衆に望まれる「キレ」や「コク」という言葉を発見し，それに見合った商品技術を採用して巨大なシェアを得ました．

　これは，消費者にとって欲望が流動化・不透明化していることを示す例です．ただし，こうした傾向は，需要が商品の機能でなくイメージに大きく左右されるビールなど飲食品や，衣料に限られるものではなく，ハイテク製品にすら当てはまることが最近報告されています．児玉文雄は，『ハイテク技術のパラダイム』において，いまだ表現されない欲望を特定し，それに合った技術を選択する過程を「需要表現 Demand Articulation」と呼んで，日本語ワードプロセッサおよび家庭用 VTR の技術開発について分析しています．その詳細には触れられませんが，需要表現および新製品の開発にかんして日本的経営が比較優位をもっていたことは確かだと思われます．

ところで，そうだとすれば，日本的経営における労働者は，主体的に知識発見に参加し，またそうした技能に熟練しているのを特徴としていて，そのぶん単純性・単調性を抑えるように分業の弊害が取り除かれているということになります．しかし，これはアーレントが愛着をこめて描いたような仕事観とは異なっています．というのもアーレントは，自分の理想とするイメージを作品として表現するのが仕事なのだとしていたからです．対照的に日本的経営における労働者は，消費者のあいまいな欲望を発見し，それを表現することで生産性を上げてきました．自分の，ではなく消費者という他者の理想を表現するのが現代的な労働となっているわけです．私はこうした労働観をしばしば消費主義と呼んできましたが，人に創造への欲求がある以上，消費主義にとどまることは困難であるようにも思えています．ある場所で一時的にしか通用しない知識を求めてやまぬ日本のホワイトカラーは，会社を離れれば語る言葉をもたない貧しい人間だ，という批判もあります．長引く不況のせいで，とりわけホワイトカラーにかんして終身雇用や年功賃金などが徐々に崩れつつあるといわれますが，消費主義的な労働編成も変容を強いられているのかもしれません．

参考文献

A. Smith, *An Inquiry into the Nature and Causes of the Wealth of Nations,* 1776（大河内一男他訳『国富論』中公文庫，1978 年）．

Hannah Arendt, *The Human Condition,* University of Chicago Press, 1958（志水速雄訳『人間の条件』ちくま文庫，1994 年）．

A. Gramsci, OPERE SCELTE di ANTONIO GRAMSCI（「アメリカニズムとフォード主義」『グラムシ選集 3』山崎功監修，合同出版，1962 年）．

M. Aglietta, *Regulation et crises du capitalisme,* Calmann-Levy, 1976（若林章孝他訳『資本主義のレギュラシオン理論』大村書店，1989 年）．

山田鋭夫『レギュラシオン理論──経済学の再生──』（講談社現代新書，1993 年）．

宮本光晴『企業と組織の経済学』（新世社，1991 年）．

松原隆一郎「会社社会は変容するか」『格闘技としての同時代論争』（勁草書房，1994 年）．

児玉文雄『ハイテク技術のパラダイム』（中央公論社，1991 年）．

F. A. von Hayek, *Law, Legislation and Liberty* I, II, III, 1973, 76, 79（矢島
釣次他訳『法と立法と自由 I, II, III』春秋社版全集⑧⑨⑩, 1987, 87, 88
年).

20 世紀この 1 冊!

1973/76/79 年　F. A. フォン・ハイエク『法と立法と自由 I, II, III』

　1899 年にウィーンに生まれ 1990 年にソ連との冷戦の終焉を看取って逝
ったハイエクの人生は，あらゆる意味での全体主義と戦ったという点で，
20 世紀を代表するものといえます. 社会主義との確執を起点に，ケイン
ズ主義，福祉主義，取引民主主義と批判の矛先を移していった彼が最後に
たどり着いたのは，「法の下の自由」と「自生的秩序」の概念でした.

「現在」のナルシシズムに抗して
フーコーと不連続の歴史

■

増田一夫

■知の論理は，知のナルシシズムを補強するものであってはならないで
しょう．むしろ知を不断にみずからの限界へ，無知との接触へと差し
向けるものでなければならないでしょう．フーコーの知の言説へのラ
ディカルな問いを通じて，知のモラルが読み解かれます．（**K**）

知のポイエーシス

「ある文化のある時点においては，つねにただひとつの〈エピス
テーメ〉があるにすぎず，それがあらゆる知の成立条件を規定する．
それが一個の理論として明示される知であろうと，実践のうちにひ
そかに投資される知であろうと，このことにかわりはない.」(Mi-
chel Foucault, *Les Mots et les Choses*, Gallimard, 1966, p. 179 ; 渡辺一民・佐々
木明訳『言葉と物』，新潮社，1974 年，189 ページ).

〈エピステーメ〉は，「学的知識」を示すギリシア語で，古代から
「臆見」もしくは「意見」と訳される〈ドクサ〉に対置され，必然
的，永続的なものに対する正しい認識を意味してきました．この種
の書物としてはまれなベストセラーとなった『言葉と物』のなかで，
ミシェル・フーコーはこの語に独自の意味を与えて用いたことで知
られています．

以下では彼が，この古くからある語にどのような転倒を加え，今
日どのように使おうとしたのか，またそれはどのような論理の一部
となっているのかを見てみたいと思います．

まず最初に，2 つの図版に目をむけてみましょう．いずれも，フ
ランス 18 世紀の啓蒙思想が生んだ記念碑的作品『百科全書』から

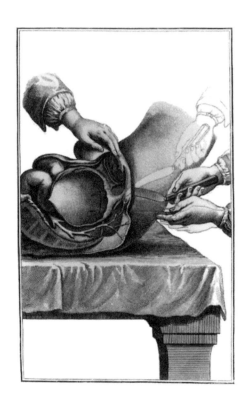

の図版です.

　一方は，人間の下腹部の断面ですが，そこで気になるのは，描か
れているいくつもの手です．右側にはどうやら時間的経過をあらわ
すらしい二対の手——点線が直前の動作，実線が現在の位置でしょ
うか——が，器具をあやつり，解剖ないし外科手術らしき作業をお
こなっています．そして，左上からはいささか謎めいた一本の手が
のびてきて，やさしげに身体のうえに置かれています．何のため
に？　対象となっている身体の男性性器をもちあげて他の一対の手
の作業を助けるため．そして同時に，彫刻などに見られるあのブド
ウの葉のように，観る者の眼からその部分を隠すという節度を示す
ため，といったところでしょうか.

　こうした配慮も今日からすると不思議なものに映りますが，もう
一つの図版に目を移してみましょう．今度はわれわれの医学的常識

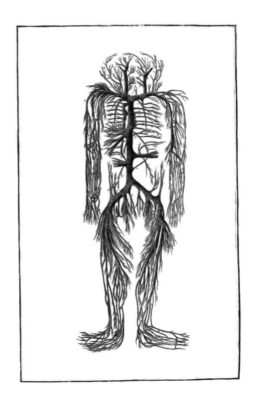

　からして，もっと奇異な作品にでくわします．かろうじて人間らし
き形状をとどめているこの物体は，この図版を解説しているロラ
ン・バルトも指摘しているとおり，たしかに，樹，熊，怪物，髪の
束，ボロ布といった連想を呼ぶかもしれません．しかし実際のとこ
ろ，複雑に分岐するこの繊維のかたまりは，人体の静脈の組織をあ
らわしたものとして描かれているのです．

　過ぎ去った時代のこうした〈知〉の作品を前にして，当惑をおぼ
えることもあれば，われわれが知っていることとのあまりの違いに，
理由なき優越感をいだくこともあるかもしれません．たしかに『解
体新書』以前の，漢方医学などが説く人体図よりはかろうじて真理
に近い．しかし，かといって，現代医学の直系の〈先祖〉とはいえ
ないような要素が見られる気がする．知的基盤もしくは実際の治療
のための助けとしてはあまりにも不完全な表象．いや，たんに不完

全なのではなく，われわれが今日目にするエイズウイルスの電子顕微鏡写真や DNA の二重螺旋の模型とは違う世界．これらの図版はそれらとは異なった系譜の学問に属するようにさえ思われるのではないでしょうか．

　第1の図版の手の配慮，そしてとりわけ第2の図版の静脈組織図の異様さ，そこにあらわれているものを，たんに知覚の欠如や不完全さに帰することはできません．むしろそこには，意味の過剰があるのです．高度な道具や機械の欠如によって細部が描けなかったということではなく，知覚のなかに混入している多分の想像や幻想がかもしだす意味の過剰．そうした想像や幻想こそが，対象をデフォルメすることによって，描かれた対象に独特の様式を与えているのです．これこそが，『百科全書』の図版を評してバルトが指摘する「詩的＝創造的(ポイエティック)」な性質なのです．

　しかも，様式化は図版にはとどまりません．フーコーが『臨床医学の誕生』(神谷美恵子訳，みすず書房，1969 年) の冒頭にあげている18 世紀の症例報告から見てみましょう．ポンムという名の医師が，ヒステリーの女性患者を治療するために，「まる 10 カ月間，毎日10 時間から 12 時間の入浴」(！) をさせた際の記録です．彼は，その完了時に「水浸しにした羊皮紙の断片のような，粘膜のきれはし」が剥離し，毎日，尿とともに排泄された，と報告しています．さらに，輸尿管や腸管の内膜が，そして食道，気管，および舌の粘膜がそれぞれ離れ，尿道や肛門から，また痰や嘔吐にまざって出てくるのを「見た」というのです．

　水責めにも等しいような治療法も驚異ですが，ここではこの「見た」に注目しなければなりません．というのも，ここで様式化されているのは，知覚そのものにほかならないからです．入浴は，神経組織の乾燥がヒステリーをひきおこすという当時の学説にしたがっておこなわれたわけですが，問題は，医師がその学説を信じるあまり自分の知覚を様式化してしまい，その結果，今日の医師にとってはありえないもの，すなわち種々の粘膜の排出を見てしまった，ということなのです．

これは，理論化の過程で入りこんだ推論のあやまりではありません．患者にじかに接し，症状を直接に観察しているはずの臨床医学の現場で起きたものです．また，ポンムという医師個人のみが報告している症例ではなく，彼の時代に共通な事例です．直接的であるべきこうした観察でさえも，当然見えていたはずの対象よりも時代の通念を上位に置き，当時の知を規定していた解読格子を媒介にしておこなわれてしまったわけです．ここには，透明な知覚など存在しません．その結果，後世から見て客観的な記述だとはとうてい認められないような報告が作成されたのです．

　ありえないものを存在させてしまう知のポイエーシス．それは——風変わりで，ときには優雅で詩的でさえある——様式的な変形を対象に加えるだけではなく，このように，対象そのものを創造するメカニズムでもあるのです．

まなざしの転換

　「屍体をいくつか開いてみなさい」．これは 1801 年に『一般解剖学』を公にしたフランス人医師ビシャの言葉です．

　この歴史的なせりふによって人体解剖が全面的に解禁され，身体の内なる闇をのぞけるようになったために真の意味での近代医学が発足した．この転換以前，病理解剖は，宗教的理由のために困難で，医師たちはまるで呪われた教団が黒ミサでもあげるかのように，墓地の片隅の夜陰にまぎれて，反社会的なやましい営みとして解剖をおこなわなければならなかった．『臨床医学の誕生』のなかでフーコーは，150 年以上にわたって，医学史が以上のように語られてきたといいます．

　そのうえで彼は，19 世紀まで解剖学の成果を活用できなかったのは，なにも解剖という行為自体が困難だったからではなかったのではないか，という疑問を表明します．たしかに，先の『百科全書』の図版は，ビシャの発言よりも半世紀ほど前のものですし，また，それよりもさらに 1 世紀以上も前に，レンブラントが描いた「チュルプ博士の解剖学講義」という有名な作品があります．チュ

ルプ博士は，アムステルダムで解剖学の祖ヴェサリウスにもたとえられていた人物です．そもそも，主題がタブーなどに触れることがなかったからこそ，この絵はレンブラントの出世作になりえたのではないでしょうか．

　蒙昧や偏見と闘いながら，自分の領域を拡張し，真理への道を切り開いてきた知．これは，宗教裁判の前に涙をのんだガリレオ・ガリレイ，さらには火刑台に命を落としたジョルダーノ・ブルーノなどを通じて，われわれの内にも深く根づいているイメージです．それによるならば医学は，いつ果てるとも知れぬ茨の道を歩んだすえに，ビシャによって代表される一大転換点にたどりついたのです．この偉大な医師の言葉を借りるならば，「文明国民のあいだに哲学が光をもたらしたとき，人間の屍体に対して探求的なまなざしを注ぐことがついに許された．これらの屍体は，かつては蛆虫の餌にすぎなかったが，いまやもっとも有益な真理の，豊かな源泉となった」というわけです．

　公式の歴史に見られるこうした記述から，どのような図式が導き出されるのでしょうか．まず第1に，「真理は正しい」という同語反復的な命題です．そして，この真理は科学的真理とほぼ同義なので，「科学的言説は正しい」という命題です．さらに，これらの命題は，間違っているものとしての社会的通念や宗教的世界観を背景として浮かび上がってくることに注目しなければなりません．つまり，科学的真理を目指す言説は，時代的，技術的制約のために不十分ではあるものの，そうした制約から身を振りほどこうとしていて，方向としてはつねに正しい真理を目指しているというわけです．この方向の絶対性に対して，社会的通念や宗教は，そのつど相対的だというわけです．換言するならば，外的な障害のみが知の進歩を遅らせるのであって，知はつねに変わらぬ目的を追求し，正しい道を歩んできたということになります．

　本当にそうなのでしょうか？　フーコーは，自分の作業を系譜学および考古学と呼んでいますが，過去を検証する彼の作業のなかで浮き彫りにされるのは，解剖の例からもわかるように，知がみずか

らの歴史を粉飾している，あるいは先ほどポイエーシスと呼んだような変形的，創造的作用を沈黙に付しているということにほかなりません．すでに人体の内部にまなざしを注いでいたにもかかわらず，18世紀の医師たちは19世紀以降の医師たちが見たものを見ることができませんでした．われわれが見ているように見えるようになるためには，知の全体的なあり方が，エピステーメが，まなざしの転換を促さなければならなかった，というわけです．

　人は，昔から大真面目に真理を主張してきた．しかし，ふりかえってみると，その真理を語る言説は，ありもしない対象を創造してしまうほど，より大きな知の枠組み，すなわち時代の〈エピステーメ〉にすっぽりと収まり，それによって規定されていた．これこそ，冒頭に引用した文章にフーコーがこめた主張なのです．

阿呆の画廊

　かつてヘーゲルは，彼の『哲学史』の序論のなかで，「阿呆の画廊」と訳される Gallerie von Narrheiten いう言葉に言及しました．

　哲学史とは，高貴な精神の系列であり，思考する英雄たちの画廊であるという見解に対して，一部の人びとはそこで表明されている思想の多様性をあげつらいました．哲学の歴史とは，規則正しい連続性をもった理性の展開の歴史ではなく，雑多な意見の集積である「阿呆の画廊」，ひかえめに見ても「昏迷の画廊」だというのです．こうした見解に対してヘーゲル自身は，多様性こそ哲学にとって必要なのだとし，哲学の多様性のなかで，精神はただ一つの真理にむかって前進するのだと語っています．

　フーコーがおこなっているのは，こうした楽観的な展望に対する重大な異議申し立てにほかなりません．彼は，〈エピステーメ〉の概念によって，「連続性」や連続性に連なる「伝統」「発展」「進歩」「精神」といった概念を拒絶しているのです．そうすることによって，たんなる多様性や試行錯誤以上の断絶を知の歩みに刻み込んだわけです．

　トーマス・クーンもまた，「科学革命」や「パラダイム」という

概念によって，知の非連続的な歴史観を唱えた人物として知られています．彼もまた，従来の科学史に異論をとなえ，それが一方では科学的法則や理論の発見の羅列に，他方では発見の障害となった迷信や俗信の告発に終わっていると批判しています．そして，科学と迷信を区別することはそれほど容易ではないとして，こうした極端な価値の変化をもたらす断絶を科学革命によって説明しようとします．すなわち，ある科学者集団によって共有される検証の方法，見方のモデル——パラダイム——が一斉に変化してしまうという現象が見られる，だから，科学の発展を累積作用として見ることはむずかしいのだ，というのです．

しかしクーンの場合は，パラダイムを共有する集団は物理学者などの特定の科学に従事する人びとの集団であり，広くてもすべての自然科学者の集団どまりです．フーコーのように理論的な知ばかりでなく「実践のうちにひそかに投資される知」まで，すなわち理論として提示されない制度や慣行のなかに隠された知といった範囲にまではおよびません．またフーコーの〈エピステーメ〉は，自然科学ではなく，人間の生に直接に関わる医学や人間諸科学を最初から対象としています．彼の関心は知と社会の相関関係にあり，だからこそ次第に，知を生産すると同時に知によって発動される「権力」が考察の中心を占めるようになっていったのでしょう．こうして彼は，クーンよりも深刻な形で，理性の歩みを疑問に付しているのです．

それは，〈エピステーメ〉という名称からも明らかでしょう．古代ギリシアが学的知にあて，ヘーゲルも〈ドクサ〉に対置していたこの語を，フーコーは，歴史的に規定され，恣意的な運動に支配される知，すなわち，ほかならぬドクサの位置にもってきてしまうのです．この転倒によって，絶対的・永続的真理の座は空白のままに残されることになります．

理性の物語は，おびただしい数の言説の断片に解体され，それらはほとんど無法則的に歴史の舞台に現われ，そして消えてゆくというわけです．すべての知が壮大な「阿呆の画廊」に収納されるなか

で，現代の言説のみが例外として無謬性のナルシシズムにひたっていることはできません．現代の知もまた，その画廊にかかっている1枚の絵たるべく運命づけられているかもしれないのです．

出口の探究

ところで，なぜ理性に対する信頼をゆるがせ，壊乱的要素を持ちこまなければならないのでしょうか．知の歴史に断絶を刻みこみ，多くの歴史家および思想家に影響をあたえたフーコーにも答えるべき問いが残っているのも事実です．

たとえば，冒頭の引用文にあるように，本当に一時代の知は一枚岩的で，共通の特徴を示すのか，そこから踏み出すことはできないのか，といった問い．この問いは，フーコーがつねに時代の決定性といったものと闘おうとしてきたことからも重大です．〈エピステーメ〉の決定力がここまで絶大だとすると，フーコーはある時代の知の牢獄には抵抗できないという命題を立証したことになりかねません．それはおそらく，彼の意図とはまったく逆の結論でしょう．だからでしょうか，ここではもっぱら〈エピステーメ〉を中心に扱ってきましたが，実はこの概念，1966年の『言葉と物』で注目を集めた後，1960年代の終わり頃からすでに用いられなくなっているのです．このように，真理の言説を不安定化する〈エピステーメ〉は登場と同時に，自己破壊的な論理を発動させてしまったともいえるでしょう．

また，フーコーがその同じ書物の巻末において「人間の死」を語ったということはよく知られています．その立場は，「主体としての人間の死を予告する反人間主義」であるとして，当時フランスの思想界で大きな力を持っていたサルトルやマルクス主義知識人の標的になりました．80年代以降，今度はマルクス主義を批判し，伝統的な「主体」「理性」「意識」への回帰を解く潮流のなかで再び一部の人びとの批判にさらされています．この批判は，ハーバーマスのような啓蒙主義的理性の著名な擁護者などによっても増幅され，フランス一国にとどまらずアメリカや日本でも聞くことができます．

しかし，不思議なことにハーバーマスと同じくフーコーも「啓蒙」を非常に高く評価しているのです．違いは，フーコーが「啓蒙」と「人間主義」とのあいだにむしろ緊張関係を見ているという点にあるようです．

　晩年のフーコーは，カントの『啓蒙とは何か』を非常に高く評価していて，カントは未来における理想的な完成像から現在の姿を規定もしくは固定しようとはしなかったと解釈しています．むしろ「啓蒙」に対しては具体的な属性をあたえず，ほぼ全面的に否定的な仕方で，「〜からの出口」として規定しているというのです．すなわち，カントはもっぱら現在へと関心を向けているのですが，その関心は現状を無条件に固定し維持するという論理を起動することはなく，ひたすら「〈今日〉は〈昨日〉に対してどのような差異をもたらしたか？」という刷新への問いに集約されているというのです．

　この論理から発するかぎり，現在の価値を最大限に尊重するということは現在に固執することではなく，差異を考え，「いかにして現在が現にある現在と違う形で存在しうるか？」と想像することにほかならない，ということになります．現に存在する世界や諸制度は，あたかも普遍的，必然的，強制的なものであるかのようにわれわれに呈示されているわけですが，そのなかで何が特異であり，偶然的であり，恣意的な力によってもたらされたものなのか，という問いを立てることこそ，現在をよりよく生きる流儀なのだ，というわけです．エピステーメ，考古学，系譜学というフーコー独特の装置は，そうした観点から構想されたものにほかなりません．

　近代は屍体に対するまなざし，すなわちひたすら人間を人体として，物体として捉えるまなざしから出発した，とフーコーは考えます．その果てに今日の人間諸科学があり，さらには集団としての人間の生命を管理する「生‐政治学」，あるいは個人の生を分析する「解剖‐政治学」があるわけです．その意味で，近代的な主体化の運動は同時に知や操作の対象としてその主体を従属化させる二重の運動でした．またその意味で，人間科学は対象の隔離と監視とに対

して生得的な関係をもっており，「支配」といったものの近代的テクノロジーの一環をなしていました．

　フーコーにとって，「人間」はこうしたテクノロジーの中心として要請されている存在にほかなりません．そのかぎりにおいて人間はどこまでも歴史的に形成された言説的対象であり，それに固執することは未来を志向する啓蒙に反することなのです．まただからこそ，非歴史的な合理主義ほど，歴史的な数々の理性の考古学および系譜学を展開するフーコーの姿勢とあいいれないものはありません．

　今日，生命科学や医療技術のめざましい進歩によって，「人間の死」はむしろ抵抗感なく受け入れられてしまうかもしれません．しかし，そうした科学技術によって実現されようとしている人間改良の欲望とはいったいなんでしょうか．フーコーがその根源的な共犯関係を暗示したように，ある種の科学的合理主義にもとづいた社会進化論から，人種主義やナチズムへという悪魔的な論理に巻き込まれないという保証は残念ながらありません．科学に対する非合理的な拒絶を避けながらもそうした陥穽をどうやって回避できるのか．これこそ「われわれの現在において最大の危険は何かを問うこと」を命じるフーコーがいざなう問いなのです．

　そのとき〈エピステーメ〉は，別な未来への希望の名として語られるのではないでしょうか．

20世紀この1冊！

　1927年　マルティン・ハイデガー『存在と時間』（細谷貞雄訳，ちくま
　　　　　学芸文庫，1994年）

　「西洋」とその世界史的展開を，プラトニズムに端を発した形而上学の自己展開として強引かつ魅力的に理解しようとする論理．また，サルトル，メルロ゠ポンティからフーコー，デリダにいたる第二次世界大戦後の「フランス思想」理解のためにも欠かせない書物です．著者のナチズムへの加担を示す文書の「発見」から1987年に勃発した「ハイデガー問題」を手がかりに，哲学と政治の共属関係を考えてみるのもよいでしょう．

ポスト・ベーコンの論理とは?

21世紀の知の論理

■

村田純一

■「発明することによって発見する」という近代科学の基本論理を概括
しながら，同時に，「進歩」という一元的な歴史観が危うくなってき
た現代の科学と技術の論理の問題を集中的に論じます．21世紀に向
けて，われわれはどのような知の論理を発明しなければならないの
か？（**K**）

知の「論理」と「技術」

知の論理の解明は，哲学の歴史の中では知識論ないし認識論とい
う名で呼ばれる中心課題とみなされてきました．とりわけ近代には，
16世紀から17世紀にかけて成立した近代自然科学がもたらした知
の新たなあり方を解明することが知識論にとっての大きな課題とな
りました．したがって，近代以降の知識論は多かれ少なかれ科学論
という形をとることになります．よく知られているように，近代知
識論の最大の体系家と目されているカントは，ガリレイやトリチェ
リらの実験科学がもたらした方法論的転回を「コペルニクス的転
回」と呼び，それをモデルにして新たな知識論の体系を構築しまし
た．ここはカント哲学の紹介の場所ではありませんが，知の論理の
転回を考える上で重要なヒントになることを，カントが述べたこと
の中から一つだけ取り上げておきたいと思います．

わたしたちは学校で，数学の時間に二次方程式の解の公式を習っ
たり，生物の時間に椎や樫といった樹木の分類名を習ったりします．
しかしそのようにして習った公式や分類概念を頭に入れたとしても，
それですぐに二次方程式を使って具体的な問題を解いたり，木を見
てそれが椎の木か樫の木かの区別がつけられるようになる訳ではあ
りません．そうしたことができるようになるには，さまざまな応用
問題を解き，実際の木々をみるといった実地訓練が必要となります．

ルビンの壺

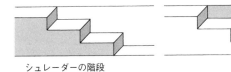

シュレーダーの階段

　つまり公式や概念の応用の仕方，適用の仕方を学ばねばなりません．
ここでちょっと考えてほしいのですが，こうした応用の仕方や適用
の仕方それ自身を特定の公式や概念で表現することができるでしょ
うか．皆さんも考えられたことがあるかもしれませんが，もしこう
した応用の仕方についての公式があれば，それを覚えればどんな試
験問題もたちどころに解けることになるでしょう．しかし残念なが
らそうはいきません．というのも，たとえそのような公式があった
としても，それが公式と呼ばれるようなものである限り，今度はそ
の公式をそれぞれの具体的な問題に適用する仕方を知らなければな
らなくなるからです．そして，たとえ次にこの適用の仕方について
の第二の公式が手に入ったとしても，今度はその公式の適用の仕方
を知らなければ……という具合にして公式と実例とのギャップは永
遠に残ることになります．
　カントはこのギャップをうめる能力を，学校で教えられる知（悟
性がもたらす知）と区別して，「判断力」あるいは「構想力」と名付
けました．そしてこの判断力は学校の詰め込み教育では教えること
のできない「天賦の資質」に属すものであり，それは実例による訓

老婆／若い娘

練によってのみ鋭敏にできる「人間の心の内奥にひそむ隠された技術」だと述べています．知の獲得のためには，明確に形式化できるような論理の他に知の「技法」あるいは「技術」を必要としているという訳です．この技術はわたしたちのあらゆる経験の基礎に働いているものですが，例えば幾何学の定理を証明するために必要な補助線を発見するときなどに痛切に感じられるものです．補助線一本が見つかれば答えは一目瞭然なのに，それが見つからないために大変な苦労をする訳です．ちょうど反転図形や隠し絵を見るときに体験することに似ています．

　ここにあげられている図を見てください．多くは皆さんに周知のものなので図が反転する様子を容易に体験できるでしょう．しかし例えば，階段の図や老婆／若い娘の図ではそれほど容易である訳ではありません．ここで必要なのはほんのちょっとした視線の動かし方に関する「技術」にすぎないかもしれません．しかしわずかであれこの「技術」を使って現れるべき対象を視線が描き出さない限り，ものは特定の意味あるものとして現れてきてはくれないのです．まして補助線を見つける場合のように，新しい「形」を見いだそうと

する場合にはなおさらです．このような知覚に見られる構造化の過程を心理学者は「洞察」あるいは「ああ―そうか―体験」などと呼んでいます．現象が一定の形態を取り，知覚が認知機能を果たすためには，「隠された技術」が発揮されなければならないのです．

理論と実践

カントが判断力と呼んだ知の「技術」をめぐる問題は，果たして知は教えられるのか，というプラトンの問いにまで溯れる古い伝統をもつものです．しかし，これまでの西欧の哲学では理論重視の伝統が強かったためこのような「技術」のあり方はプラグマティズムのような一部の伝統を除くと，必ずしも注目されてきた訳ではありません．今世紀の科学哲学の歴史においても同様の傾向が見られます．

例えば，実証主義に反対したポパーは，科学で問題になる観察はすべて「理論の光に照らされた観察」であり，実験は理論のテストという脈絡でのみ意味が与えられることを強調し，観察や実験に対する理論の優位を主張しました．さらに，クーン，ハンソン，ファイヤアーベントといった人びとの名前で知られる 1960 年代以降の「新科学哲学」でも，この傾向はさらに強められました．とくに強調されたのは，どんな観察も一定の理論による解釈を含んだ「理論負荷的」なものであることでした．例えば，天動説論者と地動説論者は，明け方の東の空に「違ったもの」を見る，つまりそれぞれ「動く太陽／静止する地球」と「静止する太陽／動く地球」を見るという訳です．

しかしながらもし上で見たカントの主張が正しいとすると，理論と観察との間には理論では埋められないギャップが残っているはずです．したがって，たとえ観察が理論負荷的であったとしても，あるいは観察が理論負荷的であるためにこそ，観察に固有の「技術」が果たすべき領域が開かれているはずです．この点は，望遠鏡や顕微鏡などの器具を使った観察の場合には顕著になります．この場合には，単に視線を動かすといった身体的「技術」のみではなく，観

察器具を作ることからはじめ，その器具を使用して一定の安定した現象を作り出すことにいたるまで文字通りさまざまな技術が必要となるからです．実際こうした技術なしには近代科学の発展は考えられなかった訳ですし，また，これらの仕事の多くは職人の技術により実現したものであり，必ずしも理論を前提になされたものではありませんでした．こうした仕事はどちらかというとそのつどの個別的な問題を「実践的に」解決する仕事に属し，理論化や言語化のしにくいものであるため，科学の歴史では必ずしも正当に評価されてこなかったようです．とくに現代の科学哲学では，観察そのものよりも観察言明について，実験活動そのものよりも実験データについて語る傾向が強いため，理論に対する「実践」の契機が軽視されてきたように思えます．

しかし，理論の基礎には固有の「実践」が属していることは，哲学の中で必ずしもまったく無視されてきた訳ではありません．例えば，ウィトゲンシュタインは「規則に従う」ということそれ自身は規則によっては根拠づけられない「実践」であると主張しましたし，M. ポランニーは「暗黙知」という言葉でこの技術の特有性を表現しました．またガーダマーを筆頭とする哲学的解釈学では，主に人間科学の方法が問題ではありましたが，「解釈」と「理解」にとって概念の実践的適用が不可欠な次元を形成することが強調されてきました．さらに，クーンの科学革命論に関してはしばしばその理論的側面のみが強調されてきましたが，クーン自身は科学の「実践的」側面を決して無視していた訳ではありません．例えば，彼のいうところの「通常科学」を成り立たせているのは単なる理論枠組みの共有ではなく，理論の適用を示す「典型的事例」（パラダイム）の共有であり，それは練習問題を解くことによってはじめて修得される「熟練」や「技能」の共有に基づくことが強調されています．そして最近では，観察や実験が理論とは相対的に独立の固有性を持つことが，科学史家や科学社会学者の研究からも示されてきています．

このように理論偏重の見方は少しずつ修正されてきているようです．しかし以下では知を形成するこの「技術」ないし「実践」の次

元に関する問題をさらに広い歴史的な視野の下に置いて考えてみたいと思います．というのも，近代初頭に見られた知の転回は，単に天文学の理論が天動説から地動説へ変化したり，アリストテレス的自然学がガリレイ，ニュートン的自然科学に理論の上で変化しただけではなく，むしろ理論を支える「実践的」次元の革命であり，「人間の心の内奥に隠された技術」の次元で生じた変化とみることによってよく理解できるように思われるからです．以下ではこの近代知がもたらした「転回」の意味とその現代における帰結を，主に「実験」という近代科学に特有な「実践」に焦点を当てて考えてみることにします．

実験

　よく知られているガリレイの落下の法則を考えてみましょう．この法則によると，どんな物体も地上では同じ加速度で落下するとされています．しかしわたしたちが日常的に目にする落下現象，例えば木の葉の落下現象は明らかにこの法則に反しています．むしろこの現象はガリレイが反証したとされるアリストテレスの見方によく合致しているように見えます．実際，アリストテレスの運動法則では，落体の速度は落体の重さに比例し，空気などによる抵抗に反比例するとされており，日常的に出会う多くの現象はこの法則で説明できます．しかしガリレイ，そしてわたしたちは，たとえ木の葉が落下法則に従わずとも，それによって法則が反証されたとは考えません．それはなぜでしょうか．

　その第一の理由は，木の葉の場合も空気抵抗を排除した状況，例えば真空中では落下法則に従った動きをするように実験することができるからでしょう．実際，ガリレイは，有名な斜面の実験では，斜面と球との間の抵抗が最小限になるように考えて，落下法則を「証明した」とされています．

　しかし日常的な生活では真空などはめったにお目にかかることのない状況であり，それを作るには特別な技術を必要とします．とてもそのような人工的に作られた状況で示される法則を自然法則とは

いいがたいように思えます．自然法則というより，むしろ人工法則というべきではないでしょうか．さらに，法則は普遍妥当性をもつとみなされている以上，このような特殊な状況で成り立つ法則が，一般の自然状況でも成り立つと考えられていますが，これも自明なことではないはずです．

　実際，アリストテレスは『自然学』の中で，自然によって存在する自然物と技術によって存在する人工物とをはっきりとその存在のあり方に関して区別しています．そしてこの存在の区分には知の区分が対応しています．つまり，自然のような必然的に存在するものを対象とする理論活動（あるいは観想活動）に備わる知が学知（エピステーメー）と呼ばれ，変化を及ぼすことのできるものを対象とする製作活動に備わる知が技術（テクネー）と呼ばれます．ですから理論知と技術知とはその対象を根本的に異にする知のあり方とみなされているのです．さらに人間の行う製作は基本的には自然自身が生み出す活動を模倣するものであるとされていますから，製作に関する技術知は自然に関する理論知に従属する位置を占めることになります．このようなアリストテレスの自然観に基づくなら，技術的な介入行為によって作られた実験状況において示された現象はとても自然現象とはみなし得ないはずです．こうして見ると，ガリレイの自然観は技術との関係に関してアリストテレスの自然観をいわば逆転させたものと言うことができます．この点をいち早く捉えていたのが F. ベーコンです．

　ベーコンは，自然科学にとって有益な材料を与えてくれるのは気ままな自然観察ではなく，むしろ技術の歴史であることを強調して次のように言っています．「自然の秘密もまた，その道を進んで行くときよりも，技術によって苦しめられるときいっそうよくその正体をあらわすのである」（『ノヴム・オルガヌム』第 1 巻, 98）．自然本来の姿が示されるのはアリストテレスの言うような観想においてではなく，技術によって作られた実験状況においてであるという訳です．自然とは技術によって明らかになるものなのです．

　ここでひとつ注意しなければならないのは，実験とそれを支える

技術のもつ認知的意味です．というのも，たしかに実験では技術的介入行為によって一定の人工的な過程が作られますが，そこで問題なのは，何か特定の使用目的にただちに役にたつ道具や機械を作ることではありません．むしろ，実験状況で特定の過程を製作する際に第一に問題なのは，一定の状況下でAという現象を作るとBという現象を生じさせることができ，また逆にAという現象を取り除くとBという現象を排除できること，そしてそれを繰り返し反復できるといったことであり，それはすなわちAとBとの因果関係に関する知識を得ることなのです．換言すると，ここでは機械的過程の製作の仕方に関する技術知と因果関係に関する理論知とが一致している訳です．この事態をベーコンは「人間の知識と力は合一する」という有名な表現で表しました．実験とは科学と技術が交差する場所に成立する営みなのです．

科学は発見し，技術は発明する．これが，わたしたちの「常識」のように見えます．しかし，ガリレイやベーコンが正しいとすると，この「常識」はそのままでは成り立たないことになります．むしろ，科学は発明することによって発見するのです．作ることによって知る，これが近代科学の知の基本的な論理ということになります．そしてこれがカントのいう近代知の「コペルニクス的転回」の内実をなしているのです．

進歩——ベーコンの時代

発明することによって発見する，もしこれが近代科学の基本論理だとすると，ここから一つの重大な帰結が導かれることになります．

発明というのはそれまで存在していた秩序に本質的に新しいものを持ち込むことです．したがって，もし科学知の獲得が発明を基礎に成立するものだとすると，科学はその活動を通して不断に新しい要素をもたらすことになります．つまり科学は不断に進歩をもたらすことになります．

科学は進歩する，これは現代のわたしたちには自明のことのように思えるかも知れません．しかし，古代ギリシアでは，自然は一つ

の完結した秩序をもった宇宙であり，その秩序を知ることが学問の仕事である以上，知識自身も本質的には完結したものとみなされていました．実際，学者ないし知者とは，知の不変の「規準」について知っている人，つまり，何が人間にとって知るに値するか，また知ることが可能であるか，ということについて知っている人とみなされていました．ですから，もしこの不変の規準を侵すように見える「新しい」ものがもたらされると，むしろ抑圧されたり，排除されることになります（古代ギリシアで技術的な発明は，例外を除くと，積極的には評価されなかったことを思い出してください）．

　そしてまさしくこのような古代から続いてきた静的な自然観，学問観が近代初頭の「新しい科学」の担い手たちの批判の対象となったのです．「新しい科学」の担い手にとっては，技術的，操作的に自然に介入することなしに自然の真理に到達できるというアリストテレス的な自然観，学問観は，当時勃興しつつあった産業社会の発展の役に立たないものであり，古典的哲学者の不遜を示すものに他ならなかったのです．そしてこの点を最も強調したのがベーコンでした．科学と技術の進歩は，政治の効用や宗教の教えとは違って，人類全体の進歩をもたらす，これがベーコンが繰り返し唱えてやまなかった主張です．

　こうしてベーコンは，科学の進歩という概念を技術の進歩を媒介にして人類の進歩という理念に結び付け，それによって科学の進歩という概念にだれも否定できそうもない積極的な価値を与えることに成功したのです．彼の主著の『ノヴム・オルガヌム』は科学の進歩の方法を集積し，組織化したものであり，晩年の著作『ニュー・アトランティス』というユートピア物語は科学と技術が社会に役に立つように制度化された具体的なモデルを描いたものだということができます．こうして，進歩という概念に導かれた科学と技術と社会の連関というベーコンのプログラムができあがることになります．

　しかしながら理念上のプログラム通りに進まないのが歴史の常でしょう．その後は，イギリスの「王立協会」のようにベーコンの思想の影響を受けて成立した組織もありますが，大枠としては，ベー

コンの希望的予測に反して，科学と技術はむしろそれぞれ別個の脈絡を形成して発展していくことになります．例えば18世紀末から19世紀初頭にかけての社会の変化に多大の影響を与えた産業革命の場合も，それを導いた技術革新の多くは（製鉄法の改良や蒸気機関の発明・改良など）経験の積み重ねの中で技術者たちによって科学とは独立になされた発明に基づいて成立したものです．

　しかしその後19世紀後半から20世紀になると，産業革命で発展した技術から科学への需要が増大し，熱学，化学，電磁気学などのように技術と密接に結び付いた科学の分野が登場し，またいわゆる基礎科学の分野でも，技術的な装置への依存を高めていき，そのほとんどで，対象は自然現象というより技術的に作られたものになっていきました．そしてわたしたちは現代の最先端の科学の中に，原子核理論と核融合エネルギー開発，分子生物学と生物工学など，科学と技術とその社会的応用とが一体となって進む過程を目にすることになります．20世紀はベーコンのプログラムが実現され，「完成」の域に達した時代であるということができるでしょう．

　しかし一つのプログラムが「完成」の段階に達したということは，同時にその「限界」が見えてきたということを意味します．実際，現在の時点で，科学技術の進歩は人類の進歩をもたらすか，という問いに無条件で肯定的に答える人は少ないでしょう．わたしたちは，世紀の前半に戦争で使われる大量殺傷兵器の開発にどれだけ科学技術が「貢献」したか，また，逆に科学技術の「進歩」が戦争にどれだけ「恩恵」をこうむってきたかを知っています．また世紀の後半には，技術革新に導かれた産業技術の発展が，資源の枯渇，人口の爆発的増大，そして地球規模での環境破壊をもたらしたことがだれの目にも明らかになりました．ここでは科学技術のもたらす本来の成果と副次的な効果とが区別できなくなっているのです．科学の「進歩」は肯定的な面をもつと同時に，常にその逆の否定的な面をもたらさずにはおかないのであり，「進歩」の過程は常に「両価的」なのです．

　こうしてわたしたちは20世紀の終わりに際して，改めて科学と

は何か，技術とは何かという問いの前に立たされることになりました．わたしたちはベーコンのプログラムに代わる新たなプログラム，新たな「知の論理」の必要性にせまられているのです．

ポスト・ベーコンの論理？

もう一度前掲の反転図形，とくにルビンの壺の図形を思い出してください．この図はわたしたちの知覚のみならず知識一般が常に図と地という構造をもっていることを象徴的に表現しています．何かが知の主題として現れるときには必ず他の面は背景として退くことになります．この構造を戦略的に利用したのが実験行為です．実験では，問題となる現象が周囲の他の要因から切り離されるように作られます．つまり実験行為では，対象は実験者によって作られたものであるにもかかわらず，というよりまさに作られたものであるがゆえに，その対象は実験者からは独立に反復可能な機械的過程としてみなしうることになります．実験における技術は対象を周囲の諸要因から切り離すことによってその「客観性」を「製作」する役割を果たしているのです．

ところが現在のわたしたちが地球上で目にしているのは，この実験室で得られた成果がさまざまな産業技術として，あるいは日常生活や社会の中の技術として実現した姿です．もはや地上に人間がもたらした技術的変化と無関係な自然を見いだすことは不可能のようです．ハイゼンベルグの表現を使うと，「歴史の流れの中ではじめて，人間は地上において自分自身にだけ向かい合っている」（『現代物理学の自然像』）ということになります．したがってこのような事態の下で自然科学の営みを行うとすると，一方でその対象は既に人間社会との関係の中にある「自然」であることになり，同時に他方，その営み自身が人間社会と自然との相互作用の中のひとつということになります．すなわち現在の時点で自然科学の営みを行うこと自身が，人間社会と自然との関係に変化をもたらすことになり，それゆえここではどんな実験も，閉じられた実験室内で可能であった「客観性」をもはや獲得できなくなっているのです．例えば，抗生

物質の投与は長い目で見るとその抗生物質の効かない細菌を生み出すことになる，といった事態がこのことを象徴的に表しています．実験行為自身が自然と社会の連関の中にある反復の利かない歴史的行為となる訳です．こうして科学技術も，一次元的な因果関係の論理とは異なった自己回帰的な「反省」の論理，人間科学や社会科学の論理と類似した論理を含まざるを得なくなっているのです．

　それではこのような状況から 21 世紀の「新しい科学」はどのような知の論理と技術をもつことになるのでしょうか，あるいはもたなければならないのでしょうか．もはやこの問いに答える余裕はありませんし，またわたしは明確な答えをもっている訳でもありません．最後に一点だけ追加して，後は皆さんに考えていただくことにします．

　現在の科学と技術が置かれた状況では，実験室の内と外，自然と社会，そして主観と客観といった伝統的区別はそのままでは成り立たないことになります．たとえ区別が可能であったとしても，それはそのつどの状況で成り立つ相対的なものであり，両者は，ちょうど反転図形の「図と地」のように不可分な関係にあり，いつでも反転し得ることになります．事態がこのようであるときに，この反転の可能性を無視し，一方に固定化することが問題の解決にならないことだけは確かでしょう．実験室の内と外，自然と社会，そしてそれらに対応する自然科学と社会科学，これら「二つの文化」を横断し得る知の論理と技術が求められているのです．

20 世紀この 1 冊！

1936 年　エトムント・フッサール『ヨーロッパ諸学の危機と超越論的現象学』（細谷恒夫・木田元訳，中央公論社，1974 年）

　現象学の創始者フッサールの最晩年の著作です．「知の論理」一般という脈絡での「この 1 冊」ということなら，現象学に限っても，同じフッサールの『論理学研究』，あるいはハイデガーの『存在と時間』などの可能性が考えられるかも知れませんが，ここでは「ポスト・ベーコンの論理」を考える上で重要なヒントを与えてくれるものという観点からこの著作を

挙げさせてもらいました．「科学は日常的な生活世界を基盤にして成立し得るものでありながら，近代科学はその成立の当初からこの事情を「隠蔽」してきた．それゆえ科学的真理の意味を最終的に明らかにするには，生活世界へと「還帰」しなければならない」というこの著作のテーゼは，哲学を超えて社会学や心理学，そして科学論に大きな影響を与えてきました．フッサール自身は，本論文で見たような科学と技術の結び付きを必ずしも主題化している訳ではありません．しかし「科学と生活世界」という問題の捉え方は，現在でも，というより現在のように科学が技術と不可分に結び付き，わたしたちの生活世界に決定的な影響を与えている時代にこそ，その真価を発揮するように思われます．

論理のプラクシス

論理を読む・論理を書く

■

■
論理の応用
■
船曳建夫

　この第 V 部に並んでいる 3 本の文章は，いずれも論理の応用・実践編として書かれています．この本の第 IV 部までに出て来た論理を，さあ，使ってみましょう，というふうに書かれているかのようです．ところがそのように，この本が，まずは道具の説明，次いでその使用法という構成になっていると考えられては困るのです．そのような理解は，『知の技法』以来，私たちの基本にある考え，知に技法はあるが，それは誰でも手に入れればすぐ使えるような道具としてではない，という考えに反しているからです．

　そのポイントはすでに『知の技法』でも書いたように，人文・社会科学系の学問の方法は，「ワインの栓抜きのように，特定の種類の問題のために特別に作られた」ものではない，ということと関係があります．第 II 部から第 IV 部までに出て来た 17 の「論理」も，ある特定の種類の問題を解いて出て来たものではありません．ある複数の，そこに共通性を見出せるであろう問題群に散在する論理素（論理の素と考えて下さい）の発見から始まって，それらの問題群に整合的なものとして発明された論理，という成り立ちをもつのです．

　この時，例えばあなたが，その論理を「似たような」問題に当てはめて（つまり説明された道具を実際に使用してみるというように），それが解けるかどうかを確かめるというのは，2 つの点で，意味の薄い，あまり創造的ではない行為なのです．第 1 に，そのように確かめることで合と出たり否と出たりしても，そのこと自体によって，数学の定理のように，その論理が証明されたり，誤謬と判断が下されたりはしません．そして論理を作ることを実践しようとしているあなたにとってより重要なのは，その「似たような問題」がよりよ

く理解できるようになったか否かであるはずです．それは第2の点に関係します．

　すなわち，新たな問題（X）をあなたが解こうとしているとき，あなたのすべきことはやはり，「発明」なのです．たとえばその問題が，かつて構造主義の論理を生み出した問題群（A）に似ていて，同様のことが出来はしないか，とあなたが真似して試みたとしても，それは，すでに述べたように，「構造主義」がうまく行くかどうかを調べることではないし，問題（X）が問題群（A）に似ているかどうか自体を調べたいからでもないはずです．あなたがすべきことは，新たな問題（X）を，おそらく複数の問題群（X'）の中でとらえて，そこに新たな論理を「再び発明」することなのです．

　ですからこの第V部の最初の文章，「論理を読む」で行われているのは，いくつかの論理が「当てはまる」かどうかの検証ではありません．ある対象の問題を分析するときに論理が立ち上がってくる様子をいくつもの例で展開して示しているのです．そのような発明の現場の創造性を，筆者は短い文章の中にいくつもきらめかせて見せてくれています．第2の文章は，ある研究者が1つの問題（史料）を対象にして，時を置いて，違う論理を「創り出す」という，まれなケースを提出しています．この文章が私たちに示しているのは，「事実」がどこに存在するのか，という根底的な問いを発したとき，歴史を「書くこと」があらたな論理を創ることになる，というスリルに満ちた発見の現場です．第3の文章，「論理の技法」はまさに実践編です．これをマニュアルのように読まれることは望むところです．しかしその時でも，マニュアルは文章読本としてではなく，調査，学会，電子討論といった，論理を書く場を作り上げるためのものです．この文章は，そのようなマニュアルもふくんで，議論が成立し論理が発明される，卒業論文という身近な実践の全体像を描いているのです．

　この第V部はこういった意味での論理の応用編です．論理を自由自在に発明する秘法はまだ誰にも発明されていません．おそらく「学問に王道なし」とはこの謂なのでしょう．

実践としてのテクスト分析
『痴人の愛』の論理

■

小森陽一

　この本をここまで読み進めてきたあなたは，20 世紀の知を代表する思想家の理論の概要については，だいたいおさえることができたことと思います．一人一人の思想家独自の思考方法，特殊な概念や術語群，それらが編み出していく知的可能性が，それなりの像を結びつつあるはずです．しかし，それだけでは知の論理を自らのものとした，とはいえません．最も重要な課題は，知の実践者としての私たち一人一人が，先行者の理論的な枠組を，どれだけ総合的に使用できるのかということにあります．

　誰か一人の理論，どれか一つの思想が，現実を認識し分析するうえで絶対的な正しさをもつわけではありません．それぞれの思想家が，自らの研究対象とのかかわりの中で，その研究対象に励まされるようにして，独想的な理論を構築してきたということも，はっきりしてきたはずです．ならばここで，具体的な研究対象を設定して，これまで学んできた諸理論の実践的な使用法について考えてみる必要があるでしょう．

　私の専門は日本近代文学なので，分析対象として選ぶのは，谷崎潤一郎の『痴人の愛』の冒頭部にします．けれども，これから行う分析の手法そのものは，少なくとも日本語で書かれたどのようなテクストに対しても，応用可能なものになるはずです．もちろん，分析対象が変われば，分析に使用する理論も違ってくることも事実ではありますが．

　次に引用するテクストが，とりあえず私とあなたが共通の分析対象とする，『痴人の愛』という 1924 年に書かれた小説の冒頭の段落です．

私はこれから，あまり世間に類例がないだろうと思われる私達夫婦の間柄に就いて，出来るだけ正直に，ざっくばらんに，有りのままの事実を書いてみようと思います．それは私自身に取って忘れがたない貴い記録であると同時に，恐らくは読者諸君に取っても，きっと何かの参考資料となるに違いない．殊にこの頃のように日本もだんだん国際的に顔が広くなって来て，内地人と外国人とが盛んに交際する，いろんな主義やら思想やらが這入って来る，男は勿論女もどしどしハイカラになる，と云うような時勢になって来ると，今まではあまり類例のなかった私たちの如き夫婦関係も，追い追い諸方に生じるだろうと思われますから．
考えて見ると，私たち夫婦は既にその成り立ちから変っていました．私が始めて現在の私の妻に会ったのは，ちょうど足かけ八年前のことになります．尤も何月の何日だったか，委しいことは覚えていませんが，とにかくその時分，彼女は浅草の雷門の近くにあるカフエエ・ダイヤモンドと云う店の，給仕女をしていたのです．彼女の歳はやっと数え歳の15でした．だから私が知った時はまだそのカフエエへ奉公に来たばかりの，ほんの新米だったので，一人前の女給ではなく，それの見習い，——まあ云って見れば，ウエイトレスの卵に過ぎなかったのです．

構造分析

　ソシュールの言語学と深く結びついたレヴィ＝ストロースの文化人類学を経て，言語を中軸とした人間の社会や文化を分析するうえで，「二項対立的な関係」を抽出することがきわめて有効な出発点であることが確認されてきました．差異の体系として現象している言語や社会のシステム内部の各要素は，それ自身として何らかの同一性を持っているのではなく，そのシステム内部で対のように対立し，差異をきわだたせるもう一つの項との関係において，はじめて自らの位置を確定するわけです．同時にそれは，ある特定の二項を，対立するものとしてみなすということなのですから，ひとつのイデ

オロギーでもあります.

　したがって，一見自明と思われる「二項対立的な関係」を抽出し，その対立それ自体が発生させられている根拠を問うことは，「二項対立」それ自体を生み出しているシステムと，それを支えるイデオロギーそのものの構造を明らかにすることにもなるわけです.「上」と言えば「下」,「右」と言えば「左」という対義語は，ごく自然に，ほぼ自動的に思い浮かびますが，その前提として，直立二足歩行をする人間の身体があり，それを規定する地球・大地・重力・空といった条件，前を向いた人間にとっての眼と眼の間を中心とした方向の区分といった条件があることは忘れられがちです. 単純化して言えば「二項対立的な関係」を発生させるうえで，前提となる論理が，構造の特質を規定しているということです.

　さて,『痴人の愛』の冒頭部から，できるだけ多くの「二項対立的な関係」におかれている要素を取り出してみることにしましょう. この作業は，とりあえず基本的な日本語のシステムを内面化していれば誰にでもできることです. ただ，どんな単純な「二項対立」をも，愚直と言えるくらい律義に抽出しておくことが要になります. なぜなら誰にでも発見できる，つまりは自明性の強い,「二項対立的な関係」にこそ，テクストの構造を明らかにする鍵が隠されているからです.

　第一文では,「世間」と「私達夫婦」が対比されています. ただこの段階では，どのようなレヴェルで対比が構成されているかははっきりしません.「類例がない」というのが対比の基準ですから，多数派と少数派，マジョリティーとマイノリティーということくらいしかわかりません. 第二文は「私自身」と「読者諸君」,「貴い記録」と「参考資料」という対立が，対になってあらわれています. これは，第一文の論理と同じレベルで発生している関係です.

　第三文は盛りだくさんです.「日本」と「国際」,「内地人」と「外国人」,「男」と「女」,「今まで」と「追い追い」,「類例のなかった」と「諸方に生じる」という5セットを取り出すことができます. これらの対立を支えている論理は，前とは若干違ってきている

ことがわかります．日本と外国を対比したうえで，過去と未来とい
う対立を重ねているわけですから，西欧先進資本主義国をめざす，
「文明開化」，進歩主義，同時代の流行語で言えば「モダン」な志向
を持ったイデオロギーに支えられた「旧」と「新」の対比があること
が見えてきます．つまり，この文の中の言葉で言えば，「ハイカ
ラ」であるか否かが，「二項対立」を現象させる価値基準になって
いるわけです．

　第四文には，明示的な「二項対立的な関係」はありませんが，第
五文につなげてみると，「私たち夫婦」の「成り立ち」と「現在」，
「足かけ八年前」と「現在」という，時間論的な対立が現われてき
ます．この時間軸を導入してみると，「私達夫婦」あるいは「私た
ち夫婦」という形で，一つの項として安定していたものが，「私」
と「私の妻」，さらには結婚する前の，「夫婦」という一項にならな
い，「男」と「女」という関係が露呈してきます．

　第六文では，同じ「浅草」における「雷門」と「カフエエ・ダイ
ヤモンド」という，風俗の中心が新旧の対立で捉えられています．
第七文には明示的な「二項対立」はありませんが，第八文には，
「新米」「見習い」「卵」と「一人前」という対比と，「女給」と「ウ
エイトレス」という対比を見出すことができます．後者は，「旧」
と「新」，「ハイカラ」か否かの対立ですが，前者には未熟な存在か
らある同一性を獲得するにいたるまでの成長といった価値基準によ
る対立があらわれています．

　以上のように，とりあえずテクストに明示されている「二項対立
的な関係」をひろいだしてみると，『痴人の愛』の冒頭部は，西洋
崇拝的なモダニストである夫が，自分たち夫婦の存在形態をめぐっ
て，それが世間に比べて数段新しく「ハイカラ」なものであるから
読者の参考になるようにと吹聴している言説である，ということが
見えてきます．

　もちろん，いま確認したようなことがらは，あえて「二項対立的
な関係」を抜き出すまでもなく，読めばわかることではあります．
しかし，愚直な分析と分類の結果を生かすのは，これからの作業に

上 位 価 値	下 位 価 値
私達夫婦	世　間
私自身	読者諸君
貴い記録	参考資料
外国人	内地人
追い追い（未来）	今まで（過去）
類例のなかった	諸方に生じる
現　在	足かけ八年前
カフエエ・ダイヤモンド	雷　門
一人前	新米（見習い・卵）
ウエイトレス	女　給

かかっています.

エピステーメー

　たとえばフーコーは，ある特定の時代において様々な認識論的な形象，多様な科学的言説や知を体系化するような言説全体を統一する諸関係の総体をあらわすものとして，「エピステーメー」という概念を提出しました.ある歴史的局面にあらわれる「エピステーメー」を抽出するには，同時代の個々の諸言説を系譜学的に系列化する必要があります.そのことは同時にこれと同じ操作を個々の言説の内部で行うことにもなります.『痴人の愛』を1920年代の日本の「エピステーメー」の中に位置づけることは，ここではとてもできませんので，ごく微少なテクストの断片において，系譜学的系列化を行うと何がどのように見えてくるのか，という試みだけを実践してみましょう.

　系譜学的系列化といっても，何か特別に難しいことをするわけではありません.「構造分析」のところで抽出した，「二項対立的な関係」にある項目を，それぞれの関連性を考えながら，一覧表的に並べてみて，その全体を統括するような関係性の論理をいくつか抽出してみる，という作業が基本になります.ひとまず，「二項対立的な関係」を作っている価値体系の中における上・下関係で整理してみます.

　系譜学的系列化の面白いところは，一見別な論理によって生み出

されているはずの「二項対立的な関係」が，実は相互に微妙な連係を保っていることが見えてくる点にあります．

　一覧表の上位価値を支えている枠組は，「外国人」のように西洋的でモダンであること，それまでの旧習にとらわれることのない「ハイカラ」な夫婦関係を自分たちが体現してきたこと，それは日本では類例のないことであり，そのはじまりは，「ハイカラ」な「私」が，やはり「ハイカラ」な風俗である，「カフエエ」の「ウエイトレス」と出会うことではじまった，というものになります．

　上位価値に対する下位価値は，相補的な関係にありますから，半ば自動的に，日本的かつ東洋的なるもの，旧式で封建的なるものにとらわれた，遅れた「内地人」によって構成されている「世間」（そこにはこのテクストを読んでいる「読者諸君」も入れられています）が否定的に扱われるということになります．

　さて賢明な読者であるあなたは，すでにお気づきでしょうが，先に抽出した「二項対立的な関係」の中で二対だけが，先の一覧表からは排除されています．どうして排除したかと言えば，それを導入してしまうと，このすっきりした上と下の二項対立的分類が，混乱して崩れてしまうからです．そして実は，排除せざるをえなかった，この二対こそが，『痴人の愛』の冒頭部の構造の要にあるのです．

　排除された二対とは，この言説を統括している，語り手／書き手としての「私」と，その「私」に発見されることになる，「私の妻」という二項と「男」と「女」という二項です．なぜこの二対が，先の一覧表を混乱させるかは，もうおわかりでしょう．このテクストの第一文で，「二項対立的な関係」の最初の上位価値に入る項，「私達夫婦」を，二つに分裂させてしまうからです．

　さらに言えば，あたりまえすぎることですが，「私の妻」と言う以上，「私」は夫，つまり「男」だということになります．言いかえれば，「私」と「私の妻」という表現が出てくるところで，はじめて読者は，「私」という一人称の語り手／書き手の性別を知らされた，ということにもなるのです．

　すなわち「私達夫婦」として，当初一人称複数であった項が，夫

と妻，「男」と「女」に分裂させられ，一方的に「女」＝「妻」の方
だけが，下位価値の方へなしくずし的に追いおとされている事実が
浮かびあがってきます．そのことは同時に，「男は勿論女も」とい
う形で，微細な差別化を忍ばせて，「男」を上位に「女」を下位に
位置づけた，語り手／書き手の中に，かなり強固な性的差別のイデ
オロギーが潜んでいることを露呈させてもいるのです．

　西洋化と近代化の結果登場した，モダンで「ハイカラ」な新しい
「夫婦」関係として提示された「私達」という，一人称複数の対関
係に，そうとはわからない形で楔が打ち込まれ，秘かに「女」であ
る「妻」だけが，下方へと分離され，差別化されてしまっているの
です．つまり，一見安定しているかに見える先の一覧表の「二項対
立的な関係」の社会進化論的なモデルは，実は，「男」が「女」を
遅れたもの，劣った存在として差別化する論理を，その要に持って
いたということが見えてくるのです．

　「私」という，語り手／書き手の言説の構造を支えているのは，
性差による差別なのです．「女」と同じ下位価値に分類された「読
者」としての私たちは，ここで語り手／書き手の言説のシステム全
体を懐疑しはじめていいはずです．なぜなら文明と未開，先進と後
進，西洋世界としての「国際」と日本，外国人と内地人，新しいも
のと旧いものという二項対立も，「夫婦」という一つのものを「夫」
と「妻」，「男」と「女」に差別化したように，もとはといえばひと
つのものを，恣意的に二つに分けたものにすぎないのではないか，
という疑問が当然生まれてくるからです．単純化していえば，「世
界」，「人間」，「現在」という一つのものが，無根拠に差別化されて
いるだけなのです．

　現代の読者である私たちも，西欧近代を，善きことのモデルとし，
それに反するモノ・ゴトを悪とするエピステーメーの中にいるわけ
ですから，その構造とそれを支える論理については自覚していない
のです．しかし，一見自明に思える「二項対立」の系譜に，その安
定した系列化を崩すような要素を見出すことができれば，潜在化さ
せられ，隠蔽されていた，より基底的なイデオロギーをあぶり出し

てしまうことができるのです．

　ここまでの作業を，大げさに意味づけてみると，私たちは『痴人の愛』の語り手／書き手が提示する言説のシステムの構造を見出すことにより，この「夫」の男性中心的な世界の捉え方に対し，認識論的切断を行い，フェミニズム批評，あるいはポスト・コロニアリズム批評の地平に歩み出た，ということになります．

　次の段階では，同じ『痴人の愛』の言説をより批判的，かつ批評的に検討していくことにしましょう．

物語論的還元と性差

　『痴人の愛』の語り手／書き手である「私」（まもなくすると河合譲治という名前が明らかにされます）が，隠れ女性差別者であることは先程確認しましたが，世の中には，もっとあからさまな差別主義者もいるのです．

　　主人公譲治は，自分で見いだし育てあげた美少女ナオミの，成熟するにつれて妖艶さを増す肉体に悩まされ，ついには愛欲の奴隷となって，生活も荒廃してゆく……．

　ほとんど，昔のポルノ映画のコピーのような文章ですが，実は，新潮文庫のカバー裏表紙に印刷された，『痴人の愛』の紹介文なのです．ちなみに，新潮文庫のカバー裏表紙の，こうした作品紹介文には，日本の近代小説に限って言えば，第二次世界大戦後に確立された「近代文学研究」という制度の中における，その小説についての通説があらわれていますので，それだけで十分，読者共同体研究の貴重な資料になるのです．

　さて，新潮文庫の紹介文は，理論的に言えば，『痴人の愛』という長編小説を，その枝葉は全部切り捨てて，一文（ワン・センテンス）に還元して，ストーリーを紹介したものです．つまり，多様な諸物語の交錯によって編み出されている小説から，たったひとつの大きな物語を抽出している，ということになります．いわば現象としてあらわれている小説テクストから，物語の本質を抽出しようと

いう操作ですから,「現象学的還元」を連想しながら,これを「物語論的還元」と名づけておくことにしましょう.

この操作はまた,長い物語を,一文に要約するということでもあるわけですから,はじめから終りまでを統括する,ミニマル・ストーリーを抽出することでもあります.いずれにしても,ごく単純な物語類型に長いテクストを還元するという操作を行った結果,あのような新潮文庫の紹介文ができあがったのです.

しかし,『痴人の愛』の物語の本質は,本当にあの紹介文どおりなのでしょうか.実は,ナオミという女主人公が,一方的に妖婦に仕立てあげられてしまうのは,あるトリックが使われているからです.そのトリックは,あの隠れ女性差別者であるところの,語り手／書き手である河合譲治を「主人公」としたところにあらわれています.語り手を一方的に主語に転換してしまったわけです.

長い物語を,最小限の情報を集約した一文(ワン・センテンス＝ミニマル・ストーリー)にまとめるためには,当然のことながらその文の主語を決めなければなりません.選ばれた一つの主語に対し,いくつかの動詞を配列し,英文法風に言えばその動詞がとりうる目的語を設定することで,文は完成します.

先の紹介文の差別性は,「男」である譲治を,主語としたこと,その主語に配列された動詞は「見いだし育てあげた」という前半部と,「愛欲の奴隷となって」という形で分裂させられていることから生み出されているのです.

「男」である譲治を主語にするのですから,「女」であるナオミは目的語にならざるをえません.この要約からは,「女」であるナオミの主体性は完全に奪われることになります.それだけならまだしも,目的語化され,客体化・対象化(モノ化)されてしまったナオミという人間はさらに単なる「肉体」におとしめられ,しかも,その二重に非主体化された「肉体」に,主語であるはずの譲治は「悩まされ」と,受身の動詞をとることになってしまっています.

「美少女」のときは,「見いだし育てあげ」るのに,女性として「成熟するにつれて」,いきなり譲治は,主語の位置からおりてしま

い，目的語として対象化されていた「ナオミ」の「肉体」をあたかも主語のようにして受身化してしまうのです．この要約を支配しているイデオロギーが，少女愛好（ロリコン）と女性嫌悪であることは，もう明らかでしょう．

譲治がナオミを「見いだし」たとき，彼女は 15 歳なのですから，年月がたてば女性としての「肉体」が，「成熟」するのは当然のことで，それをいちいち「妖艶さを増す」などと言われたら，世の中の女性はみんな「妖婦」ということになってしまいます．しかも譲治は，最初は擬似的な父親を装って，自分を「パパさん」と呼ばせ，ナオミを全裸にして「西洋風呂」に入れたりしていたのですから，「妖艶さ」を勝手に感じていたのは，「男」である譲治の方なのです．それをすべて「女」であるナオミのせいにしてしまうのは，あまりにも不当なことだと言わざるをえません．

「愛欲の奴隷となって」という言い方は，悪として存在するナオミの「肉体」が主人になり，譲治を支配したという意味をあらわしていますが，成熟したナオミは，むしろ譲治との性的な交渉を拒み，「友達」としてのかかわりしか結ぼうとしなかったというのが事実なのです．相手の息を吸うだけの「友達の接吻」しか許さず，体毛を剃る際に，シャボンのブラシと剃刀の刃で身体に触れることだけを譲治に許す，というかなり厳しい対応をしています．それをうらんでいる譲治の言説が，ナオミを悪女・妖婦にしたてあげているだけなのです．

そもそも，16 歳のナオミと初めて性交渉を持ち，その後結婚の約束をし，籍を入れるにあたって譲治が口にしたのは，「僕とお前はこれから先も友達みたいに暮らそうじゃないか」という言葉なのですから，ナオミは，当初の契約を守っているだけなのです．しかも，彼女が性交渉を拒むきっかけになるのは，他の男性とかかわりはじめたことに嫉妬した譲治が，なしくずし的に「子供を産んで」「母親になってくれないか」ともちかけたという事実です．「友達のような」新しい夫婦関係をつくろうと提案した譲治の側が，一方的に転向し，旧い結婚形態を強要しようとしたことに対する，実に正当

なナオミの側の対応だといえます．性交渉を無暗に許せば，妊娠させられ，子供を産まされ，母親にならされてしまうからです．

　こうしてみると，ナオミを主語の位置にすえるだけで，『痴人の愛』の要約としてのミニマル・ストーリーは，「男」をまどわす妖婦の物語に対立する形でいくらでも多様なヴァリエーションを持つことになります．

　ナオミは，「友達のように暮らそう」と言った結婚当初の約束を破ろうとした夫譲治に対し，実力行使をも含めて，結婚をめぐる契約を遵守させようとした，という契約履行の物語．

　自分の身一つで生きていたナオミは，譲治という高給取りのサラリーマンに自分を見出させ，彼の給料によって教育を受け，成熟した女性となり，自由な生き方をするようになった，という結婚を逆手にとった女性の自立の物語．

　ナオミは，妻としての自分を，自らの給料で養っていることの見返りとして，専属の売春婦のように，一方的に性欲の対象にしようとする夫譲治に対して，徹底して抗議をしつづけ，ついに他の男性とも自由に関係をもつことを夫に認めさせた，という女性が性の主体になる物語．

　ナオミは，シャドウ・ワークとしての家事労働を一切拒み（家庭内ストライキ），労働力再生産のために必要なすべてのことを，家の外の消費でまかなうようにし，ついにボーナスも月割した月収400円でも生活ができなくなるようにしむけていった，という資本制の矛盾を暴露する女性闘士の物語．

　あるいは，自らの身体的な美しさを，商品として流通させることを知った女の物語である，ということもできれば，あらゆる既存の「女」をめぐる価値体系から逸脱しつづける女性の物語である，ということもできるのです．

　『痴人の愛』の冒頭部に現象していた，「二項対立的な関係」における「女」と「男」の入れ替え可能性，「私の妻」と「私」の入れ替え可能性は，物語全体における，性差と主客の反転，あるいは語り手と語られる作中人物，作中人物相互の役割の反転をも促してい

くような，そうした小説言説の運動の原動力になっていたことがわかります．またこの入れ替え可能性は，私たちを含めた「読者」の側が持つ，性差と主客をめぐる暗黙の前提，つまり，知らないうちにとらわれてしまっているイデオロギーをくつがえす力ともなるのです．そのような言説の運動を全体として創り出しているのは，谷崎潤一郎という表現者が残したテクストと，私たち「読者」の実践としての読む行為なのです．

対話としてのディスクール

「読者」であるあなたとともに，これまで行ってきたことを，別な観点から整理してみると，『痴人の愛』の語り手／書き手である河合譲治の発する言説＝ディスクールに対して，論争的にかかわってきたという事実が浮かびあがってきます．複数の物語論的還元が可能であったということは，一見河合譲治のモノローグとして綴られているこのディスクールから，複数の声を聞きとることができたからです．

ひと言で言えば，語り手／書き手である譲治の，「読者」にむけられた声に抑圧されていた，会話場面の中のナオミの声を解放してきたのです．そして，譲治の手記，書かれた言葉のモノローグ性に対して，ナオミの断片化された会話の中の言葉が，十分拮抗するような一貫性を持っていたからこそ，あれだけ多様な物語の生成が可能になったわけです．

バフチンがドストエフスキイの小説のポリフォニー性について語った「登場人物の言葉は，作品の構造のなかで自立しており，作者の言葉と並び立っているかのように響き，作者の言葉や他の登場人物たちのやはり十全な声と特殊なかたちで組み合わさっている」という評価を，『痴人の愛』の表現にもあてはめてみることができるのです．つまり「ナオミの言葉は，作品の構造のなかで自立しており，譲治の言葉と並び立っているかのように響き，書き手としての譲治の言葉や登場人物としての譲治のやはり十全な声と特殊なかたちで組み合わさっている」ということになります．

私たちは，一見譲治のモノローグとして読めてしまうディスクールのなかに，内的対話性を見出してきた，ということになるわけですし，新潮文庫裏表紙の紹介文を書いた人は，完全なモノローグとして読んだ，という違いも見えてきます．

　そして，もう一つ大事なことは，バフチンの議論にあてはめたとき，一人の主体であったはずの河合譲治が二つの主体，つまり語り手／書き手としての譲治と，登場人物としての譲治の二人に分けられてくるという事実です．

　言語学者のエミール・バンヴェニストが，「ディスクール」という概念を特別な意味で強調したのは，この二重の主体の問題とかかわっています．たとえば「私はこれから……有りのままの事実を書いてみようと思います」という言語表現において，「私」という発話された一人称代名詞の中には，発話という行為を現に行っている「私」と，その発話の中で話題にされている主語としての「私」が両方同時に存在しています，あるいは「私」という言葉は発話行為の主体と，主語の両方を同時に指し示すということです．

　普通は内容として語られている主語としての「私」にしか注意を向けません．しかし，発話行為を行っている「私」は，その発話をとおして，二人称的な位置にある聴き手あるいは読者に対して，ある意図を実現しようとしているはずです．それはたとえば「命令」の言葉ではあからさまになりますが，「叙述」や「記述」の言葉では隠されています．多かれ少なかれ，発話行為はそのような聴き手に対して何らかのはたらきかけをする実践なのですから，そうした全体的な行為として言語表現を捉えようとする立場が，「ディスクール」という概念には込められているわけです．

　発話行為の主体としての「私」と，登場人物としての「私」を分離してみると，先に分析した『痴人の愛』の冒頭部が，あらためて対話的なディスクールであったことが，かなり明確にわかってきます．つまり「私」や「私自身」といった，直接語り手／書き手である譲治を表象する一人称単数的な表現が，語られ，書かれるところの一人称複数的な「私達夫婦」と分離されている事実が鮮明になっ

てくるわけです.

「私達夫婦」という対関係から，なしくずし的に分離した「私」や「私自身」が，「貴い記録」を「書いて見よう」という主体として位置づけられているわけです．このような形で，書く主体（言語行為の主体）としての自らを特権化し，その裏で「女」である「妻」を一方的に対関係から排除し抑圧しようとする意図を，この発話の主体の言説は潜在させているのです.

こうした観点から，再び冒頭部を読み直してみると，先程の内容面に重点を置いた「二項対立的な関係」の分析では抽出できなかった，発話行為の主体と登場人物としての主語をめぐる，「二項対立的な関係」が鮮明に浮かびあがってきます.

第一文では「書いてみよう」という書く現在時における発話行為をあらわす動詞の主語は「私」なのですから，一人称単数の「私」は，かなり一元的に発話行為の主体に同一化していることがわかります．それに対して，書かれる対象は「私達夫婦の間柄」という一人称複数なのです.

つまり，登場人物としてあらわれる「私達夫婦」という対関係，あるいは同じ位相にある関係から，「私」という夫であり男である譲治の，一人称単数だけが秘かに脱け出してメタ・レベルに立ち，妻と離別して分離することによって，特権的位置を確保しているわけです.

あるいは「私達夫婦」二人の記憶であるはずなのに，「貴い記録」をこれから「書いて見よう」という，書く主体としての「私自身」だけが「読者諸君」に対して屹立し，妻と共有されているはずの記憶を，「記録」というエクリチュールとして専有しようとしているのです.

私たちはあらためて『痴人の愛』という小説を形成している，譲治の一人称のディスクールに対して，懐疑的にならざるをえませんし，今までとってきた論争的かつ対話的態度が誤っていなかったことに確信をもっていいでしょう．なぜなら，一方的に男である夫だけが語る「夫婦の間柄」をめぐる物語ほど，うさん臭く疑わしい話

はないからです（もちろん，女である妻だけが語る場合も同じようなことがいえますが，やはり男の方がずっと疑わしいのです）．そしてここに書くこと＝エクリチュールをめぐる，権力と性差の問題がくっきりと刻まれていることも見逃してはなりません．

　次の段落では，「夫婦」の分裂は，いっそう進行することになります．ごく微細な差異ではありますが，第一文で「私達夫婦」という漢字四字熟語という視覚的結合性の高い表現であらわされていた同じ言葉が，「私たち夫婦」という形で，漢字の間に平仮名が割って入ることによって，「達」という一文字が，「たち」という二文字に分節化され，「私」が「夫婦」から分離されているのです．

　そして，「私」と「現在の私の妻」が分裂させられたうえで，これまでは一人称複数の中に含まれていたところの妻が，「私の妻」として対象化され，更には「彼女」という三人称単数の代名詞的な言葉に置き換えられていくことになります．

　ここまでくると，最早このディスクールは，「読者」に対して，潜在的な形で，「私」という夫が，「現在の私の妻」と別れたい，離別したい，「夫婦関係」を解消したいという欲望につき動かされて告白を行っているものではないかとさえ思いたくなります．しかし，「現在の私の妻」と言う以上，書く時点での現在における「私」は，いまだ離婚できずにいることははっきりしています．

　冒頭部の今まで述べてきたような表現の特質と見事に対応する形で，『痴人の愛』の末尾の譲治のディスクールは構造化されています．

　　これで私たち夫婦の記録は終りとします．これを読んで，馬鹿々々しいと思う人は笑って下さい．教訓になると思う人は，いい見せしめにして下さい．私自身は，ナオミに惚れているのですから，どう思われても仕方がありません．
　ナオミは今年23で私は36になります．

　「馬鹿々々し」く，他人の「見せしめに」なるしかないような「夫婦の記録」だ，という総括なのです．ならば，別れればいいの

に「惚れているの」で，別れられないのです．譲治の「別れたい」
だが「別れられない」というディスクールが，あのグレゴリー・ベ
イトソンの言う「ダブル・バインド」＝二重拘束の中にあることは
最早明らかでしょう．

　なぜそうなるかといえば，ナオミが譲治に対して，「夫婦」であ
って，「夫婦」ではない関係，つまりセックスレスの関係を要求し
つづけているからです．またナオミは他の男性とのかかわりをも持
っていますから，「夫婦」であって，愛していない関係でもありま
すし，譲治の側から言えば，「浮気」で「我が儘な奴だと思えば思
うほど」，「一層可愛さが増」すような関係でもあります．

　ベイトソンの議論を裏打ちするように（もちろん谷崎はベイトソン
など読んでいませんが），こうした二重拘束的関係の中で，この時代
本来「女」がなるはずだと思われていた「ヒステリー」に，男であ
る譲治の方がかかっているのです．

　このように考えるならば，冒頭の「ざっくばらんに，有りのまま
の事実を書いて見よう」という言葉も，実は，「事実」であって
「事実」ではない，というパラドックスの中にあることが見えてき
ます．真実を語るように見せかけて，虚構をつくる．虚構であるか
のように見せかけて，真実を語ってしまう……．これぞ小説の真髄
なのです．

　「こんな分析をして，それで，どうなるわけ？」と，賢明な読者
であるあなたは，質問をしたくなる気持になっていることと思いま
す．そうです，ここまでは単なる分析にすぎません．研究や批評は，
この後はじまるわけです．『痴人の愛』という小説や，それを書い
た谷崎をどう評価するかは，あなたの問題です．ここから歩み出し
て下さい．

　ところで，私にも評価をする権利はありますし，自分の立場を隠
しておくのも，特権的でいやらしいから，一言だけつけ加えておき
ましょう．

　私としては，語り手譲治に，こう言ってやりたいと思うのです．

　「僕のような第三者である読者に，これだけのエネルギーを使っ

て，夫婦の記録を書くのであれば，同じことをナオミさんに直接話してみたら，どう？　いろいろ反論されるかもしれないし，修羅場になるかもしれないけど，やっぱり夫婦の記憶は二人の相互関係の中で確認するべきだよ．それに，"惚れている"っていう一言の告白は，僕のような第三者にではなく，ナオミさん本人にこそ言うべき科白なんだと思うんだけどな．もちろん，その告白に，いまのナオミさんがどう答えるかは，やってみなくてはわからないことだけれど……」．

20世紀この1冊！

1907年　夏目金之助『文学論』

　西欧の理論的な成果だけが，あたかも「知の論理」である，という考え方それ自体，20世紀の遺物かもしれません．『文学論』は西欧的な二項対立的論理構造だけでは決して読破できない書物です．そこには「現代思想」として問題化されている多くのことが詰っていますが，まだ僕は，『文学論』の論理を使いこなすには至っていないのです．

歴史のエクリチュール
「女の場」をめぐって

■

長谷川まゆ帆

　今，1つの実験を試みています．と言いますのも，8年前に発表した論文を，今の時点でもう一度検討し直し，再解釈の可能性を探ろうとしているのです．その論文というのは，「権力・産婆・民衆——18世紀後半アルザスの場合」と題された歴史学の個別実証研究に属するもので，1986年8月の『思想』という雑誌に掲載されました．内容は，次のようなものでした．

　フランスでは18世紀後半になると，地方長官（アンタンダン）と呼ばれる国王直属の地方官吏たちによって，地方の管区中心地において助産技術の講習会が開設されるようになります．農村部の女性たちを集めて，いわゆる助産婦というものが養成されるようになるのです．アルザスやロレーヌのようなパリから遠い地方にもこの変化はやってきます．しかしその際，そうした動きは必ずしもすんなりと人々の中に受け入れられていったわけではありませんでした．村の女たちはしばしば，講習会を終え助産婦として資格証明書を携えて帰村した女にはげしい憎悪や嫌悪を表明し，彼女によって助産されることを拒みました．村によっては，村の女たちや吏員たちによってそうした助産婦をその職務からおろすための請願が行われ，助産婦を弁護する一部の人々とそれに反対する大多数の村人との間に，長期にわたる争いが継続しました．

　助産婦と言えば，現代では出産に不可欠な存在であると考えられ，こうした現象はわたしたちにはなかなか理解しにくいものがあります．なにゆえに，この時代の人々はそれほどまでに助産婦をめぐって紛糾しなければならなかったのか，いったい何が問題だったのだろうか．そのような問いから出発したわたしは，文書館に保管され

ていた当時の裁判史料や行政上の記録を探索し，この問題の背景や
事件の経緯を探っていきました．そして 18 世紀のフランス社会の
中でこの事件がもっていた意味を，言わば謎ときのような形で，そ
の当時の社会状況と関連させながら考えていきました．

　この論文は言わば筆者のエチュード（習作）とも言うべきもので
あり，思い出深い作品の一つです．現在の時点からすれば，あれこ
れと論難することはできますが，少なくともその時点での筆者に可
能な最良の成果でした．それなのになぜ，今になってこれをわざわ
ざ引っぱりだし，あらためて問題にするのか，それには理由があり
ます．まず，この論文を発表してから現在までの間に，準備段階か
ら数えると正確には 10 年近い歳月が流れているのですが，この間
に自分自身の認識が微妙に変化してきたということがあります．そ
のため過去に行った自分の研究に対して「何かがちがう」という違
和感があり「それじゃ，どうすればよいのかしら」という疑問がず
っと心の中にくすぶっていました．そこでまずはこれをなんとか整
理してみたい，そして何がどのようにちがうのか，何をどのように
すればそれをのりこえていけるのかということについて改めて考え
てみたい，そのような思いがしだいに大きくなってきたのです．

　こうした感覚は，ある程度長く研究者をやってきた人であれば，
誰しもが経験することではないでしょうか．若いときから老いるま
で，自分自身のパラダイムがほとんど変化しないとか，過去に述べ
たことがすべて無謬のまま生き続けているという人はまれであり，
それらが変わらないと主張する人があるとすれば，それはかえって
不思議なことに思われます．なぜなら学問上の認識，すなわち人間
の認識というものは，個人の偶然的な，あるいは社会の限られた経
験や情報の制約を受けていますから，それは常に歴史的な限界をも
っています．したがって社会の変化や自分自身の変容，経験の拡が
りとともに，対象をみるまなざしや捉え方も微妙に，あるいはドラ
スティックに変わっていかざるをえません．ですから，ある時点で
の発想の枠組みやそのとき書かれた叙述は永遠不変の変わらない真
理なのではなく，いずれは変化していかざるをえない相対的なもの

にすぎません．そのように考えてみるならば，「再考」という作業が必要になるのは当然のことでしょう．

たしかにいったん創り上げたものを壊していく，壊しながらまた創り上げていくということは，たいへんなエネルギーを要し，精神的にも苦しい作業ではあります．しかし他方では，自分自身の自明性の境界が拡がっていくというスリリングな緊張感にも満ちています．やわらかい想像力や創造性というものも，こうした過程を通じて養われていくのではないでしょうか．

それからもう1つ理由があるとすれば，この作業は決して筆者一人の個人的な反省にとどまるものではないと思われることです．扱っている対象は18世紀のアルザス地方という地域と時代を限定した個別具体的な問題ですが，そこには歴史学の方法，認識論的な前提，叙述のあり方についてのより普遍的な問いが横たわっています．これは何人かの研究者との対話の中でも確信できることですし，従来の歴史学のあり方に対してさまざまな懐疑や反省，論争が行われつつある現在[1]，たんにあたらしい議論を紹介したり，他者の研究の批評を行うばかりではなく，自らの仕事を対象にした反省と試みを具体的に提示してみることは，それなりに意味のあることではないかと思われます．筆者のささやかな試みが，1つの問題提起になればと期待している次第です．また逆に批判やアドヴァイス，感想などをいただければ幸いです．

というわけで，ここでは，筆者が8年前に発表した論文をとりあげ，その方法と認識論的枠組み，叙述についての再検討を試みながら，今ならばそれをどのように書き換えることができるかという観点から，この事件についてのもう1つの解釈の可能性を探ってみたいと思います[2]．

これまでの研究

さて，この論文は，まずどのような方法と認識論的前提をもち，また結果としてどのような成果と問題を孕んでいたのでしょうか．

ここで本来ならば，この論文を読んでいないほとんどの読者のた

めに，拙稿「権力・産婆・民衆」の全体の構成についてもう少し詳しくご紹介しておかなければならないのですが，紙幅の都合もあってそれは省かせていただきます．興味のある方はぜひ原文を繙いてみてください．かわりにこの論文の一部を抜粋し掲載しておきますので，ご覧ください（276 ページ）．この個所は後で再解釈の試みの一例としてとりあげますが，とりあえずはこの文章から，この論文の文字が醸し出す「実証的な」空気を感じ取っていただければよいでしょう．この短い叙述の中にも原形質のように，この論文の特徴が滲み出ているからです．

　論文全体の方法上の特徴としては，次の 5 点にまとめられるかと思います．第 1 に，これは「史料」に言い表わされた内容を問題にし，そこから時間の順序に添って丹念に事件を再構成していく，というスタイルをとっていること，第 2 に，やはり「史料」を手掛かりにして，この事件に人々のどんな意図，意識，関係が表れているかを探ろうとしていること，第 3 に，そこから事件の背後にあったと考えられる社会構造をとらえようとしていること，第 4 に，事件が「史料」として表象されるに至るまでの文脈を，事件に関連する文献から説明していこうとしていることです．そして第 5 に，これは筆者が「史料」との対話の中で設定するに至った 1 つの選択的な構図なのですが，「規範化しようとする権力」と「民衆の生きていた世界」との 2 つの世界を提示し，その両者が交錯する場として産婆を重要な存在として位置づけ，産婆をめぐって展開した事件を中心に叙述を展開しているということです．

　その背後には次のような認識がありました．まず「現実」は「史料」に先だって存在している，したがって「史料」はその向こう側にある「実態」を映し出しているのであり，その背後に存在しているところの文脈に支配されているのだ，という認識です．そしてこの「事件」の中で語られたとされ記録されている言葉，実際にはそれらはそのようなものとして刻みつけられている文字にすぎないのですが，それらは通常ならば文字に残されないがゆえに，歴史の闇の中に埋もれて見えなくなっている人々の日常的な意識，存在を，

ジロマニーの村の請願書について論じている個所

　モーシュでは，ストラスブールで助産技術を習得した新しい産婆への反対が，従来の産婆の擁護という形で始まっている．これと同じ発端をもつ騒動は，ベルフォールのシュブデレゲ管区に位置するジロマニー Giromagny やフスマーニュ Foussemagne にも起きている．

　ジロマニーでは，次のような文章にはじまる「住民の妻〔女〕たち」の請願書が作成され残存している．

　「私たち下記に署名および印を付したる Nous soussignées et sousmarquées，ジロマニーの村 bourg を構成している住民の妻たち femmes des bourgeois et habitants は，寄合所 la maison commune に集められ，当地の住民クリストフ Christoph ▭ の妻カトリーヌ・マユール Catherine Maür が地方長官殿に提出した請願書 requête について知りました．それは，当地の故シャルル・パードル Charles Padre の未亡人アンヌ゠クロード・マルソ Anne-Claude Marsot にかわって，彼女が産婆として受け入れられることを主張するものです．マルソは，18 年前から可能な限り上手にその仕事をしてきましたし，マユールと同じだけ必要な能力 qualité を有しています．上記のマルソは，私たちを介添する能力のある唯一の者でありますから，私たちは〔彼女の〕継続を求めます……」（A. D. Haut-Rhin, C 1114-Ⅲ, 29. le 24 juin 1787)．（▭ の部分は判読不可．以下同様．)

　この請願書には，全部で 74 名の女の氏名が 2 頁にわたって書き連ねられている．そのうち 45 の氏名は，右横にそれぞれ筆跡の異なる×印が付されており，また同一筆跡の氏名が続いていたりすることから，代筆によるものと思われる．残り 29 の氏名は筆跡が異なり，本人が自分で署名したものであろう．いずれにせよ，村の女〔妻〕たちが異議申し立ての主体として前面に出ている．日付は 1787 年 6 月 24 日とあり，同年同月付の村の吏員数名の署名を伴うもう 1 つの請願書とともに作成されたものと考えられる．

たまたま浮かび上がらせ表出しているものなのだ，という認識．このような「史料」というものに向かい合う際の構え，認識論的な前提は，その当時，わりあい自明のこととして，それ以上深く考えることもなく，筆者の中に受け入れられていたのでした．

　もっともこの論文は，単純な反映論的，素朴実証主義的な方法によって構成されていたわけではありません．筆者の主体的な選択，構成，創造によって，少なくとも王権の意図や動き，民衆の行動や意識を相互の連関，関係の中で示そうとしている点で，静態的な分析をのりこえる手掛かりを提示していたのであり，その点ではとりあえず評価できるものがあったと言えるでしょう．しかしながら，以上のような方法と認識論的前提に縛られていたがゆえに，結果的には，その意図とは裏腹に，次のような問題を生み出してしまっていたのではないかと思います．つまり1つには，王権の側の動きとそうでない側の動きとを説明し叙述する際に，両者をそれぞれ予め輪郭線を伴った確固たる実態として位置づけ，「上から」のベクトルと「下から」のベクトルという二項対立の対抗図式の中に押し込めてしまっていたのではないかということです．それゆえに，かえって結果として両者の存在を静態的で固定的なものとして位置づけ，描き出してしまっているのです．

　実際，「民衆文化」（＝下位文化）は超歴史的に不変のものとして，予め確固として存在していたのではなく，むしろ上位にある文化との関係の中で生まれてくるのではないでしょうか．つまり1つのエッセンシャルな孤立した形がまずあって，それが近代になって外部からの力＝権力によって変形させられたり，衰退していく，というようなものではなく，むしろ国家やその他さまざまな力，権力のもたらす圧力の中で，まさにそれとの関係の中で生成され立ち上がってくるものなのではないかということです．このようなことは当時も漠然と考えていましたし，だからこそ両者の関係の中で対象を捉えていこうとしていたわけですが，しかし今から振り返ってみると，「史料」というものをそれに先立つ，あるいはその外部にある「実態」を映しだす手掛かりなのだ，とだけみなす認識論的前提からは，

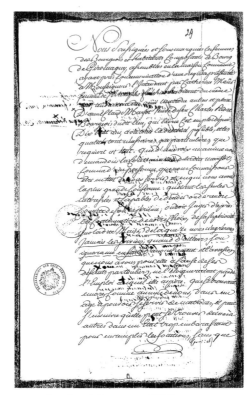

1787年6月24日ジロマニーの請願書（次ページも）

そうした固定的，静態的な叙述からもう一歩踏みだして，まさに文字というものによって作り上げられていく歴史過程を，よりダイナミックに捉えることは難しかったのではないかと思います．

　また，このこととほとんどパラレルな問題として，「女の場」というようなものについても，固定的で超歴史的な静態的なものとして描いてしまっていたのではないかと思われます．「女の場」も予め輪郭線を伴った孤立した場として超歴史的に存在していたのではなく，むしろこうした事件を通じて，まさにこのとき生成され，意識化されていったのではなかろうかと思うのです．予め「女の場」というものが存在していて，だからこそそれを基盤にして対抗運動が生じたのだ，と説明していく当時の叙述のあり方は，実は本末転

　倒だったと思うのです．にもかかわらず，当時，わたしは，現代の
その叙述のなかで，「女の場」というものを創造し，再生産してし
まっていたのです．

再考に向けて

　それではどうしたらこの回廊から抜け出すことができるのでしょ
うか．そこで考えたのは，発想を大きく転換してみることでした．
と言いますのも，鍵は，言語，文字，紙の中に隠されていると思わ
れるからです．そこにこそ反映論的な「史料」の扱いから脱却する
もう１つの道があると思われるからです．つまり「史料」という紙
はその外部に予め存在していた「実態」や「現実」の表象物なので

はなく，むしろそれ自体が「現実」であり，「史料」が「現実」を作り上げ，構成していったのではないか，と考えてみるのです．どういうことかと言えば，「史料」は，それが形となって表わされるまでは，そうであったかもしれないし，そうでなかったかもしれないような現実に対し，ある特定のイメージや意識，発想の枠組みを持ち込み，押しつけ，刻みつけていくのに貢献したのだ，ということです．そのように発想を変えてみると，いわゆる「民衆文化」も「女の場」も「事件」の中で文字が紙に刻み込まれていくまさにそのときに，固有の形や意味をもつものとして立ち上がってくる，そしてそれこそが「現実」であり，ある固定した枠組み，意識を構成していく契機となっている，ということが見えてきます．

ちなみにこうした方法をとるとき，「事件」の中で残された文字，そこでのレトリックのあり方が，とりわけ重要なものとして浮上してきます．なぜならその文字言語こそがまさに創造的な意味生成の瞬間であるからであり，「史料」はその生成の現場を記録する痕跡だと位置づけることができるからです．

もう少し整理してみましょう．それはこれまでの構えにかわって，どのような構えを選び取っていくことを意味しているのでしょうか．それについてはさしあたり次の4点をあげておきたいと思います．第1に，何がこの事件を生みだしたかという事件に至る経緯を問うのではなく，この事件が何を生みだし，付け加え，構成していくか，を問うてみることであり，第2に，それは歴史が「民衆文化」や「女の場」を構築していくまさにその現場に立ち会うことであり，イメージとして構築されてきた（そして今もくりかえし構成されている）「民衆文化」や「女の場」を相対化し，切りくずしていくことを意味しています．第3に，方法的には，やはり「史料」という紙そのものに密着することが出発点なのですが，紙の向こう側にある声や背景，文脈，意図をではなく，紙そのもの，紙に刻まれている文字とそのレトリックにまずはじっくりと目をむけてみることです．そしてそこに何が援用され，創造され，構築されていくかを仔細に検討してみることです．そして第4に，これがいっそう重要なポイ

ントなのですが,「史料」というものに目をやるとき,「史料」がこれこそが「現実」であるとして読者にダイレクトに差し出してくる内容というものがあるわけですが,そしてこれまでは主にこの「現実」の方に目を向けてきたわけですが,今度はそればかりではなく,むしろそれが他方で巧妙に読者に押しつけてくるところの沈黙や故意の言い落とし,不在の中に,なおかつ潜み続ける隠された意味,というものを読み込んでいくことです.

試み

さて,理屈はともかくとして,それではこうした発想の転換によって,実際にどんな分析や叙述がなしえるのでしょうか.実はそこのところがいちばん重要なわけですが,ここでは試みとして,荒削りではありますが,その一例を提示してみたいと思います.先にあげたジロマニーの村の請願書について論じている筆者の叙述をとりあげてみましょう.この請願書に刻まれた文字とそのレトリックから,何が言えるかを考えてみます.

まず,この叙述を読むと,最初のところに「モーシュでは,ストラスブールで助産技術を習得した新しい産婆への反対が,従来の産婆の擁護という形で始まっている」という文章があります.これはモーシュという別の村で起きた同様の動きを考える際に,次に引用されているジロマニーの請願書の記述(とくに傍点部分)と対応させて筆者が導き出した読みに基づく叙述なのですが,わたしはここで,何のためらいもなく「従来の産婆の擁護という形で」と書いています.それは,その次にあげてある請願文の文章の中に,そう述べられていると判断したからなのですが,今から思うとすでにこの時点で読みが浅いのです.そこにはわたしが,この請願書がこれこそが「事実」であるとして読み手に差し出してくるイメージを,そのまま「実態」として受取り,そこに請願書の制作者たちの意図や声を読み取ろうとしていたことがうかがえます.それはこの文字に表現された請願書の向こう側に,文字に対応する1つの「事実」があるはずだとわたしが判断していたことの現れでもあります.この村に

はもともと資格はないもののある特定の産婆が恒常的にいて，村の女たちはいつもそちらの産婆を慕い，お産となれば彼女を呼ぶのがならわしであった，といったある思い込みに基づくイメージで，村の女たちのお産の世界を捉えていたわけです．

　けれども，請願書に刻まれた文字を，請願書という紙の形式と裁判という固有の場の力学が生みだした特殊な文字表現なのだと考えてみたら，どうでしょう．そこでは自らの主張を正当化するために，行政官という読者を意識して，彼に対して説得力をもつよう最大限の工夫が凝らされています．そこから読み取ることができるのは，ジロマニーの村が，マルソをすでに長い間その村で「産婆」として恒常的に「仕事」を行ってきた特別な能力をもつ者なのだ，と描きだそうとしていることにすぎません．しかしはたしてマルソだけがそれまでお産に呼ばれていたのかどうかはわかりませんし，彼女がいつもかならず呼ばれていたのかどうかも疑問です．何か異常が起きたときにのみたまに呼ばれていただけなのかもしれません．あるいはマルソは少しばかりお産の手伝いの経験があるだけの近所の何人かの女たちのうちの一人にすぎなかったのかもしれません．

　けれども，少なくともこの文字の上で，そのマルソという女が村の女たちの以前からの産婆であるとして叙述され，文字によって紙の上に刻み込まれたことで，まさにこのときマルソがジロマニーの村の女たちの間で「ただ一人の介添する能力の保持者＝産婆」として意識化されるようになっていく，と考えてみることができます．文字による記録がマルソに産婆であるという固定した意味を付与し，構成しているのです．つまりマユールが助産婦として目の前に現れるまで，村の女たちはそれほどはっきりとマルソを自分たちの産婆であると意識していなかったかもしれないのに，請願書の文字は，なお曖昧で多義的な概念であったはずの「産婆」のイメージに，「助産婦」というイメージを結び付けることで，その輪郭線をより鮮明な像として浮かび上がらせていくのです．わたしたちはここで「過去」が，そして「産婆」が創造されていく，まさにその現場に立ち会わされているのです．

8年前のわたしは，請願書の文字がこれこそが「現実」であるとして差し出してくるその内容を真に受けて，制作者たちのレトリックにうかうかと乗せられてしまっていたと言えましょう．言い換えれば，制作者たちが意識するしないにかかわらずこのとき請願書がまさに構成し創造していったところの「過去」にすぎないものを，この文字に先立つ「実態」の反映と勘違いし，額面どおりにもう一度その「過去」を創造してしまっていた，というわけです．なんという愚かなわたし，と今さらくやしがってもしかたありません．おそるべきは，請願書という文字を刻み込んだ紙であります．それは当時の人々のみならず，200年後を生きているこのわたしをすらまきこんで，「過去」の創造に決定的な役割をはたしているのですから．それはこうでもありえたしああでもありえたかもしれない状況に，一定の枠組みを与えそれを特権的なものとして浮かびあがらせ，さらには人間の記憶よりもはるかに長く残って，後の人々の思考の枠組みに影響を及ぼしているのです．

　他方，「産婆」の創造は，お産は女の産婆が介添えするものであり，男であってはならない，あるはずがないという認識をも生みだしていくことになったのではないでしょうか．お産に男が入ることはたしかにそれほど頻繁なことではなかったかもしれませんし，反対にしばしばふつうに見られた光景であったのかもしれません．家族の中でお産が行われるときには，男はそれほど厳格に排除されていたわけではないと考えてみることもできます[3]．そうしたあれこれの可能性を，最終的には否定することはできないわけです．にもかかわらず，この文字による村の「産婆」の創造は，そうであったかもしれないし，そうでなかったかもしれないジェンダー[4]の区分線に，少なくとも文字の上ではより鮮明な線をひき，お産の介添えができる存在は男ではない，女である，お産の場はいつもそもそも女の場なのだというイメージ，認識を構成していくのに貢献しているのです．それはいわば点線の，より曖昧であった区分線が，きっちりとした抜け道のない実線におき換えられていくような，そのような変化であったと言ってもよいでしょう．

ここまでくると，8年前の拙稿の叙述の終わりの方で紹介している村の女たち（既婚者のみ）の署名についても，別の読みが可能になります．当時は，漠然とではありますが，より多数の女たちの支持を受けた者が正当なる産婆であるという考え方がすでに予め存在していて，署名は「従来の産婆」への支持がこの署名に先だって存在していたがゆえに表出された「実態」の反映なのだと考えていました．しかしこれを請願書の紙と裁判の固有の場の力学の中で，制作者たちが援用していった単なる形式なのだと捉え直してみたらどうでしょう．つまり署名は制作者たちの正当性をより説得力ある形で表現するために，表向きこうした手続きを整えたものにすぎないのであって，決して村の女たちの支持がそれに先だって実態として存在していたからではないのだ，と考えてみるのです．すると，ここでも，そうであったかもしれないし，そうでなかったかもしれない「現実」に対し，紙が1つの形を与え，意味を構成していく，そのような過程が見えてきます．多数者の支持をうけた女こそが正当なる介添え者であるという考え方も，まさにここで立ち上がってくるわけです．けれども問題はそれだけにとどまりません．このような原理と方法が採用され，それが紙の上に刻まれることで，この時代の女・男・子供の関係の意味空間も，実は微妙に変化し，ある方向へと構制されていかざるをえないからです．

　さて，筆者は以上のように，「実態」の反映とみなされてきた「史料」を，それ自体が「現実」であり意味生成の現場なのだという認識へと転換していくことで，文字言語としての「史料」を別の角度から眺め返す作業を，今しばらくは続けてみたいと考えています．こうした「史料」と実態との関係を切り離す試みは，言語によって構成されていく現実に，これまでとはちがった光を投げかけていくでしょう．そこに歴史学の根本的な解体を読み取る歴史家も少なくありません．なぜなら歴史学は，19世紀以来，実証という方法に依拠して，文献を基に過去のより客観的な「実態」を探ろうとしてきたからです．しかし「実態」とはつねに物語ることを通じて

構成されてくるものであり，どのような文献に依拠する場合にもそれはあてはまることだと言えます．だとすれば逆に，「史料」とその背後にあるとみなされていた「実態」との関係をいったん切り離すことで，逆に「現実」を「史料」として相対化し，構成し直していくことも可能になるのではないでしょうか．少なくともそれは歴史学の陥っている袋小路を突き破り，歴史学の可能性を拡げていく，1つのスリリングな試みとなるにちがいありません．

註

1) たとえば，G. スピーゲルの「歴史・歴史主義・中世テクストの社会理論」など「歴史学とポストモダン」についての論争を紹介した『思想』の特集号（838 号，1994 年）や R. シャルチエ「今日の歴史学——疑問・挑戦・提案」（『思想』843 号，1994 年）などをあげておきたい．

2) なお，本稿は，第 92 回史学会大会西洋史部会（1994 年 11 月 13 日）において発表した筆者の草稿の一部を，本稿のために構成し直したものである．

3) こうした可能性を考えてみるにあたって，日本の熊野で行った聞き取り調査は有益な体験であった（拙稿「〈病院化〉以前のお産——熊野での聞き取り調査より」『思想』824 号，1993 年）．これは必ずしもお産に特別な産婆が必要不可欠なものだとはみなされていなかった，言い換えれば「自力で産む」ことがあたりまえであったような世界から発想をたて直していくことの重要性を考えさせてくれた．また男が入ることもありえたお産の場が，民俗学の記述を通じて特定のイメージの中に押し込められていくことに気づかせてくれた貴重な経験でもあった．それは「記録」における故意の言い落としや意図せざる沈黙が作り出してしまう「実態」のイメージのもつ力，文字表現の限界と功罪について，あらためて考えてみたいと思う契機となった．

4) ジェンダーとは文化が構成し作り上げていく性差であり，近年のあたらしい分析概念である．19 世紀フランスを主な対象とするアメリカの歴史学研究者ジョーン・W. スコットの『ジェンダーと歴史学』（平凡社，1992 年）は，M. フーコーや J. デリダなどの研究に示唆を受けながら，「女の歴史学」の批判的継承，発展を試みる，きわめて刺激的な書物である．筆者が大胆にもここで自身の拙稿をとりあげ再解釈を試みてみたいと思うようになったのも，熊野での聞き取り調査の体験に加えて，この書物から受けたインパクトが大きい．

1988 年　ジョーン・W．スコット『ジェンダーと歴史学』（荻野美穂訳，
　　　　　平凡社，1992 年）

　肉体は無常であり，永遠ではないのです．にもかかわらず愚かにもわた
したちは日々，この「からだ（＝乗り物）」という束の間の物質にとらわ
れ，右往左往し続けています．やれ性差だ，民族差だと言っては，また一
つあらたな幻影を付け加えるだけの歴史学や政治学の回廊から，もうそろ
そろ離脱してもよい時代にさしかかってきているのではないでしょうか．
本書は，ジェンダーという「肉体的差異に意味を付与する知」の政治性を
あばき，言語や文字，紙が生み出す幻想にどれほどわたしたちががんじが
らめにされてきたかを気づかせてくれる，ぎりぎりまで考えぬかれた思索
の書であり，魂の自由まであと一歩の傑作です．

卒業論文をどう書くか
執筆と評価
■

長谷川寿一

　前著『知の技法』の第Ⅲ部では，「論文を書くとはどのようなことか」および「論文の作法」と題して，論文執筆の基礎について説明しました．ここではより具体的に，とくに卒業論文を念頭において，論文執筆の手順と原則を示したいと思います．なお以下に述べる執筆のためのアドバイスは，卒論だけでなく一般の学術論文についても大筋において当てはまるはずです．これから初めて論文を書こう（あるいは書かねばならない）という皆さんの参考になることを目標にしてまとめてみました．

　何人かの大学教師に聞いてみると，本格的な論文執筆指導は，卒業論文を前にした3年生後期から4年生前期にかけてのころに始められることが多いようです．もちろん，学問分野ごとにスタイルや体裁など論文執筆の約束事がそれぞれ異なりますから，卒業論文の執筆をひかえた時点で集中的な論文指導を行うことにはそれなりの意味があります．しかし，この場合，卒論のための調査や準備作業は，すでにかなり進行していることが前提となるでしょう．執筆指導を受けてからテーマを決め，調査にとりかかるのではやはり遅すぎると思います．卒論を文章として書き始めるのは4年生の後半からでもかまいませんが，その前の準備期間には少なくとも1年以上欲しいところです[1]．ここでは，卒論を書くためには何が整ってい

---

1)　ウンベルト・エコは『論文作法』（谷口勇訳，而立書房，1991年）の中で，「大学2回（年）生の終わり頃に（各自の指導教員と相談して）論題を選ぶのが望ましい」（24ページ）と述べています．この本には，テーマの選び方から具体的な調査方法や原稿作成の手順にいたるまで含蓄あるアドバイスがたくさん盛り込まれています．イタリアと日本で事情が異なる記述もありますが，実用書としてだけでなく教養書としても一級ですので，一読を薦めます．

なければいけないのか，もっと実際に即していえば，大学2，3年生は卒論執筆に向けて何を知り，何を始めていなければならないのか，について述べていきます．

論文の構成要件

卒業論文も含めてこれから述べる論文とは，「ある問題についての自分の主張を，なんらかの調査に基づいて，合理的な仕方で根拠づけようとする，一定の長さの文の集まり」（『知の技法』213ページ）のことです．学問分野によって多少の違いはありますが，論文には一般に以下の項目がはっきりと記される必要があります．

問題設定・序論——なぜそのテーマを扱うのか，その意義は何か，自分の主張，仮説はいかなるものか，自分の主張や仮説からどのような結果が予測できるか

背景・研究史——その問題はすでにどこまで明らかにされているのか，自分の研究はどのように位置づけられるのか

方法・手続き——自分はどのような方法でそのテーマに切り込むのか

結果・証拠——どのような新しい事実や考え方の根拠が明らかになったのか

解釈・考察・討論——上記の事実にもとづいてどのような解釈が成り立つか，自分の主張は他の説に比べてどう違うのか，この先何を調査していくべきか

自然科学系の原著論文[2]では，これらが，「序論（Introduction）」，「方法（Methods）」，「結果（Results）」，「討論（Discussion）」の順に並び，最後に引用文献リスト（References）が添えられるという構

---

2) 原著論文（Original article）とは，自分自身の実験や調査にもとづく論文のこと．本論からややそれますが，*Nature* や *Science* といった科学雑誌の原著論文を一度でよいから図書館でながめてみて下さい．虚飾を省き無味乾燥にもみえる，わずか2〜3ページの科学論文がどういうものなのかを文科系の人間が知っておくのも有意義だと思います．自然科学の論文の基本は，観察事実の蓄積ですから一見形式的すぎるように見えても当然なのです．

成をとります．一方，ほとんどの人文・社会系の論文や理科系でも評論，総説論文などは，必ずしもそのようにきっちりとした構成をとらず，註や文献表以外は「本文」として一括されます．しかし，スタイルはともかく，上にあげた項目が論文を構成する基本要素であることはぜひ覚えておいて下さい．審査制度のある学術雑誌では，審査者（referee）は，これらの項目を念頭において査読し，たとえば「筆者が設定した問題はあまりに瑣末である」「手続きの記載があいまいである」「筆者の主張を支持する証拠が弱い」などの評価を下します．逆に審査を受ける論文執筆者の立場から戦略的にみると，審査に先立ちこれらのポイントについてしっかりとした防御線を張っておく必要があります（論文の審査制度については後で述べます）．

　以下にこれらの項目について，もう少し詳しく説明していきます．『知の技法』と内容が一部重複しますが，復習を兼ねて読んで下さい．論文執筆にあたっては，「題名の選び方」「註や脚註のつけかた」「引用のルール」など，より具体的な注意や作法も知っておく必要がありますが，それらに関しては論文作法の書物に譲ることにします[3]．また，作文の技術に関してもここでは扱わないので，他の文章読本を参考にして下さい．なお，卒論執筆の時間軸に沿ったスケジュールについては，参考までにその一例を表に示しておきました．

テーマの発見と序論執筆のための準備

　指導を受ける教師からテーマを与えられている場合はともかく，卒業論文執筆に際して，いったい自分は何について書こうか（書いたらよいのか）という問題は，学生諸君に共通な悩み事のようです．お仕着せのメニューをひたすらこなすことだけに順応してきた諸君にとって，独力でテーマを発見しなければならない仕事はたしかに不慣れなことに違いありません．逆に，（こちらの方がまれですが）

---

[3]　たとえば，斉藤孝『増補　学術論文の技法』（日本エディタースクール出版部，1989年）．1970年以降に出版された論文作法関連書籍については，『情報の科学と技術』（情報科学技術協会）1995年4月号に詳細なリストが載っています．

表　卒業論文完成までの道のり*

行　　事	時　期	内　　容
卒論相談会　第 1 回	3 年次 11 月	各自の興味・関心の方向を述べ，具体的研究に結びつけるための方法や読むべき文献を紹介する．
卒論相談会　第 2 回	3 年次 2 月	興味・関心の領域をしぼり，その領域で何を問題として研究すべきかを知るために必要な文献・資料等を紹介する．
卒論相談会　第 3 回	4 年次 4 月	問題意識を明確にし，その問題に答えるための調査の計画を述べ，批評を受ける．
卒論相談会　第 4 回	4 年次 6 月	予備調査の結果を報告し，そのまま研究を進めてよいか，方法は妥当か，仮説修正の必要はないか，について指示を仰ぐ．
卒論題目提出届	4 年次 6 月	
中間発表会　第 1 回	4 年次 9 月	本調査の経過を報告し，調査方法変更や，追加調査の必要性について指示を仰ぐ．
卒論題目変更届	4 年次 10 月	
中間発表会　第 2 回	4 年次 12 月	本調査の結果が出そろったところで，卒業論文のまとめ方について指示を仰ぐ．また，必要に応じて追加調査の必要性が指摘される．
卒論提出	4 年次 1 月	論文要旨を添えて提出．期限厳守のこと．
卒論発表会	4 年次 2 月	研究室（学科，教室）のスタッフ，学生全員の前で 20 分程度の論文内容の発表を行い，質問に答える．

*　東京大学教養学部教養学科人間行動学分科の実例．小人数の分科なので相談会（中間発表会）の開催頻度が通例より多くなっている．中間発表会を公開にして，下級生が上級生の調査進行状況を聞けるようにすると，将来の作業計画がより現実的に思い描けるだろう．公開の卒論発表会のほかに，論文内容に関する口頭試問を行う場合も多い．口頭試問は修士論文，博士論文の審査では必須である．

大学時代の講義や，読書，経験を通じて興味を覚え，卒論で調査してみたいテーマは山ほどあるのだが，いざひとつだけを選ぶとなるとどうしても絞り込めない，という贅沢な悩みもしばしば聞きます．ここでは個々のケースにお答えできませんので，それは指導担当の教師と話し合っていただくことにし，2 点ほど一般的なアドバイス

をしておきましょう.

　まず第1に, 自分が興味を抱いたテーマや思いついた仮説について, なるべく多くの人, とくに学科の同級生や上級生 (もしいれば大学院生), 教師と意見を交わすように心掛けて下さい. 多くの人がいうように, 人に聞いてもらうことは自分自身のアイデア (主張あるいは仮説) を整理するのに最良の方法のひとつです. あなたのアイデアは, その分野ですでに常識なのか, それとも非常にユニークな着想なのか, 実際に調査ができるかどうか, それらは自分だけでは判断しがたいことですが, 対話や相談を通じてかなり明らかになるはずです. 研究活動は独学でも可能ですが, よほどの賢者でない限り, 自己の殻を破って普遍性のある発見にまで到達するのはきわめて困難でしょう. 知性や論理というものは, 同じ志を抱く者たちが相互交流する場において鍛えられ磨きあげられていくものだということを, あらためて肝に命じて下さい[4]. 卒論を書かねばならない時期になると, まるで仙人が修業に入るかのように何か月も大学から足を遠ざけ, 家や下宿に引きこもってしまう人がときおりいますが, けっして良い作戦とは思えません.

　もっとも, 身近な人たちの中に適切な相談相手がいない場合もしばしばあります. たとえば, 自分はアメリカのポップアートを取り上げてみたいが, 自分の学科では日本の中世絵画の研究が主流で, 話をしてみてもどうも少しずれている気がする, というような場合です. そのような時には, 担当の教師に誰か外部のアドバイザーを紹介してもらうのもひとつの方法でしょう. なかには外の研究者に卒論指導を依託することを制度化している学科もあるほどです. しかし, このあたりは学科ごとに事情が異なりますので, 担当の教師と十分相談して下さい.

　第2のアドバイスはもう少しプラクティカルです. 最近の良質な総説, 概説論文にあたること——これによって関心のあるテーマの近年の研究動向がわかるだけでなく, 思いもかけなかった仮説や,

---

4) 研究者の団体である学会活動の意義のひとつはこの点にあります.

自分で全部見つけだすことはできないような原著，原典を知る糸口が得られます．総説論文は，ほとんどの学問分野で出版されている「○○学評論」「△△学年報」「××学の展開」など（洋書では，"～ Review", "Annual Review of～", "Trends in～", "Advances in the studies of～" など）といった学術雑誌や年度版の単行本に掲載されています．当該分野の定評あるテキストやモノグラフももちろん重要な情報源です．ただし，進展の速い領域であるほどテキストの記載と研究の現状との間に時間的なズレが生じがちです．

　また，これもいうまでもないことかも知れませんが，どの分野でも研究の立場をめぐって学派や学説上の論争や対立があるのがむしろふつうです．上に「良質な」総説と書いたのは「複数の学説に配慮している」という意味ですが，総説の執筆者がある学派のオピニオンリーダーであることもよくあることです．できれば同じテーマについて複数の異なる視点からの総説を読めればよいと思います．このような背景調査を通じて，「今，何が一番問題なのか」「では自分は具体的に何を調べるべきか」ということが浮かび上がることでしょう．もちろん，そのテーマの研究史についても大筋を知ることができます．すでに調査段階に入っている人にとっても，総説論文は自分の研究の位置づけを確認するためのよきナビゲータとなるはずです．

　さて，はれて自分のテーマが見つかり，設定した問題に関して主張や仮説，方針といったものがだいぶ煮詰まってきた段階では，自分の主張にしたがって調査を行うと，どのような結果が期待できるのかをできるだけ明確にしておくことが必要です．すなわち，研究の具体的な目標をはっきりと自覚せねばなりません．いずれ序論や研究目的を執筆する段階では，「～という仮説に立てば，～が明らかになるはずだ」「～という視点を導入すれば，～という新解釈が可能になるだろう」といった点にかならず言及することになるので，調査のなるべく早い段階から，自分の論文の完成プラン図を描いておくにこしたことはありません．もちろん，初めての論文執筆ではさまざまな試行錯誤がつきものですから，当初の目論見どおりに調

査が進まないのがふつうです．しかし，軌道を修正しながらも最終到達予定地点を見失わないように十分に気をつけて下さい．

　まとめると，卒業論文のテーマ選択では，自分の素朴な興味や関心，アイデアを育む態度が大切だと思います．初めての論文のテーマがおしきせではなく，自分が主体的に選んだものであれば，調査の動機づけも自ずと高まることでしょう．出発段階ではたんなる思いつき程度に過ぎなかったアイデアの種をしっかりとした主張や仮説へと脱皮させ，従来の研究の流れの中にその主張をうまく位置づけることができ，自分の調査によって主張に根拠を与えて，ついにはその分野に新しい道筋を開く──このような道筋をたどれれば，あなたの論文執筆はやりがいのある素晴らしい作業になるに違いありません．

調査の手続きと予備調査

　論文は知的活動の結晶であり，後世に伝わる文化遺産を構築する重要な礎です．そうである以上，論文は何より信頼に足るものでなければなりません．信憑性のない資料や議論をいくら積み重ねても，それは砂上の楼閣に過ぎません．したがって，論文の執筆者は自分の提出する資料や主張がまがいものでないことを読者に対してはっきりと示す義務があります．論文の中で方法や手続きを明示するのはまさにそのためなのです．

　社会学や心理学，自然科学などサーベイや実験を通じて実証的なデータを示す学問分野では，手続きに示されている通りに追試すれば結果の再現が期待できます．この場合の手続きとは料理のレシピのようなものでしょう．つまり，中途半端なレシピ（手続き）からは，けっして均質な味（一般的な結論）は引き出せないということです．料理なら毎回味わいが変わればかえって楽しいかもしれませんが，調査や実験の結果が毎回一貫しないとなると，たちまちその研究の信頼性が疑われることになります．たとえ卒業論文のレベルの研究だったとしても，自分の後輩や他の研究者など，誰かがその調査を追調査する可能性は大いにあるのです．手続きや方法に関し

ては，他者に批判的に読まれることをつねに想定し，また自分自身
が先行研究のその部分を念入りに読んだ時のことを思い出しながら，
とくに明瞭な記述を心掛けて下さい．

　聞き取り調査やフィールドワークなどのように同じ条件下での再
調査が無理である場合でも，手続きや方法の記述を手抜きしてよい
わけではありません．いうまでもなく，どんな調査にせよ調査結果
はその方法にほぼ全面的に依存するからです．繰り返しのきかない
調査では，むしろ追試ができない分だけ，手続きの記述に関して正
確さが要求されるとさえいえるでしょう．

　ところで，研究の目的を達成するための手段や，手続き，方法は
通常幾通りもあるはずです．その中で自分の研究目的にもっともふ
さわしい方法を選ぶにはどうしたらよいでしょうか．オーソドック
スな手順としては，研究法や方法論のテキストに立ち返ることや，
類似のテーマの先行研究で用いられてきたさまざまな方法を参考に
することがあげられます．もし，そのテーマに詳しい研究者（大学
院生など）が身近にいれば，かなり具体的な手法まで教えてもらえ
るかもしれません．しかし，他人に依存しすぎてはいけません．と
くに，あなたの研究のオリジナルな部分については，自分で道を拓
くのが当然でしょう．

　そのためには，本格的な調査を始める前に予備調査を行うことが
いわば常識です．調査に用いてみたい方法や手続きが実行あるいは
実現可能か，調査対象（人，物，文献等）へのアクセスはどこまで許
されるか，倫理・法律上の問題はないか，他者からの協力や便宜供
与はどこまで期待できるか，どの範囲の文献・史料・資料を渉猟す
るのか，などといったことには下調べが必要です．さらに重要な点
は，予備調査によって主張や仮説の見直しや修正をはかるチャンス
が与えられるということです．先に述べたように，初めての論文執
筆では一度で自分の主張に合致した証拠をつかめる人はほとんどい
ないと思ってよいでしょう．調査の壁にぶつかったときに，たんに
手続き上の変更でそれをクリアできるのか，あるいは自分の主張や
問題設定自体に無理があるので根本的な見直しが必要なのかを慎重

にみきわめなければいけません．そして，大きな壁はできるだけ予備調査の段階で取り除いておくのが望ましいのです．

　遅くとも大学3年生の終わりまでに，卒論で手掛けてみたいテーマへの複数のアプローチを考えた上で，そのいくつかについてなんらかの形の予備調査を試みて下さい．手足を動かさなければ，感触はつかめません．その過程で試行錯誤や運不運はつきものですが，ここが実際の研究の正念場です．あなたの論理と直感の神経回路をフルに働かせて乗り切って下さい．

結果と証拠

　調査の結果を示す部分が論文の核心であることには，誰も異論はないでしょう．既存の説の補強や発展を目的とした論文であるにせよ，あるいは新説を展開する論文であるにせよ，その調査によってどのような論拠や発見が得られたのかを示す——これこそが論文構成の要です．『知の技法』（214ページ）でも強調したように，「自分の主張があっても，合理的な仕方で根拠づけられていない書きものは，論文ではありません」．

　自然科学系の論文指導では，「結果」の部分では観察された現象やデータだけを述べ，意見や考察は「討論」の項にまわせ，という注意を徹底的に受けます[5]．観察事実と考察は分けねばならないというわけです．論拠と主張を混同してはならないという点は，人文・社会系論文でも非常に重要なポイントです．ただし，文科系の論文では，形式面でこの区別が理科系の場合ほどには明瞭にはなりえないのも確かでしょう．というのも，文科系の学問では，他者の主張や意見を論証の一部として扱うことが避けがたいからです．X氏の主張は～である，あるいはYさんは～と考えている，といったことは，理科系の論文なら観察事実を述べたあとの討論のセクションで取り上げられるべき事項ですが，文科系論文では，それ自体が論理を構築するための主要な素材になります．

5）　木下是雄『理科系の作文技術』（中公新書，1981年）第1章，第7章．

では，文科系の論証はたんに屋上屋を架す，すなわち他者の主張や意見の上塗りや変形に過ぎないのかといえばけっしてそうではありません．これも『知の技法』（211-212 ページ）の復習になりますが，論文の核心たる「合理的に根拠づける」作業とは，おおまかに次の 4 点のどれか（またはいくつか）を含むものでしょう．

1. **発見**——新現象や新事実の報告
2. **発明**——理解の枠組みが変わるような新解釈や新理論の提示
3. **総合・関連**——異なる事実や解釈，理論間の関連づけや統合
4. **批判・再解釈**——上記の 1〜3 に対する批判や再検討

　残念ながら，これまで私たちが手にして読んだ卒業論文の中には，これらのどれにもあてはまらず，他者の言説の解説や繰り返しに止まっているものも少なくありませんでした．卒論などというのは所詮そんなレベルでもよいのだ，という意見（あるいは居直り）さえよく耳にします．しかし，他者によらずに自説の正しさの根拠を示す能力こそ，知の力というべきでしょう．卒業論文執筆はその能力を磨くには願ってもない場です．この機会を活用して，ぜひとも知のパワーアップを目指して下さい[6]．

討論・解釈の基本ルール

　論拠を示した後は，自分の主張を説くための最後の作業に移ります．一般的にいうと，ここでは他者の主張と自説を比較しながら，自説の優位さを証していくことになります．すなわち，自分の説に近い研究例をあげて自説を補強したり，逆に自分とは反対の立場の

---

6)　近年，大学 4 年生の就職活動の早期化や激化と，それに伴う卒業論文の形骸化が原因らしく，卒業論文を必修科目から選択科目あるいは廃止へといわば格下げする動きがあちこちの文科系の学科から聞こえてきます．今日の大学が一方的な知識の受容の場に過ぎないといわれて久しいですが，卒業論文や卒業研究まで削ってしまったら，どこで主体的な論理づけの技術を体得するのでしょう．残念な話です．

説明の不備を突き，それを崩したりするわけです．

　こう書くと，まだ論文を書いたことのない方は，法廷での論争を思い浮かべるかもしれませんが，基本的なイメージはまさしくその通りだといってよいでしょう．今でこそ，論文といえば学術雑誌に掲載したり，著作として発表したりするのが当たり前に思えますが，前世紀までは，聴衆の面前で自説を披露することが論文発表の基本形式のひとつでした[7]．そこでの討論は，たんに私的な他人のこきおろしやその逆の自惚れではなく，きわめて公的な宣言だったのです．このこと自体は，活字の上で討論するようになった今日でも変化はありません．ですから，あなたが書いた議論は，誰も読まないだろうなどとたかをくくってはいけません．書き物としての論文では論敵が目の前に存在しませんが，あたかもそこにいるかのごとく慎重に論じなければいけません．すなわち，引用する相手の主張を根拠や背景にいたるまで正確に吟味する必要があるのです．

　これに関連して，初めて論文を執筆する人が討論の箇所で犯しやすい誤りのひとつに，再引用に伴う情報の歪みがあげられます．先に述べたように，背景調査の段階では，総説論文を参考にするのが確かに有効なのですが，総説の著者が展開する議論をそのまま鵜呑みにしたり孫引きしたりするのは問題です．総説の著者の筋立て次第で，原著者の本来の主旨からずれている場合があるからです．この点をチェックするためにも，少なくとも討論で取り上げる論文に関しては，原著にまできちんとさかのぼって読む習慣をつける必要があります．

　ところで，文科系論文では，議論を戦わせるという形態はむしろふさわしくないのではないのか，という見解を持つ方もいます．多様な価値観に彩られた文科系論文は，観察事実によって白黒がはっきりする理科系の討論とはそもそも性格を異にするものなので，やっきになって論争するのはむしろ論文の品位をさげるだけではない

---

7)　たとえば，ダーウィンの進化学説は，はじめリンネ学会で発表されました（代読でしたが）．今日でも研究成果を，公刊に先だって，学会で口頭発表するのは普通のことです．

か，という考え方です．たしかにそれもひとつの見識だと思います．しかし，異なる価値観の共存をはかることと，非論理的なものを排除すべきこととは別の次元の問題です．ここまでに述べてきたことは後者にかかわることなのはいうまでもありません．

　最後に，論文の締めくくり方について簡単に触れておきます．代表的な論文の終わり方としては，本論中で述べてきたことを要約して結論づける，論文での主張がその分野の研究の発展にどのように寄与するかを述べる，今後の研究の方向性を展望する，といったものがあげられます．これらはどれが望ましいというものではありません．いずれにしても，結語はここから書き始めるものではなく，本論を書き終わったあとで，自ずと浮かびあがってくるものでしょう．

　結語まで書き終え，ほっとして笑みがこぼれる，そんな達成感の瞬間を味わって下さい．論文を書くには長距離走のように持久力が必要ですが，ゴールの喜びもひとしおです．皆さんが論文執筆という知的マラソンの虜になりますように．

口頭試問と公開発表会

　ところで学生諸君にとっては，論文提出という大きな山場を越えた後にも，もうひとつふたつ大きな峠があります[8]．それは提出した論文内容に対する口頭試問や論文の公開発表会といった催しです．卒業論文ではそのどちらかが省かれる場合もありますが，学位論文である修士論文と博士論文については内部審査（口頭試問）と外部への公開（発表）がかならず行われます．とくに学位論文は，これらのプロセスを経てはじめて公に認められた存在になるのです．卒業論文であっても，審査も受けず，内容も秘密のままにしておいたなら，それは私的な随筆やメモとほとんど変わりありません．

　たいていの口頭試問の場合，まず冒頭で，論文について内容を簡

---

8)　論文提出のあとに，調査でお世話になった方へのお礼，とくに結果をフィードバックする必要がある場合の報告や，学外の方に指導を受けた場合の論文コピーの進呈なども忘れないように．

潔に要約することが求められます．慌てることも緊張することもありません．これまで上に述べてきたこと，すなわち，研究の目的，背景，方法，結果，討論や解釈といった順に整然と述べていけばよいのです．論文には要旨や概要を添えることが普通ですから，それを口頭発表の形で予行しておくことは常識です[9]．そこから先の具体的な質問については一般的なアドバイスはできませんが，経験からいって，初めての論文である卒業論文の場合は，審査者からさまざまな不備を指摘されることを覚悟して下さい．これは公開発表会の質疑応答の場面でも同じです．論文中で自信をもって述べた論拠がいとも簡単に崩されたり，手続き上の不備をつかれたり，かなり厳しい試練の場になることでしょう．しかし，他者からコメントを受けることによって，あなたの論理の技法は成長し，論文自体も磨かれていくのです．

論文を磨く

さて最後に，卒業論文を離れて，一般の学術論文の質を高める制度や環境にはどのようなものがあるのか，その例をごく簡単に述べておくことにしましょう．学会など学術団体が備えている論文の審査（査読）制度と，コンピュータ・ネットワーク，とくに電子メールシステムを利用した速報性のある情報交換について順に紹介します．これらは研究者を目指す学生諸君にはぜひ覚えておいて貰いたいことですが，卒業後ただちに社会に出る予定の皆さんにも（また研究者ではない一般読者の方にも）参考になるものと期待します．

a）査読制度

理科系の研究者の場合，研究論文が学術誌に発表されるまでにはいくつものゲートがあり，なかでももっとも気を遣うのが論文審査という難関です．大学や研究所単位で出版する紀要を除けば，ほとんどの学術誌が審査制度を備えており，そこで受諾されなければ研

9）　口頭発表の作法と技法については，『知の技法』の第Ⅲ部3節を参照のこと．

究成果はけっして日の目をみません.

　ところが，人文・社会系の分野では，審査制度が理科系ほどには機能していません．文科系の学術誌には，査読という制度がそもそもなかったり，あっても形式化している場合が少なくないようです．文科系論文の多くは，編集者（編者）からの依頼原稿という形式をとるので，査読が広まりにくいということがその理由のひとつでしょう．提出された原稿に編集者があれこれと注文を加えるのは，事実上まれなことです[10]．また先に述べたように，文科系の論文では異なる価値観の間での解釈を論じる場合が多いので，公正な審査基準を設定しにくいということも指摘できます．このように理科系とは背景が違うために，文科系に論文審査制度が広まらないことがいちがいに悪いとはいいきれません．ただし，その分野の大家であればともかく，初めて論文を書くような初学者であるならば，査読を受けることの意義は非常に大きいといえます．以下に，文科系における査読の意味について述べますが，その前に査読が一般にどのようなプロセスを経て行われるのかを説明しておきます[11]．

　まず，学会誌等の専門学術雑誌に執筆者（author）から論文が投稿されると，編集責任者（editor）はその論文が投稿された旨を編集委員会（editorial board）で報告します．つぎに編集委員会メンバーが，その論文の要旨や主旨を読み，当該分野の専門知識を有し，執筆者と利害関係のない審査者（査読者．referee）2～3名を選んで，審査を依頼します．審査者は与えられた期間内（雑誌によりますが，通常1か月程度）に論文を読み，執筆者への質問・コメントを添えて審査結果を編集委員会に報告します．審査委員会は複数の審査者の審査結果を総合判断して，論文掲載の諾（accept）か，書き直しのうえ諾（accept with revision）か，否（reject）かを決定し，執筆者に通知します．通常，執筆者には審査者の名前は知らされま

---

10)　このシリーズ『知の技法』『知の論理』は，編者と執筆者の間の活発なやりとりを通して生まれました．

11)　なお，卒業論文や修士論文の査読は，分野や大学ごとに違いもありますが，指導担当の教師だけ，あるいはその他に1～2名の所属学科の教師によって行われることが多いようです．つぎに述べるのは，学術雑誌でのプロセスです．

全体評価
 1. 研究の学問的価値：（非常に高い―高い―乏しい）
 2. 掲載に関して：（このままで掲載可―一部書き直しが必要だが掲載可―大幅な
　　書き直しの上再投稿を求める―掲載すべきではない）

細部評価
 1. 論文要旨は論文の内容を正しく要約しているか：（よい―とくに問題ない―不
　　十分）
 2. 問題設定と用いられた手続きは正当か：（よい―とくに問題ない―不十分）
 3. 手続きについて正しく記載されているか：（よい―とくに問題ない―不十分）
 4. 結果は正しく表されているか：（よい―とくに問題ない―不十分）
 5. 討論と結論は：（よい―とくに問題ない―不十分）
 6. 文章の表現力は：（よい―とくに問題ない―不十分）
 7. 論文内容にてらして論文の長さは：（短かすぎる―適当である―長すぎる）
 8. 引用文献の数は：（少なすぎる―適当である―多すぎる）
 9. 図表の数は：（少なすぎる―適当である―多すぎる）
10. 図表の見やすさは：（よい―見にくいので書き直しが必要）
☆著者に対する具体的なコメントを別紙にご記入下さい（なお，掲載が否の評価の
　　場合には，著者にその理由が具体的にわかるように書いて下さい）．

著者に対してあなたの名前が匿名であることを：（希望する―希望しない）

審査者の署名：　　　　　　　　　　日付：

審査用紙の一例（複数の学会誌の審査用紙を参考にして独自に作成したものである．特定の学術
　雑誌の用紙ではない．）

せん．

　さて肝心の審査のポイントについては前節にも少し書きましたが，
より具体的なイメージがつかめるように，審査用紙の一例を図に示
しました．この例は，筆者の専門分野の性格上，比較的自然科学寄
りのものなので，文学，哲学，歴史，思想といった領域では個々の
審査項目がそぐわない箇所もあると思います．ただし，ここで強調
したいのは，個別的なことではなく，批評に応えられる論文だけが
掲載に値する，というシステムが存在するということです．私自身
が審査を受けてきた経験でいうと，査読者からの批判やコメントは
的確な場合がほとんどで，それに応じることによって自分たちの論
文は確実に向上しました．自分が書いた文章でも，自分の記述や主
張は意外なほどに理解不足であったり，説明不十分であったりする

ことがよく分かります．ときに承服しがたい批判を受けることもありますが，それに対しては理由を編集者に申し出ることによって，公正な判断を仰ぐことができます．

査読制度の問題点は，執筆者と編集者の間の意見や価値観をめぐる対立が平行線をたどる場合です．これは主義やイデオロギーがからむ意見衝突の場合には不可避的に生じることかもしれません．繰り返しになりますが，文科系で査読制度が広まらなかった最大の理由はこの点にあるのだと思います．しかし，だからといって文科系論文に査読制は適合しないという意見は，赤子ごと産湯を捨てるたぐいの発想だと思います．

要は，ごく限られた優秀な研究者を除いて，始めから完璧な論文が書けないのは当然のことであり，そうである以上，出版の前に他者（とくにその分野の先達）とのやり取りを通じて論文の質を高める仕組みはきわめて合理的なシステムだということなのです．

b) 公開討論と電子討論

前項で説明したように，従来の文科系論文では査読というシステムが必ずしもうまく機能してきませんでした．しかし，そのかわりといってよいのかわかりませんが，文科系では，論文に関する議論の場として誌上討論や評論という批評スタイルが広く用いられてきました[12]．たとえば，ある論文をめぐってなんらかの議論や論争が沸き上がった場合には，当該分野の雑誌や総合雑誌が特集を組むことがよくありますし，賛否両論が生じそうな主論文に対してあらかじめ指定討論者のコメントをセットにして発表するといった形式もあります．このようなスタイルは，議論の公開性を高め，論点の所在を明確にするという意味で非常に有効だと思います．

さて，近年これに関連した新しい試みが行われるようになってきました．電子メディアを利用した電子討論の誕生です．

最近，コンピュータ・ネットワーク（具体的にはインターネットな

---

12) 書籍に対しては書評制度があります．

ど）ということばをよく耳にしますし，多くの研究者や学生諸君は
すでにこのシステムを利用していることと思います13)．このネット
ワークを用いるメリットのうちでも，とりわけ重要な点は，研究者
間の情報交換が以前とは比べ様もないほど容易にかつスピーディに
できるようになったことです．電子メールを介せば，ほとんどリア
ルタイムで海外の研究者との連絡が可能ですし，学術データベース
にアクセスすれば，関連分野の最近の学術雑誌の抄録を自宅にいな
がら検索できます．さらに，ネットワークの公開フォーラム上で交
わされる電子討論によって，駆け出しの研究者であれ誰であれ，世
界の最前線の討論内容を手にとるように見られるようになったので
す．パーソナル・コンピュータは，単体でも自分の脳の機能を大き
く拡張してくれますが，それがネットワーク化されると，世界中の
膨大な知性がいとも簡単に繋がれるわけです14)．かつて専門家とい
えば，自分の研究室にこもってこつこつと仕事を進める孤高の人と
いうイメージがありましたが，今日の（とくに欧米の）専門家の大
半は，電子メールで相互に連絡をとりあいながら，ときには自分の
研究の進展状況を一般に公開し，それに対する意見を求めるという
研究姿勢をとっています．学会の住所録や学術誌の執筆者連絡先の
項にメールのアドレスを示すケースも増え，電子討論の促進が図ら
れています．

　このように，コンピュータ・ネットワークは，内にこもる研究者
を自分を開示する研究者へと変質させています．最近，受信型では
なく，発信型の研究をめざせとよくいわれますが，このことは自分
の成果を公開しない研究者は，磨かれるチャンスを失うということ
を含意しています．なにも研究者だけの問題ではありません．若い
諸君であればなおさら，他者との交流を通じて成長していくのだと

---

13)　東京大学教養学部では「情報処理」が1年生の必修科目となり，1994年から
　　は受講者全員が電子メールのアドレスをもつことになりました．もちろん，この
　　アドレスは世界に対して開かれています．
14)　同時に，マイナス面として，望まない他者がたやすく個人の知的領域に侵入
　　してくるようになったことも事実です．それらの功罪については多くの議論があ
　　ります．

思います．コンピュータは世界を取り込みつつ，自己を表現できる他に類をみない知的ツールです．電子他流試合でぜひともあなた自身の「知の論理」に磨きをかけて下さい．

20 世紀この 1 冊！

1976 年　リチャード・ドーキンス『利己的な遺伝子』（日高敏隆・岸由二・羽田節子・垂水雄二訳，紀伊國屋書店，1991 年）

　人間はなぜ存在するのか——この根源的な問いに対する人類史上初めての明快な答は，ダーウィンによって与えられた．しかし，この 19 世紀の巨人の偉業は，誤解や曲解もあり，今世紀前半は一時的な眠りについた．ドーキンスは，本書及び『ブラインド・ウォッチメイカー』を通じて，ダーウィン主義の正当性を説き，21 世紀へ向けてもっとも強力な知のパラダイムの復権に成功した．

結び──結んで/開いて

船曳建夫

結びから読み直す

　私たちが生きてきた世紀が，いま終わろうとしています．また同時に，私たちの時代である「近代」を，その萌芽期からすっぽり入れてまだ余りのある長い一千年紀も，終わろうとしています．それ自体としては，歴史的な偶然と天体の運行によって決められたにすぎないこの西暦の時間区分に格別な思い入れをするのは，自分の生が特別の時期に居合わせたと思いたい自己愛からの眼の曇りかも知れません．しかし，このような「世紀末」，千年前の日本だったら「末世」の言葉が飛び交った時期を利用して，少し立ち止まったり振り返ったりすることは，ただただ後ろから追い立てられるように前のめりに進む感のある私たちに必要なことだと思われます．20世紀の結びの時点からこの世紀に発明された知の論理を読み直してみよう，それがこの本の主旨です．

　じつはこの「結び」の主旨も同じところにあります．この一冊の本の結びから，この本で論じられている知の論理を振り返ってみようというのです．

　しかし振り返るとはいっても，私は読者が，たとえばあなたが，この本をすべて読み終わり，振り返る地点からここを読んでいる，などとは思っていません．『知の技法』もそうでしたが，この本を頭から尻尾まで一呑みにするのは相当の胃袋を必要としますし，内容をよりよく消化するためには，むしろ，どこでも好きなところから一編一編少しずつ読むことを勧めたいのです．多分自ずとそのことに気付いたあなたは，いくつかの文章を読んで，「20世紀の知の論理」の一つ二つと数十分「格闘」をした後にこの「結び」にやっ

てきたのだと思います．または，まずは様子を見ようと，この「結び」から読み始めているのかもしれません．

　ですから私も，ここでこの本の一編一編を振り返って解説するなどということはしないのです．それは，各セクションの扉や，各文章の頭のコメントで行っていて，それらが，この『知の論理』という森の中を歩く時の道しるべとなっています．この「結び」では森の中の一本一本の木ではなく，この本が示す森全体，この百年の学問が生み出した知の論理の現在のあり方が，どのような様相を呈しているかをとらえ直そうと思います．その上で，この森がどこにどのように連なって行くのかを考えたいのです．そのことは，一つには20世紀の「知の論理」が，私たちがすでに生き始めている21世紀に向かってどのように変容し，その世界をどのように変容させて行くのかを考えることであり，また一つにはこの『知の論理』が，次に出そうとしている『知のモラル』という本にどうつながるのかを示すことなのです．つまりこの文章は，20世紀の「知の論理」の結びであるとともに，21世紀の「知のモラル」の前書きでもあるのです．

　それにしても「森がどこにどのように連なって行く」と書けば，森自体が動きそうな気配です．実際に世紀の変わり目が近づくにつれ，マクベスが目を疑うような事件が，ここ4，5年立て続けにいくつも起きています．それもそのはずで，第一次世界大戦，第二次世界大戦に続いて，今世紀第三番目の大戦争，世界冷戦，その終結という大事件があったのですから，その余震はしばらくは消えないはずです．

　その余震の中で，冷戦では「戦勝国」側に入っていたはずの日本はいま，経済も政治も調子が悪そうです．むしろ，「敗戦国」側にいたはずの中国など現在は経済の改革が進み，21世紀には大きな飛躍を予想する人もいます．歴史を振り返れば，第二次世界大戦の時に敗戦国であった日本やドイツがその後急速な復興を経て，大いに隆盛となった事実がありますから，それは驚くべきことではないのかもしれません．そして日本は逆に，少なくとも現在につながる

近い未来の 21 世紀においては，冷戦という大きな枠組みを失って政治的にも経済的にも困難な状況に入るのだと考えられているようです．

　しかし今度の困難さはこの前の大戦後とは違って，単に政治・経済の領域での努力が要求されるだけではないと思います．大きな枠組みを失った日本が，一個の主体として自律的に行動するとき，単に「経済的人格」としてではなく，「政治的人格」としてだけでもなく，ましてやそれを足し合わせたものとしてでもなく，論理とモラルを持ったある一つの社会として自らを示すことが要求されるでしょう．

　こういったことを世界と知の論理の変容の中で考えるために，まずこの本に表された，今世紀の学問の論理を読み直すところから始めます．

論理に文系と理系のクラス分けはない

　この本の第Ⅱ部から第Ⅳ部までの 17 編の文章は，今世紀に発明された「論理」について書かれています．それらの大部分は，名前のついた「論理」です．例えば，「現象学」，「ダブル・バインド」，「対話原理」，「オリエンタリズム」といったように．それらの名前が付けられた「論理」は，それぞれある時代の学問の背景の中から，しばしば特定の研究者（たち）の努力や機会が収斂して生み出されていて，その論理を生み出した人（たち）の名前が付されています．例えば，フッサールとハイデガー，ベイトソン，バフチン，サイード，といったように．

　このような事情は，私たちに自然科学の発明・発見を思い起こさせます．その連想は正しいのでしょうか．私たちはこう思いがちです．何かが生み出されるということは似ていても，実験ができ，証明ができ，日常のあいまいな言葉ではなく誰もが一律に理解する数式で表すことができ，実際に具体的な，例えば物質の変化などによって確信できる自然科学（理系）の発明・発見と，この本で扱われている人文・社会科学（文系）の革新とは違うのではないか，と．

それは誤った考えです．大脳生理学と精神分析学の間で，人間の「意識」について違う関心とアプローチと結論があるのは，自然科学と人文科学の違いではなく，個々の学問体系の間での違いです．同じ社会科学の中でも経済学と文化人類学の間で「交換」の行為について同じような違いがあることと同じなのです．

　もちろん実験・証明・数式化・マテリアリズムといった一連の自然科学の商標ともいうべきことがらは強いイメージを私たちに与えていますが，それらは自然科学（理系）と非自然科学（文系）を峻別する規準ではなく，近代が生み出した「科学の精神」とでもいうべきもので，どんな学問にも「一般的に」重要でありうると考えておけばよいのです．ですから個別の研究，例えば杜甫の詩の注釈に実験データが示されていなくとも，それは，文芸作品へのアプローチに実験は「少なくともいままでは有効ではないことが多かった」経験から当たり前のことです．そしてそのような詩の注釈が実験なしでも綿密な「証明」を行うことができるのは，改めて言うまでもないことです．そもそも自然科学の基礎たる数学に実験はないし，天文学は観測の学問ではあっても実験の学問ではないのです．

　多分これ以上こういったことを語ると，詩の注釈の数式化の可能性や，宇宙の成り立ちの詩的神秘性などという悪ずれした話と同じ調子になりそうなのでやめます．私が説明したかったのは，フッサールやサイードの発明はいわゆる自然科学者の発明となんら異ならない，ということでした．個々の学問のアプローチや解析，結論の示し方に違いがあるのは事実です．それはそれぞれの学問が答えようとする質問や関心の性質によるのです．言い換えれば，さまざまなニーズがあって，違う学問ディシプリンがいまこうしてあるのです．しかし，文系・理系，人文・社会・自然などという出来合いのカテゴリーを取り払えば，私たちが学問において「論理」を発見・発明，また再解釈する行為は，思考による革新を行うという意味では同じなのです．

論理の共和制，大理論の空位

この本のなかでも幾人かの人が，この革新をパラダイムという言葉を使って説明しています．では，この本で取り上げられている「論理」に何らかの共通するパラダイムはあるのでしょうか．言い換えれば，この世紀末の時点で，私たちの知の論理はどのような全体像を持っているのでしょう．

ここに書かれている文章は，どこか似ている，という感想を私は持ちます．同じ年代の人たちだから？　そうかもしれません．同じ職場の人だから？　それもないとはいえません．しかしいちばん大きいのは，やはり，この三つ目の戦争の後を生きているという歴史的な同時代性だと思います．

各文章の，似ている，共通している点にそれは現れています．それぞれの執筆者は，斬新な論理が生み出され，それが鍛え上げられ生成され，現在もなおその決定的な力が失われていないことを述べながらも，ある名付けられた考え方が，全てを覆う包括的な「何々理論」として現在輝いている，といった話はしていないのです．それぞれの「論理」は，他の論理と領域を横断して相互に強化されることはあっても，また他の論理と相似的であることが意識されることはあっても，互いに重なり融合してしまうことはなく，それぞれの論理の生まれた領域をその力の場として保ち続けている様子が，描かれているのです．その様子が結局，私たちがこの本から得る「知の論理」の全体像なのです．

論理群はあっても大理論はない，といってもよいでしょう（私は大理論としては，キリスト教的世界観，資本主義を一つのものとしてとらえる認識，共産主義，などを考えています）．こういった事態は，20世紀の後半から，表面的にはおそらく「構造主義」の登場以降，明らかとなってきたことかと思われます．例えば，構造主義も大理論ではなく，言語論のシンプルな論理が枝分かれをして，それぞれの領域でさらに論理化され，その全体が論理群として現れたのです．この選ばれた論理が作る共和制と，王たる大理論の空位，それは，今

世紀の大理論の一つ，共産主義の蹉跌による世界冷戦の終結によって，より鮮明になってきていると思われます．

　大きな，または地球大の理論が無いわけではありません．この本では取り上げていませんが，ウォーラーステインの近代世界システム論もその一例でしょう．また，すぐ消えてしまうでしょうが，ハンチントンの提出した世界の文明の現状に対するグローバルなモデルもあります．それらに対する批判は私にはあります．

　しかしここでは私見を述べることが眼目ではなく，この本の編者として結びから読み直すと，すくなくともこの本の執筆者たちが，図らずもある姿勢を共にしていることを指摘したいのです．繰り返せば，ある論理がある現象や課題を明らかにすることを説明した後，そこから出発してその論理が他のすべての領域を同様に明らかにし得るという大理論の「お話」を，執筆者の誰もしていないのです．それは，執筆者たちの啓蒙的態度からくる，中庸を保持しようとする自制ではなく，もちろん大きな話しをすると大きな失敗につながることを恐れる度胸の無さでもなく，それぞれの研究者としてのつきつめた判断からきていると，私には思われます．

　そのことを論理の発明の初めに戻って，それぞれの論理が生まれる過程を考えてみれば正当なことだと判ります．ダブル・バインドでもオリエンタリズムでも，そのような現象は人びとによってその前から「気付かれて」はいたのです．その気付いていたいくつもの事例にみられるある似通った論理的な筋道，パターン，それを「論理素（論理の素）」と呼びましょう．その論理素がある論理に組み立てられる．その時，まず論理素は人間の思考や行為の筋道なのですから，それは「発見」されます．そしてその筋道がなんであるかを表現し説明する方法，論理が「発明」されるのです．

　発明された論理は，その論理素を発見した領域の現象にとって，最も適合的な説明の論理かどうかが常に批判にさらされます．オリエンタリズムと見られる歴史的対象は，オリエンタリズムという論理構成によって最も鋭く摘出できるものなのかどうか．その言葉はむしろ何かを覆い隠してはいないか．ポリフォニーという論理によ

る解釈は，ある作品の創造性を真に深く示すことができるのかどうか．そういった批判にそれらの論理は常にさらされているのです．この本に見られる論理と批判のダイナミズムには，論理の一つの適合例をサクセス・ストーリーとして取り上げて，すべてを覆う大理論にしてしまう危険に敏感な，この時代の人間としての感性があるようです．

　この本の文章には，そのような，発明された論理に対する批判が，執筆者自身によるものもふくめ，書かれています．批判との間の緊張の糸によってこそ，それぞれの論理は立っているかのようです．そしてよく批判に耐え得た論理が，他の論理との協同によってさらに広い世界を説明し得るのかどうか，そこにこれらの論理が21世紀にも連なるものになるのかどうかが掛かっているのです．

「青春の墓標」としての卒業論文

　ここまで私たちは20世紀に生まれた論理を読む側に回っていました．しかしこの『知の論理』は，まもなく卒業論文を書く大学3年生を読者として想定しています．卒業論文では論理に関して，発見／発明／総合／再解釈のいずれかをすることが要求されます．論理を読むだけではなく，作る側に回るのです．では，論理を作る，とはどんな境遇に入ることなのでしょう．

　卒業論文を書く学生を指導していて，2つの全く相反する問題に悩む学生を見ることがあります．その一方は「書くことがない」と言って相談に来る学生たちです．もう一方は「たくさん書くことがあって，どれを書いたら良いのか判らない」と言う学生たちです．前者の方は本人たちの話を聞いてその中からいくつかの問題を示唆すると，案外それに従って適当に論文をまとめ上げます．しかし書き始めるまで時間がかかることがあります．後者の方はより難物です．たくさんのテーマを述べ上げる中からどれか一つを選ばせても，4年の夏か，ひどいときには秋頃になって捨てたテーマをまた拾い戻したくなり，それを無理して入れた上で，ごった煮のような論文にしてしまうことがあるのです．

他の学生たちはなんとかテーマを見つけ，内容の良い悪いは別と
して普通のペースで論文を書き上げますが，彼らは，取っ掛かりの
ところでつまずいたり途中で元に戻ったり，ペースが乱れるのです．
　しかしこの二種類の悩める人びとは相反するようでいて，同じ問
題を抱えているのです．
　「書くことがない」人は何もテーマが無いのではなく，自分が常
日頃考えていること——それがテーマとなるべきことなのですが
——は「学術」論文にはならないのだ，と思っていることが多いの
です．彼女または彼の考えていることとは，例えば自分の育った環
境からくる社会的な疑問や，自分がこれから就職する仕事に関わる
ことであったりするのですが，それらは，ごく個人的なことで人に
言うようなものではないと思っていたり，それらは「世間的」なこ
とで学問の世界では取り扱わないと考えていたりするのです．しか
しそういったことがらは一つの論文を書き上げるまでの意志の出発
点となりますし，そのことについての彼（女）のこれまでの考えや
判断の中には論理素の発見が必ずやふくまれていたはずなのです．
論文として出来上がったときにはそのすがたかたちは溶けて見えな
くなっていても，全体の下地としては重要な働きをしているのです．
　逆に，「たくさんあって困ってしまう」人は，どんなことでも論
文に，そっくりそのままなるのだと思っていて，あまりそのあたり
では悩まないのです．その背景として，自分のこれまでの 20 年の
人生に考え，喜び，苦しんできたことをなるべく多く，出来るなら
ば全て総決算として入れたいという願望があるのです．そしてその
上で，この論文を最後にして世間に入って行こうという戦略です．
卒業論文というよりは，「論文の卒業」をはかって，卒論を「青春
の墓標」にしようという決意を心に秘めているのです．
　ここで両者を比べてみれば，「書くことがない」人も，論文とは
そういうものではないと初めから決めてかかっているだけで，自分
自身の個人的な思いも論文に入れられたら，という心の傾きを持っ
ている点では，「たくさんあって困ってしまう」人と似通っている
ことが多いのです．また逆に，「青春の墓標」として卒業論文をと

らえる考え方は，世間に出たら論理を追求するといったことと全く別のことが待っている，と心積りをしている点で，「書くことがない」人の，世間的なことは学問とは無縁だという思いこみと共通するのです．

　学問の論文は芸術作品とはまた違ったかたちで，書き手個人のことが反映されます．また論文は，社会の現場での個別の決定や行為とは違ったかたちで「世間」に関わります．それら芸術や社会の現場での仕事とくらべて，学問の持つ自分や社会への関係の仕方を，ある個人が「迂遠」だと感じたり判断したりして，芸術家になったり銀行家になったりすることは少しもおかしくないのですが，そのような関係が「無い」と考えるのは誤りです．

　これら二種の悩める学生たちは両者共に，論文と自分，論文と自分をふくむ社会，という関係のところで，正しい理解を持っていないのです．私はこれらの学生が抱えている問題を，彼らが往々にして真率な考えの持ち主であるがゆえにその認識不足に残念な気がすると共に，その誤りが学問における「論理」の在り方に直接関与している本質的なものだ，という判断があるために，深刻にとらえています．

　すなわちプロの研究者は，論文を学問内部の要請として書くことになれています．言い換えれば，学者は論文を「人生」や「社会」のために書くところから始めるのではなく，他の論文に対する応答として書きます．その時論理は，その論文の内部の整合性を高めるために追求されます．そうして出来上がった論文は，優れていればいるほど，つまり論文内の論理が一貫して緻密であればあるほど，その外の「世間」や書き手「個人」から超然とした相貌を帯びることがあるのです．それゆえに，アマチュアである学生たちが学問に触れて，その論理性に感銘を受ければ受けるほど，または逆にその過剰な論理性（重箱の隅をつつく，というあれです）にあきあきすればするほど，学問が自分や自分の生きている社会とはかけ離れたものだと考えてしまうのは，無理からぬことです．ことに，そのあたりに腐敗と紙一重の，学問の「発酵」の魅力があるので話は厄介なの

です.

　しかしここでは酒やチーズの話はさておいて，学生は，外側から学問に近付きその論理が作る殻が邪魔して中に入れないのに対して，学者は，内側から学問を作り出し，その論理の殻に閉じ込められて外に出られないという図式が見えてきます. 卒論を書こうとする悩める学生のつまずきは，逆の向きにつまずきがちな学者の性向を指し示してくれています. しかし論理を作るとは，学問内部（学会・界）の批判を受けながらこの内側の論理的整合性を追求すると共に，既に述べたようにその論理が他の論理といかに協同して，さらに他の事象を，広い世界を，いかに説明できるかを探るものです. プロもアマもここにいたっては同じであり，論理を作るとは，この論理の内と外の双方を引き受ける境遇に入ることなのです.

論理を結んでモラルへ開く

　この論理の内と外の双方を引き受けることは，私たちをほとんど必然的にディレンマに直面させることになります. ここで指している論理とは，ある対象に対する論理的整合性の高い，まとまった考え，といった意味ですが，そこになぜディレンマが発生するのでしょうか.

　無数にある例のなかから，「脳死」を取り上げます. その対象に関して医学は，ある定義を下します. これまで蓄積した医学という学問の論理を当てはめ，方法を駆使して，整合性の高いある論理を総合するのです. しかしその論理がより広い，例えば「臓器移植」という実践の場に出たとき，また別の論理と出会います. 例えば，社会の中にある生命観がとらえた，医学のような論理性とは違った別のやり方で総合された死に対するコンセンサスのようなものがあります. また，法学というディシプリンは別の側面から死についてのある論理を持っているはずです. これらの論理は，相互的につきあわせたとき，論理的相違を持ちます.

　その相違が私たちの実践的な運用で解消できず，矛盾と呼ぶような問題になったとき，ある決断をしなければならない事態に至りま

す．「決断」は論理的不整合を消したりしませんし，それによって社会的にはある「不利益」を作ったりもします．それでも決断せざるを得ないと思われるのは，不決断がその論理群のレヴェルにおける論理的不整合を残し，より大きい「不利益」を継続させるからです．例えば学者も学問の論理の殻の内にいればこの事態には直面しません．内と外を引き受けることで決断を迫られる，この事態がディレンマです．

　大理論，論理群を統合できるような理論があれば，「決断」ではなく，解を出すことができます．ある時代のキリスト教世界や，「共産主義」がすべてを覆うような社会であれば，その大理論を参照することで，どのレヴェルにおいても矛盾のない，不利益の出ない——と考えられる——解答が用意できます．大理論の空位の時間を生きる私たちは，大理論なしにそのディレンマに答えなければなりません．そこにモラルの問題が出てきます．

　モラルとは，ディレンマに対する人間的応答のことです．人間的，とは心優しいという意味ではなく，神（大理論）なき人間という意味です．論理を作り進んだときに，より広い場で直面するディレンマに，結局は最終的ではない，そのときそのときの答えとなる応答をすること，それがモラルの行為だと私は考えています．

　日本が21世紀に迫られるものも，「日本」という論理体系の外に出たときに，不可避的に直面する，というよりは，実は自ら半意識的に作っている，さまざまなモラルの問題であろうと思われます．例えば憲法9条，例えば資源国の環境破壊，それらにどう答えていくかは次の『知のモラル』で取り上げます．

　さて，モラルの問題は個人に帰結します．私たちが生きている世界は私たちが行っている仕事（学問であれビジネスであれ）より常に大きいのです．日常の仕事の閉じた緻密な論理がより広い世界で矛盾を作るとき，私たちに要求されるのはひとまず，そのレヴェルの論理群の論理を詰めることです．その論理を詰める作業は非常に困難なために，人はしばしば「世の中理屈じゃない」と言いますが，

ディレンマを突き止めるまでは理屈，ここでいう論理しかありません.

　卒業論文を青春の墓標として学問などとはおさらばし，理屈じゃない世の中に入って行こうとする学生がいると，私は「世の中そう甘くはない」と言うことにしています．私自身，学問の世界に入ってみたら，そこにも「理屈じゃない世の中」があって感心したものですから.

石田英敬（いしだ ひでたか）

1953年 市川で生まれ，阪神間で育ち，東京，パリで学び，京都で就職
[専門] 言語情報科学（フランス近代文学，詩学，言語態分析）
[著書等] *La formation de la poésie de Mallarmé*（A. N. R. T. Univ. de Lille），*Littérature japonaise contemporaine*（Piquier/Labor，共著），『ミシェル・フーコーの世紀』（共著，筑摩書房）など．
[一言] 言葉と星，書物と天空とはある本質的なアナロジーによって結ばれている．言葉はそれを発した者が立ち去ったあとも輝きつづけることができる．言葉の布置としての書物は星座のように生きることの方位を指し示すことができる．「知の論理」とは，知のことばの宇宙に私たちの身体を定位する術を修めることなのです．

石光泰夫（いしみつ やすお）

1949年 大阪生まれ
[専門] 表象文化論（精神分析学，ディスクール分析，舞台芸術論）
[著書] 『身体 光と闇』（未来社），『現代哲学を学ぶ人のために』（共著，世界思想社）．
[一言] この本と同時に『身体 光と闇』という書物をだしました．狼男も再登場しますし，ドラキュラ，アンナ・O，シュレーバーなど『伝染るんです』に紛れ込んでもおかしくない人物たちのオンパレードです．「知の論理」の枠とその揺らぎも，もっと精密に呈示してみました．「言葉が身体と化す」を読んで，無意識の表象の摩訶不思議に心を奪われた人に，この書物を一読していただければ幸いです．

金子邦彦（かねこ くにひこ）

1956年 横浜生まれ
[専門] カオス，複雑系の物理，その視点を踏まえた理論生物学
[著書] *Collapse of Tori and Genesis of Chaos in Dissipative Systems*（World Scientific, 1986），*Theory and Applications of Coupled Map Lattices*（Wiley, 1993：編集および第1章）など．
[一言] カオスはやはり20世紀後半の大衝撃であった．そして人文・社会科学にも浸透していくだろう．ただし，カオスは数理的な論理なのでいい加減な言説に惑わされないようにしてほしい．[もう一言] 複雑系の科学は21世紀にどこまでいけるのだろうか．理系と文系の区別を無効にする学問を出現させられるだろうか．今はその時を夢見てコンピュータの中の世界が生み出す複雑さと対峙する「修行」の日々なのかもしれない．

桑野隆（くわの たかし）

1947年 徳島生まれ
[専門] ロシア文化（文学理論，言語論，記号論など）
[著書] 『バフチン』（岩波書店），『民衆文化の記号学』（東海大学出版会），『未完のポリフォニー』（未来社），『ソ連言語理論小史』（三一書房）など．
[一言] ペレストロイカ以降のロシアでは，旧ソ連邦時代に発禁状態にあった文学・思想その他の文献が陸続と公刊されたが，どうやらそれも一段落したようだ．さてそこでそろそろ新たに，明るく楽しい20世紀ロシア文化論を書かねばと思うのだが．

小林康夫 （こばやし やすお）

1950 年　東京生まれ
［専門］表象文化論（芸術の行為論，テクストの存在論的分析など）
［著書］『出来事としての文学』（作品社），『身体と空間』（筑摩書房），『光のオペラ』（筑摩書房），『起源と根源』（未来社），『無の透視法』（水声社）など．
［一言］『技法』で始めたことを，確固としたひとつの流れにすることが本書の目標でしたが，執筆者諸氏の力作が揃って編者冥利につきました．お忙しいなか気持ちよく引き受けて下さり，しかもあっと驚くような原稿を書いて下さった同僚諸氏に敬意と感謝を捧げます．ああ，いい風が吹いてきて駒場の銀杏の新芽も揺れていますよ．『技法』に引き続いて，一緒に楽しく仕事をした編集者羽鳥和芳さんにも心よりの友情の挨拶と感謝を．

小森陽一 （こもり よういち）

1953 年　東京生まれ
［専門］日本近代文学（表現論，文体論，言語態分析）
［著書］『構造としての語り』（新曜社），『文体としての物語』（筑摩書房），『夏目漱石を読む』（岩波ブックレット），『漱石を読み直す』（筑摩書房，近刊）．
［一言］言葉で表現されたものを読むことは，他者を読むことであると同時に，自分を読み変えていくことでもあるはずです．その一瞬一瞬が「論理」的であることを願ってはいるのですが……．

佐藤良明 （さとう よしあき）

1950 年　山梨生まれ
［専門］表象文化論（アメリカ文化）
［著書］『佐藤君と柴田君』（白水社），『ラバーソウルの弾みかた』（ちくま学芸文庫）ほか．
［一言］ダブルバインド関係の原稿依頼は今もあるのだけど，精神医療の現場のことはほとんど知らないし，あまり無責任なことも書けない．その代わり，というのもヘンですが，身近な狂気である日本の学校英語の治療法を夢想しています．駒場の「英語Ⅰ」は制作しているものとしては実に明るく楽しい仕事で，これを起点に東大をめざす人の勉強の仕方を変えてしまいたい．知の論理は実践にあり，ウン！

下條信輔 （しもじょう しんすけ）

1955 年　東京生まれ
［専門］知覚心理学，認知神経科学（とくに認知・行動空間の構造と発達）
［著書］Early Visual Development: Normal and Abnormal（Oxford University Press, 共著），Attention & Performance XVI: Information Integration in Perception & Communication（MIT Press, 共著），『まなざしの誕生』（新曜社），『視覚の冒険——イリュージョンから認知科学へ』（産業図書）など．
［一言］最近私の講義の受講生から「学問が本当は面白いものだったなんて，これまで夢にも思っていなかった」という声が届いて，気分がいい．そうなんだよ．

高橋哲哉 (たかはし　てつや)

1956 年　福島生まれ
[専門] 哲学（現象学から出発したが……）
[著書]『逆光のロゴス──現代哲学のコンテクスト』（未来社）,『哲学　原典資料集』（共著，東京大学出版会）,『現代哲学を学ぶ人のために』（共著，世界思想社）など．
[一言] 見かけによらず（？）向こう見ずなところがあり，哲学などという恐ろしげな学問に手をつけたのは，たぶんそのせい．このところ「記憶」と「忘却」の問題にこだわっているが，たぶんこれは，「失敗はすぐ忘れる」タイプの自分がどこかで気になっているせいでしょう．

丹治愛 (たんじ　あい)

1953 年　札幌生まれ
[専門] 地域文化研究（19 世紀末からモダニズムにかけてのイギリス文化）
[著書]『神を殺した男──ダーウィン革命と世紀末』（講談社）,『モダニズムの詩学──解体と創造』（みすず書房）.
[一言] 現在，地域文化研究をとおして見えてくるヴィクトリア朝エドワード朝イギリスの多重な魅力に，ほとんどミーハー的にとりつかれています．さらにもう一言．本書のなかで展開した『闇の奥』の読解の部分は，拙著『神を……』の一部の記述と重複するものであることをこの場を借りて付記しておきます．『闇の奥』ほどオリエンタリズムの全問題をあからさまに照射するテクストを発見しえなかったので.

De Vos, Patrick (ドゥ・ヴォス，パトリック)

1955 年　ザイール生まれ，ベルギー人
[専門] 表象文化論（演劇論）
[著書] *Littérature japonaise contemporaine-Essais*（共著，Editions Picquier-Labor）, *La course au mouton sauvage*（訳書，村上春樹著，Editions du Seuil）.
[一言] 図らずもカタくるしい「型の日本文化論」序説になったのだが，それを真・行・草と崩していきながら，日常のレベルと，そうではないレベルにおいても，その実践を創造的にはかることが当面の一つの課題かな.

野矢茂樹 (のや　しげき)

1954 年　東京生まれ
[専門] 哲学（ときにウィトゲンシュタインに刺激を受けつつ，たまに分析哲学の手法など用いながら，「心」の諸概念に関わる問題等を考えている．）
[著書]『論理学』（東京大学出版会）,『心と他者』（勁草書房）.
[一言] 惰性的で恭順な性格なので，わがままに生きる力に乏しい．やりたいことをやると言っても，「やりたいこと」の湧き出る勢いが弱いのだ．せめてやりたくないことはやらないというわがままさを貫こうとしても，昨今はそうも行かない．（あげくの果ては，いい大人がどうしてこうすねたような文を書いてしまうのだろうと反省している．）

長谷川寿一 (はせがわ としかず)

1952年　川崎生まれ
[専門]（人間を含む）動物行動学（とくに配偶行動と社会システムについて）
[著書] *Understanding Chimpanzees* (Harvard Univ. Press)，『サルの文化誌』
（平凡社），『動物社会における攻撃と協同』（東海大学出版会）（いずれも共著）．
[一言]「論文が書けない症候群」とでもいうべき現象が蔓延している．ほとん
ど完成しているのに提出を見送る，行き詰まって不登校になる，自尊心を捨て
て他人にすがりつく，等々――みんな身近な実例だ．思えば自分自身もそうだ
った．大学人はこれまでこの症候群に正面から対処してきたのだろうか．論文
執筆を一種の通過儀礼とみなす精神主義的風潮は根強いが，もっと効果的な論
文指導がなされてしかるべきだろう．論文執筆は排泄ではなく出産なのだから．

長谷川まゆ帆 (はせがわ まゆほ)

1957年　岐阜市生まれ
[専門] フランス近世・近代史
[著書]『制度としての女』（共著，平凡社）『社会科学の方法IX　歴史への問い
／歴史からの問い』（共著，岩波書店）．
[一言] 東京にきてようやく一年．大学と宿舎，息子の保育園の三点を往復す
る単調な毎日ですが，通勤のストレスがなくなった分とても健康になりました．
改革であわただしい雰囲気のある駒場ですが，それでも恵まれた環境にあるこ
とにはかわりありません．そろそろ本腰を入れてじっくりと仕事をしたいなと
いう気になりつつあるこの頃です．

藤井貞和 (ふじい さだかず)

1942年　東京生まれ
[専門] 日本古典文学，表現史，現代詩
[著書]『口誦さむべき一篇の詩とは何か』（思潮社），『物語の結婚』（創樹社），
『物語文学成立史』（東京大学出版会），『藤井貞和詩集』（思潮社）．
[一言] 声は表情をもつか，声は書けるか，書く語りや読みあげる詩は成り立
つか，文字の動きなど，矛盾したことばかり考えているこのごろ．

船曳建夫 (ふなびき たけお)

1948年　東京生まれ
[専門] 文化人類学（儀礼と演劇，世界志向システムなど）
[著書]『現代の社会人類学 1-3』（共編，東京大学出版会），『国民文化が生ま
れる時』（共編，リブロポート）．
[一言] 小さい頃の夢は有名になって，「人に歴史あり」という番組に出て，小
学校の担任の先生に再会する，というものであった．実は今なお，その夢は捨
てていない．しかし，有名にもならず，八木アナウンサーは亡くなり，「人に
歴史あり」も無くなった．もう時間はない．そこで先日この本を贈ろうと，
TV局の力は借りず，自力で安部未来子先生の住所を探すことを決心し，つい
につきとめた．一生の夢の半分はかなった感じがする．

増田一夫 (ますだ かずお)

1954年　東京生まれ
[専門] 地域文化研究 (フランス思想が中心)
[著書等] 『構造論革命』(岩波書店), 『浮遊する意味』(岩波書店), *Le passage des frontières* (Paris, Galilée) (いずれも共著) など.
[一言] とある工芸展で「思想に取り憑かれた普通の男」なる作品に遭遇し, その混乱した姿にわが身を見る思いがした. ところで, 「文明」のなかに「野蛮」を探知せずにはいられぬ懐疑癖は治療されるべきものなのか. 何枚かのハードディスクに自分の記憶をあずけることに反時代的なとまどいを感じながらも, そんなことを考えている.

松原隆一郎 (まつばら りゅういちろう)

1956年　兵庫県生まれ
[専門] 社会経済学, 相関社会科学
[著書] 『豊かさの文化経済学』(丸善), 『格闘技としての同時代論争』(勁草書房).
[一言] 社会科学としての「自由論」を本来のテーマとしていますが, 正面から抽象論を積み重ねる作業には限界を感じたために, いわゆる「論壇」で論及されているような具体的な社会問題の考察を通じて, 側面からの突破も試みています.

丸山真人 (まるやま まこと)

1954年　三重県に生まれ愛知県で育つ
[専門] 相関社会科学 (環境社会科学, 地域社会論, 経済人類学など)
[著書] 『価値と市場機構』(共著, 時潮社) など.
[一言]「君, 学問する人間は理論と心中する覚悟でなくちゃ.」「君, 学問は教科書になるとつまらなくなるんだよ.」「君, 昔の学者は偉かったよねえ, 乞食をしながら世界を歩き回っていたんだ.」いずれも私の院生時代に恩師の一人から聞いた言葉です. 自分で講義をしていてつまらなくなるたびに私は恩師の言葉を思い出し, 自分の理論を教科書の枠にはめこもうとしていた愚行を反省するのです. 新しい世界がひらけることを信じて.

村田純一 (むらた じゅんいち)

1948年　神戸生まれ
[専門] 科学哲学, 現象学
[著書等]「形の知覚」「現象学の成立」「意識」「技術の哲学」(岩波講座『現代思想』1, 6, 10, 13 巻所収) など.
[一言] 大学教師になってからすでに十数年がたってしまった. 最初は授業のたびに空振り三振の感じで落ち込んでいたが, 十年を過ぎるころからその回数が減ってきた. 自分としては教師の「技法」が上達したと思いたいのであるが, ただ単にずうずうしくなっただけかもしれないと恐れている.

本村凌二 （もとむら りょうじ）

1947 年　熊本県生まれ
［専門］西洋古代史，地中海社会構造論
［著書］『薄闇のローマ世界：嬰児遺棄と奴隷制』（東京大学出版会），『西洋古代史料集』（共編訳，東京大学出版会）.
［一言］ポンペイの遺跡には，なんど訪れても驚かされます. もはや知り尽くしていると思うと，とんでもない自分の無知に気づかされる，ポンペイはそんな印象を与え，われわれを謙虚な気持ちにさせます. この古代の町から学ぶべきことは，まだ無尽蔵に残されています. またそこに行く日とイタリア料理を心待ちにしています.

山下晋司 （やました しんじ）

1948 年　山口県下関市生まれ
［専門］文化人類学 （グローバリゼーションと民族文化の動態）
［著書］『儀礼の政治学——インドネシア・トラジャの動態的民族誌』（弘文堂），『死の人類学』（共著，弘文堂），『アジア読本・インドネシア』（共編著，河出書房新社）など.
［一言］私は 1970 年に文化人類学の学生になったので，今年で文化人類学とのつきあいははや 25 年目になります（銀婚式！）. が，「少年老い易く，学成り難し」の心境です. もっとも人生 80 年時代には，年齢は「七掛け」で考えればよいといいますから，あせらないことにしています. 今「観光人類学」に関する本を編集しており，近いうちに「文化人類学でわかる」本を本書の編者の一人である船曳さんと書こうと思っています.

知の論理　新装版

1995 年 4 月 12 日　初　版第 1 刷
2023 年 9 月 25 日　新装版第 1 刷

［検印廃止］

編　者　小林康夫・船曳建夫

発行所　一般財団法人　東京大学出版会

代表者　吉見俊哉

153-0041　東京都目黒区駒場 4-5-29
https://www.utp.or.jp/
電話 03-6407-1069　Fax 03-6407-1991
振替 00160-6-59964

印刷所　株式会社三陽社
製本所　誠製本株式会社

知の技法——東京大学教養学部「基礎演習」テキスト

小林康夫・船曳建夫［編］　Ａ５判・296頁・1500円

開かれた「知」をめざす大学改革のさなか，東大教養学部で開設された文系１年生必修科目「基礎演習」のテキスト．問題設定からアクチュアルな認識とアプローチ，記述や発表等の表現まで，社会における実践的対話へとつながる「知」の行為の技術を伝える究極の参考書．

知の論理　新装版

小林康夫・船曳建夫［編］　Ａ５判・352頁・2200円

さまざまな学問領域において，未知の対象を認識し，記述する仕方——すなわち論理はどのように発明され，どのように用いられ，どのような問題を提起しているか．具体的な現場を通して，論理の多様性とその実践的な創造性のダイナミズム，知の課題を浮き彫りにする．

知のモラル　新装版

小林康夫・船曳建夫［編］　Ａ５判・324頁・2200円

困難な時代，さまざまな論理がぶつかり合う現実のディレンマに直面した際，人間として，どのように応答し，行為すべきか．『知の技法』『知の論理』の根底にあった知のモラルへの問いかけを前面に出し，大学の内外を問わず多くの人々とともに考えてみようとする．

教養のためのブックガイド

小林康夫・山本泰［編］　Ａ５判・256頁・1800円

何を読んだらいいのですか？——東大教養学部が，教養教育の実践として新入生に提示するブックガイド．本を読むことの楽しさを通して，大学の豊かな可能性を伝える決定版読書案内．〈開かれた知〉への誘い．

知のオデュッセイア——教養のためのダイアローグ

小林康夫　四六判・288頁・2800円

本質的他者との対話への準備がないものは大学を去れ！　時に創造的に介入し，または偶然に導かれて，「出会う」力とは．自らの枠を超えて呼びかけに応答し，「人間についての新しい思考」を模索する旅を綴る．アクティヴィストとしての本領を存分に発揮したエッセー．